HERMES

在古希腊神话中，赫尔墨斯是宙斯和迈亚之子，奥林波斯众神的信使，道路与边界之神，睡眠与梦想之神，死者的向导，演说者、商人、小偷、旅者和牧人的保护神——解释学（Hermeneutic）一词便来自赫尔墨斯（Hermes）之名。

CAMBRIDGE

西方传统 经典与解释
Classici et Commentarii

HERMES

德意志古典法学丛编

黄涛　吴彦◉主编

［德］梅尔（Merle J.-C.）◉ 著

德国观念论与惩罚的概念

German Idealism and the Concept of Punishment

考明凯维奇（Kominkiewicz J. J.）
梅尔（Merle J.-C.）◉ 英译
布朗（Brown F.）

邱帅萍 ◉ 中译

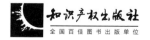

知识产权出版社
全国百佳图书出版单位

……众所周知，当今的死刑执行官都是人道主义者。

——加缪（Albert Camus）

缘　起

　　自严复译泰西政法诸书至本世纪四十年代，汉语学界中的有识之士深感与西学相遇乃汉语思想史无前例的重大事变，**孜孜以求西学堂奥**，凭着个人的**禀赋和志趣**选译西学经典，翻译大家辈出。可以理解的是，其时学界对西方思想统绪的认识刚刚起步，选择西学经典难免带有相当的随意性。

　　五十年代后期，新中国政府规范西学经典译业，整编四十年代遗稿，统一制订新的选题计划，几十年来寸累铢积，至八十年代中期形成振裘挈领的"汉译世界学术名著"体系。虽然开牖后学之功**万不容没**，这套名著体系的设计仍受当时学界的教条主义限制。"思想不外乎义理和制度两端"（**康有为语**），涉及义理和制度的西方思想典籍未有译成汉语的，实际未在少数。

　　八十年代中期，新一代学人感到通盘重新考虑"西学名著"清单的迫切性，创设"现代西方学术文库"。虽然从迻译现代西方经典入手，这一学术战略实际基于悉心疏理西学传统流变、逐渐重建西方思想**汉译典籍**系统的长远考虑，翻译之举若非因历史偶然而中断，势必向**古典西学**方向推进。

i

　　九十年以来，西学翻译又蔚然成风，丛书迭出，名目繁多。不过，正如科学不等于技术，思想也不等于科学。无论学界迻译了多少新兴学科，仍似乎与清末以来汉语思想致力认识西方思想大传统这一未竟前业不大相干。晚近十余年来，欧美学界重新翻译和解释古典思想经典成就斐然，汉语学界仅仅务竞新奇，仅限时下"主义"流变以求适时，西学研究终不免以支庶续大统。

　　西方思想经典即便都译成了汉语，不等于汉语学界有了解读能力。西学典籍的汉译历史虽然仅仅百年，积累已经不菲，学界的读解似乎仍然在吃夹生饭——甚至吃生米，消化不了。翻译西方学界诠释西学经典的论著，充分利用西方学界整理旧故的稳妥成就，於庚续清末以来学界理解西方思想传统的未尽之业意义重大。译界并非不热心翻译西方学界的研究论著，甚至不乏庞大译丛之举。显而易见的是，这类翻译的选题基本上停留在通史或评传阶段，未能向有解释深度的细读方面迈进。设计这套"西方传统：经典与解释"，旨在推进学界对西方思想大传统的深度理解。选题除顾及诸多亟待填补的研究空白（包括一些经典著作的翻译），尤其注重选择思想大家和笃行纯学的思想史家对经典的解读。

　　编、译者深感汉语思想与西方接榫的历史重负含义深远，亦知译业安有不百年之积之而可一朝有成。

刘小枫

2000 年 10 月于北京

"德意志古典法学丛编" 出版说明

19世纪下半期以降，实证主义和历史主义催生了法学的专业化和技术化，法学视野日趋狭窄。在20世纪的法律思想中，实证法学、社会法学、经济分析法学占据了法学的大半江山，现代法学十分"自觉地"排除有关制度与德行的思考，规范主义振振有词，鄙夷有关法理之学的哲理思考，法学最终沦为律师的技艺。

德意志古典法学有关政法之理的思考极其深刻，其对共同体秩序的反思，对制度之品质的思考，足以令专业化的法律人汗颜。德意志古典法学想要揭示一切社会现象的本质，揭示人类的本真的政治存在，它将制度设计与共同体的美好生活关联起来，为反思社会现象提供基本尺度和范式。不仅如此，现代法学中的大部分观念及概念，早已在德意志古典作品中埋下伏笔。

德意志古典法学哲学化色彩成分极重，而非当今有板有眼之学术论文。凡此种种，均给阅读和理解带来了巨大困难。长期以来，对于隐藏在德意志古典大家作品中的政治法理，学人们仅停留于引证片段字句，未能有深入细致之钻研。本丛编不从意识形

i

态的宏大叙事入手，亦不从流行的概念体系入手，而从德意志古典作品中政治法理的疏释入手，讲述政法学问和道理，引导有关政治法理之独立思考。

政法之理如人生之理，离不开深刻的哲学反思，诚如个人向往美好的人生，一个社会、一个国家亦会向往美好的共同体生活。尤其是在亟亟于变革的当下中国，我们完全有必要反顾德意志古典政法思想的印迹。

古典文明研究工作坊

西方经典编译部丁组

2012 年 9 月

中译本说明

本书引注较多，译者尽可能地查找引注所对应的中文译本，以求译著最大限度地符合原意以及中文读者的阅读习惯。

本书许多引注的原始文本为德文，而同一引注的英译本与中译本在内容与表达形式上不尽相同。对此，译者的处理方式是：若二者所存差异不大，则尽可能地参照中译本，并注明该中译本的出处；若二者之间存在明显差异，以致有可能影响原意，则在正文中根据英译本的表述来翻译，同时在注释中附上英译本的英文原文以及注明相对应中译本的内容和该中译本的出处。

对于少量词汇的翻译，译者或者唯恐不能准确地把握、表达其含义，或者担忧读者难以理解译文内容，遂在译文后附上了英文原文。然而，有必要在此强调"right"和"punishment"这两个词汇的翻译。

在康德、费希特以及黑格尔等学者的作品英译本中，均出现了"right"一词，该词在相对应的中译本中分别被译为"权利"、"法权"或"法"。对于引注中出现的"right"一词，译者主要参照中译本的翻译；非引注中出现的"right"一词，译者视情况而译为"权利"或者"法权"。

刑法学界主要将"punishment"一词翻译为"惩罚"或者"刑罚",这也是该词的应有之义。然而,"惩罚"与"刑罚"的含义并不相同,它们更多是一种包含与被包含的关系,换言之,刑罚是诸多惩罚方式中的一种。将本书中的"punishment"一词理解为"国家或者社会共同体发动的惩罚"较为合适,它并非仅限于"刑罚"的含义,尤其是在中国,例如行政处罚这种非刑罚的惩罚方式也应当包含在"punishment"之内。但是,"punishment"也不是泛指一切惩罚,如不包括老师对学生的惩罚,等等。在译文的表达上,译者主张使用"惩罚"一词来概括"国家或者社会共同体发动的惩罚",因为这一方面能够使译文更为简洁、表达更为流畅;另一方面,避免将"punishment"局限于"刑罚",从而使得人们可以站在(法)哲学层面而不仅仅是刑法学层面上来理解"punishment"。此外,结合本书的语境,读者容易将"惩罚"一词理解为"国家或者社会共同体发动的惩罚",而不是误解为"泛指一切惩罚"。

邱帅萍

2012 年 12 月

英 文 版 序

塞涅卡（Seneca）在《论忿怒》（*De ira*）一书中提出，"一个明智的人施加惩罚，不是因为错误已经铸成，而是让错误不再发生。"许多追随他的哲学家们都主张，此处所谈到的惩罚的根据乃是威慑。康德以降，一种截然不同的思想在哲学家中传播开来，其范围与在法律学者和律师中的传播范围相比要广泛得多。根据康德，惩罚的正当化根据问题不应当被解读为：基于何种目的实施惩罚？根据康德有关惩罚的纯粹或绝对的命令，该问题应当被解读为：只有当罪犯**该当**惩罚时，才能施加惩罚。任何其他惩罚都被宣告为是不公正的，有损罪犯作为道德主体所享有的人格尊严。这种报应正义理论，不仅来源于康德，也源于黑格尔，它令许多哲学家着迷，尽管其根基仍然是不牢固的。对康德和黑格尔的法哲学和道德哲学进行精确的分析，可以导向一种特殊形式的威慑理论。

在本书中，我将尝试进行这种分析。该分析首先从康德开始，接着是费希特和黑格尔，然后走向尼采，最后结束于关于危害人类罪的惩罚根据的讨论。这种缜密的讨论应当被视为试金

i

石。如果我的立场能对这样疑难的案例作出解释，它就更能解释相对容易的案例。

我要感谢 Manfred Frank 和 Anton Schindling，感谢他们对手稿作出的评论，同时还要感谢剑桥大学出版社的两位匿名评阅人。特别鸣谢 Sharon Byrd，Philippe Coppens，Roman Eisele，George Fletcher，Thomas Grundmann，Jan C. Joerden，Matthias Kaufmann，John Kleinig，Eugênio Pacelli de Oliveira，Hervé Pourtois，Alexandre Travessoni Gomes，Luiz Moreira 以及 Jean-Claude Wolf。另外，我也从来自如下机构的提问和评论中受益匪浅：欧洲"致力于全球正义"网站、康德研究协会、费希特研究协会、CAPPE（ANU 堪培拉）、Chaire Hoover and Centre de Philosophie du Droit（鲁汶）、格勒诺布尔大学、Porto Alegre 的 PUCRS、Belo Horizonte 的 UFMG、Florianopolis 的 UFSC、安卡拉律师协会、弗里堡大学、Graduiertenkolleg Globale Herausforderung（图宾根）、Wagga Wagga 的查尔斯特大学以及欧洲网站"全球正义"在 Otzenhausen 举办的研讨会，还有受益于我的位于亚琛、萨尔布吕肯、图尔和图宾根的关于这些主题的研讨小组。最后，同样重要的是，我要特别感谢剑桥大学出版社的 Hilary Gaskin 和 Frances Brown。

梅尔（Jean-Christophe Merle）

引 文 缩 写

[中译者按] 译者在此给出了翻译过程中重点参考的中译本，如无特别提示，译文中标注的"中译本"就是指此处所注明的中译本。

康　　德

GMS　　《道德形而上学原理》
Groundwork of the metaphysics of morals
(*Grundlegung zur Metaphysik der Sitten*)
(1785，Ak IV：385 – 464)
Immanuel Kant，*Practical philosophy*，ed. Mary Gregor (Cambridge：Cambridge University Press，1996)，pp. 37 – 108.
《道德形而上学原理》，苗力田译，上海：上海世纪出版集团，2005 年。

Idee　　《世界公民观点之下的普遍历史观念》
Idea for a universal history with a cosmopolitan purpose
(*Idee zu einer allgemeinen Geschichte in weltbürgerlicher Absicht*)

(1784, Ak VIII: 15 – 32)

Immanuel Kant, *Political writings*, ed. Hans Reiss, trans. H. B. Nisbet, second edition, (Cambridge: Cambridge University Press), pp. 41 – 53.

载《历史理性批判文集》，何兆武译，北京：商务印书馆，1990 年，2004 年修订。

KpV 《实践理性批判》

Critique of practical reason

(*Kritik der praktischen Vernunft*)

(1788, Ak V: 1 – 164)

Immanuel Kant, *Practical philosophy*, ed. Mary Gregor (Cambridge: Cambridge University Press, 1996), pp. 133 – 272.

《实践理性批判》，邓晓芒译，北京：人民出版社，2003 年。

KrV 《纯粹理性批判》

Critique of pure reason

(*Kritik der reinen Vernunft*)

(1st edn 1781, 2nd edn 1787, Ak III: 1 – 552)

Page numbers are from the second edition

Immanuel Kant, *Critique of pure reason*, ed. and trans. Paul Guyer and Alan W. Wood (Cambridge: Cambridge University Press, 1997).

《纯粹理性批判》，蓝公武译，北京：商务印书馆，1997 年。

Päd 《论教育学》

Lecture On pedagogy

(*Pädagogik*)

(1803, Ak IX: 437 – 99)（无英译本）

Rel　《单纯理性限度内的宗教》

Religion within the boundaries of mere reason

(*Religion innerhalb der Grenzen der bloβen Vernunft*)

(1793, Ak VI: 1 – 202)

Immanuel Kant, *Religion within the boundaries of mere reason*, in Kant, *Religion within the boundaries of mere reason and other writings*, ed. Allen Wood and George di Giovanni (Cambridge: Cambridge University Press, 1998), pp. 31 – 192.

《单纯理性限度内的宗教》，李秋零译，北京：中国人民大学出版社，2003 年。

RL　《法权学说》

The doctrine of right (Part 1 of *The metaphysics of morals*)

(1st edn 1797, 2nd edn 1798, Ak VI: 203 – 372)

Immanuel Kant, *Practical philosophy*, ed. Mary Gregor (Cambridge: Cambridge University Press, 1996), pp. 363 – 506.

载《法的形而上学原理——权利的科学》，沈叔平译，北京：商务印书馆，1991 年。

TL　《德行学说》

The doctrine of virtue (Part 2 of *The metaphysics of morals*)

(1st edn 1797, 2nd edn 1798, Ak VI: 373 – 493)

Immanuel Kant, *Pratical philosophy*, ed. Mary Gregor (Cambridge: cambridge University Press, 1996), pp. 507 – 615.

VE　《伦理学讲演录》

Immanuel Kant, *Lectures on ethics*, ed. Peter Heath and J. B. Schneewind, trans. Peter Heath (Cambridge: Cambridge University

Press, 1997).

(*Eine Vorlesung Kants über Ethik*) (c. 1875 – 80, Ak XXVII: 286).

ZeF 《永久和平论》

Toward perpetual peace

(*Zum ewigen Frieden*)

(1795, Ak VII: 341 – 86)

Immanuel Kant, *Practical philosophy*, ed. Mary Gregor (Cambridge: Cambridge University Press, 1996), pp. 311 – 52.

载《历史理性批判文集》, 何兆武译, 北京: 商务印书馆, 1990 年, 2004 年修订。

费 希 特

GNR 《自然法权基础》

Foundations of natural right, according to the principles of the Wissenschaftslehre

(*Grundlage des Naturrechts nach Principien der Wissenschaftslehre*)

Johann Gottlieb Fichte, *Foundations of natural right: Grundlage des Naturrechts nach Principien der Wissenschaftslehre*, ed. Frederick Neuhouser, trans. Michael Baur (Cambridge: Cambridge University Press, 2000).

《自然法权基础》, 谢地坤、程志民译, 北京: 商务印书馆, 2004 年。

黑 格 尔

GPhR 《法哲学原理》

Elements of the philosophy of right

(*Grundlinien der Philosophie des Rechts*)

G. W. F. Hegel, *Elements of the philosophy of right*, trans. H. B. Nisbet (Cambridge: Cambridge University Press, 1991).

《法哲学原理》, 范扬、张企泰译, 北京: 商务印书馆, 1961 年。

NRSW　《自然法与国家法讲义》

Lecture on Natural law and the science of state

(Vorlesung über *Naturrecht und Staatswissenschaft* (1818 – 19))

(无英译本)

PhR　《法哲学讲演录》

Lecture on The philosophy of right

(Vorlesung über *Philosophie des Rechts* (1824 – 5)) (无英译本)

尼　采

GdM　《论道德的谱系》

On the genealogy of morality

(*Zur Genealogie der Moral*)

Friedrich Nietzsche, *On the genealogy of morality*, ed. Keith Ansell-Pearson, trans. Carol Diethe (Cambridge: Cambridge University Press, 2007), pp. 1 – 128.

《论道德的谱系·善恶之彼岸》, 谢地坤、宋祖良、程志民译, 桂林: 漓江出版社, 2007 年。

WuL　《非道德意义上的真理与谎言》

On truth and lies in a nonmoral sense

(*Über Wahrheit und Lüge*)

Friedrich Nietzsche, *Writings from the early notebooks*, ed. Ladislaus Löb, Raymond Geuss and Alexander Nehamas (Cambridge:

Cambridge University Press，forthcoming）．

对主要和次要文献译本的注解

为了找到已出版的所有外语文本的英译本，我们已倾尽全力。至于没有英译本出版的文献，出于本书目的，也给出了与德文对应的译文。读者应当认定，如果出现了援引自德文著作而未给出英语引文的引用，就表明该文本是最近才被翻译的。为了简化注释引文，除非基于特定阐述的需要，否则就不会总是被提及。

目　　录

i

绪　　论

　　[1] 人们几乎一致认为，我们在根本上需要一种公共惩罚制度。❶ 甚至在赞成废除各种惩罚措施的极少数人当中，也有相当一部分人主张采取方案替换一般意义上的监禁刑，而非不附加任何替代措施地废除惩罚。由此可见，公共刑法典的存在被认为是完全正当的。惩罚或许可以通过这种方式得以正当化，但它依然如同如何合理量刑那般是一个充满争议的话题，这是因为这些争论彼此密切相关。

　　当前所有得到支持的惩罚理论，都拒绝了曾在早期现代流行的惩罚制度。这种招致反对的制度可以通过如 1532 年制定的《加洛林纳法典》中的刑罚条款得到阐释，它被福柯在《规训与惩罚》中置于现代惩罚

---

　　❶ 关于少有的例外情形，参见：Herman Bianchi，"废除：同意与庇护"（Ab-olition：assensus and sanctuary），载 Alexander R. Duff 和 David Garland 编，《关于惩罚的读本》（*A reader on punishment*），Oxford：Oxford University Press，1994，页 336 – 351。

制度的对立面。早期现代的制度在以下意义上不同于现代制度：现代制度更倾向于使用监禁刑或最有可能没有痛苦的、体面的死刑——如果存在死刑的话。● 18 世纪中期，仍有超过 100 种犯罪可判处死刑，这毫无价值。肉刑 [2] 作为一种得到系统利用的刑讯方式，经常成为惩罚的组成部分，同时也是死刑的加重处罚方式。尽管肉刑作为一种调查与安全防卫的手段，当前再次得到宣扬，❷尽管死刑仍然得到支持，❸ 但是没有一位理论家站出来支持回归到早期现代的实践中。所有当代理论家都表明自己受到了《美国宪法第八修正案》的以下人道主义精神的引导："不得要求过多的保释金，不得处以过重的罚金，不得施加残酷和不寻常的惩罚。"

人道主义究竟包括哪些内容，这种人道主义可能存在的界限又在哪里，这些都是有争议的问题。但一般认为，根本分歧存在于报应正义理论与一般威慑理论之间。

报应主义理论认为，惩罚罪犯的根据在于：报应是应正义的要求，弥补犯罪所造成的不公平。在此基础上，或许会有人附带性地进行如下区分并追问：需要得到补偿的究竟是罪行本身的严重性，还是罪行所表征的罪犯的恶意。一般威慑理论则认为，惩

● 参见：Michel Foucault，《规训与惩罚：监狱的诞生》（*Discipline and punish: the birth of the prison*），Alan Sheridan 译，第 2 版，New York，Random House，1995，开篇部分。[中译者按] 中译本参见：[法] 福柯，《规训与惩罚：监狱的诞生》，刘北成、杨远樱译，上海：三联书店，2003 年。《加洛林纳法典》（*Constitutio Criminalis Carolina*），载 Friedrich-Christian Schroeder 编，《加洛林纳：1532 年皇帝查理五世的刑事法院组织制度》（*Die Carolina: die Peinliche Random House, Kaiser Karls V. von 1532*），Darmstadt: Wissenschaftliche Buchgesellschaft, 1986。

❷ 例如，参见：Winfried Brugger，"国家可以例外地实施刑讯吗？"（Darf der Staat ausnahmsweise foltern?），载《国家》（*Der Staat*），35（1996），页 67 - 97；"从无条件的刑讯禁止到有条件的刑讯权"（Vom unbedingten Verbot der Folter zum bedingten Recht auf Folter?），载《法学家报》（*Juristenzeitung*），35，no. 4（18 February 2000），页 165 - 173。对肉刑的详细批判，可参见：如 Henry Shue，"肉刑"（Torture），载《哲学与公共事务》（*Philosophy and Public Affairs*），7，no. 2（1977 - 88），页 124 - 143。

❸ 参见：Ernest van den Haag，"为何判处死刑"（Why capital punishment?），载《奥尔巴尼法律评论》（*Albany Law Review*），54，nos. 3 - 4（1990），页 501 - 514。

罚的根据在于：所有公民都会在犯罪行为发生之前被威慑而不敢去实施犯罪，不论是经由惩罚的确定性，还是基于惩罚的实际执行；后者则依赖于它展示出来的示范作用。

一方面，现代的一般威慑论者，例如，霍布斯、普芬道夫、沃尔夫（Christian Wolff）、贝卡利亚、费尔巴哈（Anselm Feuerbach）以及叔本华认为，刑罚固有的无用性——不致力于威慑他人犯罪——有违人道。当前的实证刑法制度也要求每一种惩罚都包含一般预防的元素，如《德国刑法典》的开篇写道：

> 通过［3］在监禁里服刑，囚犯应当最终过上一种不再犯罪的生活——这是刑罚执行的目标。服刑期限何时届满，也应当致力于保护社会大众不受再次犯罪的侵害。❶

另一方面，一般威慑理论经常招致批评，被认为是不人道地对待罪犯，因为惩罚追求的目标被设想为：仅仅为了满足其他公民的利益，而不考虑罪犯的人格尊严。当一般威慑被假定允许惩罚无辜之人时，这种批评声就达到了顶峰。❷

---

❶　引自《德国国家裁判执行法典》（the German National Code of Enforcement of Sentences），见 the "Strafvollzugsgesetz"（StVollzG），published by the German Federal Ministry of Justice，第 2 节。上述语句为法典中的其他规则提供了宏观指导。亦可与德国联邦法院司法裁判（The judgment of the German Federal Court of Justice（Bundesgerichtshof）on December 8，1970，1 StR 353/70）进行比较（原译注）。

❷　参见：Peter Koller，"功利主义的惩罚辩护问题"（Probleme der utilitaristischen Strafrechtfertigung），载《期刑：全部刑法科学》（Zeitschrift für die Gesamte Strafrechtswissenschaft），91，1979，页 45 - 95；Kristian Kühl，《法哲学之于刑法的意义》（Die Bedeutung der Rechtsphilosophie für das Strafrecht），Baden-Baden：Nomos，2001，页 29；Peter Landau，"克劳泽的法权哲学"（Karl Christian Friedrich Krauses Rechtsphilosophie），载 Klaus-Michael Kodalle 编，《克劳泽（1781—1832）：克劳泽的哲学与克劳泽主义研究》（Karl Christian Friedrich Krause（1781—1832）：Studien zu seiner Philosophie und zum Krausismo），Hamburg：F. Meiner，1985，页 80 - 92。对这种异议的反驳，可对比 Fred Rosen，"功利主义与惩罚无辜：一种虚假学说的起源"（Utilitarianism and the punishment of the innocent：the origins of a false doctrine），载 Utilitas，9，no. 1，（March 1997），页 23 - 37。

这种异议至少可以通过两种方式来理解。一方面，一般威慑可能会因其有关刑罚目的的观点而忽视了受害者的利益，从而遭到反对；另一方面，它也可能因报应主义认为的刑事判决应当不顾及任何一方的利益——不论是罪犯还是公民成员的利益——而招致非议。因为按照报应主义，刑罚只有当施加给因其所作所为而在本质上应受处罚的罪犯时，它才是正当的。报应模式下的惩罚应当关注的是惩罚与罪犯所犯罪行之间的相称性。后一种异议是报应主义提出来的；前一种异议是站在赞成将矫正犯人作为惩罚的目标这一立场上提出来的。不可否认，后一种立场承认，为了达到矫正的目的，一定时期的特别威慑或许是必要的，在该时期内社会通过剥夺罪犯的再犯罪能力而使自身不会受到再次犯罪的侵害。

[4] 报应主义批评说，一般威慑理论与矫正理论一样，都是基于相同的理由提出有关惩罚目的的主张，因为它们都将惩罚仅仅视为达到目的的手段。报应主义论者自身则主张，惩罚的正当化并不关涉其他目的，也不必诉诸罪犯该当受罚是因为他/她故意违反法律这一基本原理。这也是法学理论家将报应主义称为绝对理论的原因所在，因为根据报应主义，惩罚代表着一种不依赖于任何目的的善。相反，在"相对"理论中，惩罚的根据总是取决于它与某个目的之间的关联。报应主义的支持者认为，❶报应主义之所以优越，是因为它是唯一一种将惩罚只看做是目的自身的刑事正义理论，它不是将罪犯仅仅作为一种达到目的的手段，而是将其视为一个拥有人格尊严的主体。在本书中，我将尝试反驳这些论点。我希望能够证明：符合这一要求的不是报应主义而是矫正理论。

矫正论者显然将惩罚的目标定位于赋予罪犯以最佳"可能

---

❶ 例如，参见：Otfried Höffe，《正义：哲学导论》（Gerechtigkeit：eine philoso-phische Einführung），Munich：C. H. Beck，2004，页83。

性"的（社会）地位，由此，如此对待罪犯就被认为既是最仁慈的，同时还能兼顾保护社会免受再次犯罪的侵害。因而，随着矫正成为惩罚的目标，特别威慑也被设置了明确的界限。没有特殊威慑，矫正就不可想象，而假如没有法律的公开施行，就不会出现重返社会的现象，因为被矫正后的罪犯将没有可供融入的法治。

不同于具有矫正性和特别威慑性的惩罚措施，报应主义不会在惩罚期限之外关注犯人的未来。在此方面，矫正论是唯一一种可以绝对排除绪论开篇提及的那些惩罚的理论，也就是所有惩罚论者坚决排斥的"残酷和不寻常的惩罚"。德国联邦宪法法院的副院长哈瑟默（Winfried Hassemer）正确地 [5] 观察到："在选择适用监禁刑时，必须要考虑到矫正的目标。肉刑和死刑并不比报应需要更进一步的正当理由。"❶

即便有人认为，惩罚作为对罪行或者罪犯自身之恶的补偿是理所当然的，因而也正当，并且坚持认为，人们应当人道地对待罪犯，但这种所谓的关于罪犯的人道观念，也应当关注罪犯服刑完毕之后的状况。缺失适当的矫正措施，不仅会直接导致一种相对持久的犯罪环境的产生，以及随之而来的公共安全的降低，❷还会通过让罪犯不断地受到侮辱，而不是促使他/她表示悔改和与社会达成和解，从而造成罪犯因一次犯罪而遭到两次惩罚的局面。❸ 因而，关注罪犯在科刑之后的未来，使在执行判决的同时进行适当的处遇成为必要。按照利科（Paul Ricoeur）的尝试，❹

❶ Winfried Hassemer，《刑法基础导论》（*Einführung in die Grundlagen des Strafrechts*），第 2 版，Munich：C. H. Beck，1990，页 286。

❷ 参见：John Braithwaite，《犯罪、耻辱与重返社会》（*Crime, Shame and Reintegration*），Cambridge：Cambridge University Press，1989，页 102。

❸ 参见：Braithwaite，《犯罪、耻辱与重返社会》，页 101；Hassemer，《刑法基础导论》，页 289。

❹ Paul Ricœur，《论正义》（*Le Juste*），Paris：Editions Esprit，1995，页 203。[中译者按] 中译本参见：保罗·利科：《论公正》，程春明译，北京：法律出版社，2007 年。

报应主义或许会试着去实现这种仁慈的要求。如此一来，报应主义就意外地发现了哈瑟默所说的"惩罚目标的二律背反"，这关涉如下事实：在许多场合，现有的各种惩罚理论都没有顾及惩罚的等量性。❶ 哈瑟默注意到：

> 受均衡性原则的限制以及基于报应目标的要求，惩罚的时间通常没有满足处遇的需要，因而矫正的目标往往落空。就对罪犯进行合理处遇而言，惩罚的时间也有可能太长了。❷

鉴于这种惩罚目标的二律背反，必须设置一些优先性规则。要么应当将报应主义视为首要目标，而将矫正的目标视为次要目标，这便意味着矫正仅仅在不影响报应的情况下才能得到贯彻；要么就应该使矫正优先于报应。

[6] 报应主义优先模式认为，自身的道德优先性来源于它是唯一真正具有人道性的惩罚根据。从表面上看，报应主义优于矫正理论，因为它不是建立在关注罪犯的基础之上，而仅仅建立在他/她的价值——就此而言或者建立在他/她的罪行、责任或主观恶性之上。但如此一来，报应主义便忽略了以下几点：

第一，有必要进行如下区分。一方面，在最低限度的意义上，报应被认为意味着受惩罚者的罪责应当毫无例外地成为给定惩罚的先决条件。❸ 据此，包括一般威慑理论和矫正理论在内的所有惩罚理论，都是报应主义理论。❹ 另一方面，报应也可以被认为意味着：（1）是对犯罪的回应，力求对罪犯的品质或罪责

---

❶❷ Hassemer，《刑法基础导论》，页291。

❸ 参见：Otfried Höffe，《一项哲学研究：是否存在一种理智刑法？》(*Gibt es ein interkulturelles Strafrecht? Ein philosophischer Versuch*)，Frankfurt a. M.：Suhrkamp，1999，页72。

❹ 参见：Ulfried Neumann and Ulrich Schroth，《再论犯罪与刑罚》(*Neuere Theorien von Kriminalität und Strafe*)，Darmstadt：Wissenschaftliche Buchgesellschaft，1980，页6。

给予平等补偿；（2）这种平等补偿是唯一的正当惩罚。因而，它排斥了所有惩罚目标（例如，一般威慑、矫正和特别威慑）。这一点是人们经常在报应主义这一术语语境下所做的理解。报应主义存在于对后一种（存在争议的）观点的认可中。当我在本书中谈及报应主义时，我将援引后一种意义上的报应。

第二，将报复作为惩罚的根据，在此只考察罪犯的过去而非他/她的未来。如前所述，当诉诸罪犯的品质或者他/她的罪行时，这样的情形就会产生。根据一种现代的、人性的观念，构成这种罪责之根基的概念只可能是责任概念。事实上，在任何反对威慑和矫正理论的当代报应理论中，都存在这样一种命令，即尊重罪犯的责任，因为罪犯的责任构成了其尊严，并通过平等补偿的方式对这种尊严作出回应。

在本书中，我将以一名报应主义者的身份进行探讨，并假定人类对自身行为所承担的责任（有别于其他生物），才造就了人类的特殊地位（他们的尊严）。以下 [7] 区别必须予以考虑。对于"人类应当对自身行为负有责任"这种主张，存在两方面的理解。一方面，这种责任意味着不同行为将导致不同后果，尤其是，从道德的角度看具有不同价值的行为，也经常在相同的案件中导致不同的后果。此外，它还意味着，违法行为必定会或应当会使情况变得更糟。另一方面，人作为有理性能力和能承担责任的存在者，其身份是不可剥夺的，任何人都无法夺走。"人过去的违法行为应当带来后果"这一论断，不应当使我们停止将这种人当做是有理性能力的存在者来对待，除非这会使得他/她的同伴无法使用相同身份。否则，犯罪人是否会作为能承担责任的人来对待，将仅仅取决于其是否犯罪；被定罪之后，罪犯将失去这种身份，即失去他/她的价值。如此一来，报应主义恰恰就会缺失这种与罪犯相关的态度——报应主义正是基于它而认为自身比其他惩罚理论具有道德上的优先性。总之，报应主义并没有对行为人和行为进行充分的区分。在这方面，即使

将报应主义的影响追溯到基督教证明的观点也不具有说服力。❶
矫正论同样可以被认为是来源于基督教传统，如作为矫正论者的
布莱斯威特（John Braithwaite）在为"重新融合性耻辱理论"作
辩护时指出：

> 当致力于维护违法者作为一个本质善良的人的身份
> 时，给行为贴上恶的标签是令人耻辱的。在"憎恶罪恶，
> 善待罪人"的基督教传统中，直接针对的是恶行，而不是
> 恶人。❷

第三，报应主义以如下假定为基础：罪犯应当为其犯罪承担
责任，犯罪的后果应当包含提供平等的补偿，这是正义的要求。
当报应主义以此种方式要求平等的惩罚时，它就遗漏了犯罪的一
个无可争议的后果：罪犯与其他公民之间原本存在的共同体，至
少暂时性地因为犯罪而不复存在。

[8] 一个小小的思维实验或许可以阐明这一点。我们假设
报应主义立场是此次实验的出发点，该立场认为惩罚的严厉性应
当与犯罪的严重性等价，并且这一点应当成为唯一的正当化事
由——而无须任何特定的惩罚意图。然后，假设我们据此得出结
论，即某一罪犯应被判处 20 年监禁。在通常情形下，罪犯最迟
在判决生效以及用尽所有手段后（但事实上，在法律上被认为是
无辜的罪犯，从侦查或签发逮捕令开始就已经被羁押）就开始服
刑。在这个案件中，如果判决的执行被推迟，报应主义者应该不
会有异议。例如，如果罪犯当时是 20 周岁，就会允许他/她在监
狱从 30 周岁服刑至 50 周岁，但让其在 20 周岁至 30 周岁这段时

---

❶　关于此种观点，可参见：Claus Roxin，《刑法的基本问题》（*Strafrechtliche
Grundlagenprobleme*），Berlin：De Gruyter，1973，页 3；以及 Neumann and Schroth，《再
论犯罪与刑罚》（*Neuere Theorien*），页 13。

❷　Braithwaite，《犯罪、耻辱与重返社会》，页 101。

间内保持自由。❶ 不仅基于务实的理由（例如，出于与监狱容量相关的管理上的考虑），我们的社会将否决这样的监狱体系改革；我们的社会还将发现，这是根本不能接受的，因为这会严重危及公共安全。总之，这样的改革会由于一种特别威慑的原理而遭到拒绝。现在，危害社会明显是犯罪的结果。根据特别威慑模式，罪犯要对其犯罪行为造成的结果负责。尽管报应主义基于罪责提出的报应的道德要求能否被视为犯罪的后果，这一点存在争议，然而，威胁社会是罪犯的行为产生的结果，这一点却无可争议。报应主义实际上并未考虑这些犯罪对社会造成的威胁程度，这与它描绘出的、将自身视为唯一的刑事正义理论是不一致的——根据该理论，罪犯应该为其行为结果负担责任。

　　第四，不关注行为结果，表明了对犯罪的法律之维的不关注，也表明了对惩罚犯罪的不关注。报应主义关注犯罪人的罪责。毋庸置疑，它也强调，[9] 罪犯受到的惩罚意味着受害者得到的正义。❷ 除此之外，依据报应理论关于惩罚根据的论述，对社会共同体的关心并不是很重要。结果是，如果在报应主义惩罚根据中只考虑罪犯，就回避了如下问题：为何惩罚会在司法权的权限范围内？亦即，为何它会属于社会共同体，而社会共同体却在其他场合与个体私人领域保持距离？如果在报应主义惩罚根据中只考虑罪犯和受害者，就不得不问，为何不能在民事审判中作出惩罚的决定？在这些情形下，我们就会发现如下这个事实并

---

❶　这种推迟在德国法之下实际上可能的，但只有在数量有限的短期徒刑判决案件中才会被认可。

❷　这种观点十分值得商榷，因为在现代宪政国家中，刑事程序不同于民事程序。此外，前者由代表共同体利益的国家检察官来贯彻执行，后者则发生在私人双方之间。至多，受害者以共同诉讼人的身份一并出现，并且惩罚决不会视为是对他们受到侵害的权利的补偿。如此看来，既然惩罚作恶之人表明对受害者的正义这一观念并非报应主义的关键核心，则至少在本书中，我将忽视它的这一方面，只关注报应主义的主要论点。如果这一主要论点被忽略，则对报应主义的倡导者而言，受害方的所谓的正义也无法成为这种恶的充分根据，而这种恶作为惩罚的一部分，罪犯是不得不接受的。

不奇怪：报应主义几乎从来没有得到过法学家的支持，尽管它在哲学家中因其提出的道德标准而受到广泛的尊敬，并得到大多数的支持。❶ 遗憾的是，哲学家的观点与法学家的观点之间存在的不一致，并没有受到哲学家们的太多关注。

不同于威慑理论和矫正理论，报应主义之正当性的实现，无法对实践标准或者其"产出"负责（换种说法："根据报应主义……惩罚的意义存在于社会现实的范围之外"）。❷ 如果与某种犯罪有关的具有特别高的再犯可能性的人，被告知其正被采取包括针对罪犯实施的矫正在内的措施，就会产生这种惩罚机制是否合法的疑问。可是，报应主义的实现，在本质上并不取决于它的效果。报应正义体制的正当性不能通过诸如犯罪学研究获得经验性的证实。对报应主义的批判必须在概念性的层面进行。为此[10]，本书将要进行的对报应主义的批判，几乎不会呈现出任何实证或跨学科的样态。相反，本书将专注于概念性的争论，即专注于关于法律伦理和道德哲学的争论。在这方面，本书着手的不过是对一些法学理论家进行叙述，这些理论家仍将"绝对理论"与康德和黑格尔的主张——更准确地说，是这些主张的理论基础——关联起来。但我的概念性批判，将致力于促进围绕惩罚的根据而展开的哲学上的争议与法律上的争议的结合。

最后但也十分重要的是，对惩罚进行实证研究的重要性不应当被高估。哈瑟默提醒我们：

> 几乎无法获得有关证明矫正**成功**的可靠知识。人们喜欢就再犯人数进行争论，再犯人数使得矫正的理念变得不可信，因为其（比例）浮动在30%～40%，但这种争论经不起仔细推敲。首先，通过这些统计数据，我们看到的只是显

---

❶ 参见：Roxin，《刑法的基本问题》，页182。
❷ Neumann and Schroth，《再论犯罪与刑罚》，页11。

现出来的、被证实的并且被审判的犯罪行为……其次，在刑法中，对此问题的实验以及经验性的论证方式面临着一个根本性的问题：人们不可能摆脱那些具有干扰性的可变因素；人们不可能去试验以探明：如果他设法通过另外一种刑事后果来改造犯罪分子，情况又会变成怎样。❶

即使在对特定犯罪实施矫正性惩罚后依然出现了特别高的再犯率，也还是无法据此得出可靠的结论。惩罚的有效性虽然有限，但不是仍然要比什么都没有要强吗？或者，反过来说，难道要完全废除对这些犯罪的惩罚吗？难道要用报应主义限度内的惩罚来取代矫正性惩罚吗？或者说有必要引入一种有效的一般威慑性的惩罚，比如死刑？始终要作出决定，并且决定的作出需要得到与惩罚根据相关的法律上和道德上的全面指导。对社会共同体产生的结果也应当纳入考虑之列。在这点上，我对屈尔（Kristian Kühl）的观点有所保留，他认为，"所有迎合未来特定目标的惩罚理论，都必须声明它们是可以达成这些目标的合适理论，并且声明必须得到实证数据的确切证实。"❷［11］在我看来，这种关于惩罚根据的争议，首要的是一种法律和道德上的讨论。在本书中，我将由此进行探讨。

　　上述论点促使我们怀疑报应主义提出的道德优越性的主张，因为报应主义不同于矫正论，它不在意罪犯的利益，而只留心于他/她的价值，或者是基于他/她的行为结果而产生的责任。第一，平等补偿作为刑事犯罪的后果，既非必需也非不证自明。第二，报应主义只考虑到责任的一方面，而没有考虑到人作为有

---

　　❶ Hassemer, *Einführung*，页288；亦可参见：George P. Fletcher，《刑法的基本概念》（*Basic concepts of criminal law*），Oxford：Oxford University Press，1998，页31。［中译者按］中译本参见：［美］弗莱切，《刑法的基本概念》，王世洲等译，北京：中国政法大学出版社，2004年。

　　❷ Kühl，《法哲学之于刑法的意义》，页30。

理性能力的存在者拥有的不可剥夺的身份。第三，报应主义许可无视刑事犯罪产生的重要后果，如对社会共同体产生的后果。第四，报应主义并没有解释，为何具有报应性目的的惩罚——其正当化根据只关心罪犯（或许还有受害者）而不关心社会共同体——仍然为社会共同体所强加。

上述四点疑义，构成了我对报应主义进行批判性讨论的基础。部分报应主义论者已经发觉，这四个论点至少存在疑问。他们通过摒弃报应主义在论证惩罚根据以及确定惩罚力度上的排他性，来回应那些怀疑。这种意见经常被表述为：报应主义只为刑法描绘出了一个特别的伦理框架，在这个框架中，可以容许去追求所有惩罚目标。当这个观点的提出是为了通过一种权力约束的方式限制其他惩罚理论的应用时，就存在如下假定，即报应主义享有法律和道德上的优先性，因为据称它比其他惩罚理论更尊重人类个体的权利。例如，罗克辛（Claus Roxin）论述道：

> 如果罪责赋予了国家报应的权利，或者如果它是一种可以控制因多数人的需求而非个人自由的方法，那么在我看来，对刑法而言这通常是比有关罪责的存在更重要的问题。答案必须要兼顾第二种选择。❶

[12] 罗克辛承认，这种限制部分地与报应主义抵触。据他所言，这种限制是通过禁止惩罚超过报应主义的限度，但允许其低于报应主义的限度来展开的。

> 惩罚不允许超过罪责的限度……相反，与罪责相适应的惩罚是允许被削减的。事实上，这种实践表明它本身无法接受一种贯穿始终的报应主义理论，因为它意味着对要求平等

---

❶ Roxin，《刑法的基本问题》，页21。

补偿的惩罚中的痛苦予以部分地舍弃。❶

对于此种综合理论的证明是由罗克辛发现的，20 世纪 80 年代开始，非常多的综合理论学者都以分工协作研究各种惩罚理论的方式，主宰了这场讨论，这些综合理论学者也是创立者。这种分工协作始于对如下观察结论的假定：

> 每一种惩罚理论都单方面地将重点放在刑法的特定方面——特别威慑理论关注执行，报应概念着眼于审判，而一般威慑观念以具有威胁性的惩罚为目标。它们都忽视了依然存在的惩罚权的伪装，退一步讲，它们都暗含着对个人自由的特别干预。❷

依据综合理论中的分工协作，每一种理论都被认为会将自身局限于各自重点关心的范围内。但这样的建构明显屈从于前面提及的"惩罚目标的二律背反"。因而，我的考察会以为惩罚寻找单一的主要根据为指导方针。在这种情况下，其他惩罚理论提出的要求并非不能得到部分满足。当然，如果它们真能得到满足，也只会是一种部分满足，这是因为其他惩罚理论相互之间是不相容的——但它们并不是相对立的。

　　接下来，我会试着不忽视概念性争论的具体含义及其具体结果。但对从法律伦理学立场上所持的主张，只要一有必要，我的批判都将允许它像报应主义那样背离实定法。在这方面，举个例子，[13] 我不会立即接受对矫正理论的批判，批判其允许既不在最短期限上，也不在最长期限上为惩罚设置限度。罗克辛认为以下观点是对矫正的反对：矫正应当"自然而然地"以"罪犯

---

❶　Roxin，《刑法的基本问题》，页 23 - 24。
❷　Roxin，《刑法的基本问题》，页 12。

的最终改造为目标……即使其期限无法预计",而且"只要没有再次犯罪的危险,对于哪怕是最严重的犯罪,所有的惩罚都应当废除"。❶或许矫正论者❷都不愿意得出这些结论,因此他们也的确是自相矛盾的。但这并不意味着,矫正作为一种惩罚目标应当被放弃,相反,应当以一种前后一致的方式来捍卫它——如果人们准备彻底捍卫它的话,并且出于这种理由而接受、主张这些推论。我正打算如此行事。

因而,本书中,我想从各个方面批判并且反驳报应主义,这些方面被认为是它较其他惩罚理论而言在法律上和道德上的优越性的核心。我将试图证明,仅仅是矫正论而非报应主义,才真正严肃地承担起了人们尤其是罪犯因其行为所负的责任。鉴于前述理由,我要进行的批判将首要地与康德和黑格尔的论证相关。

我的批判将以康德式权利概念为基础,这一概念直接建立在报应主义诉诸的真正的人类尊严之上:"因此,可以理解权利为全部条件,根据这些条件,任何人的选择(Willkür)都可以按照一条普遍自由的法则,与其他人的选择相协调。"❸

康德的权利概念可以从两方面来理解,这也是我在第 1 章提出并批判性讨论的内容,亦即,既可以将其理解为一种自由主义的权利概念,也可以理解为一种道德的权利概念——在该术语最狭窄的意义上讲它是道德的。根据前者,康德式权利(Rechtsbegriff)概念意味着,根据权利平等原则行动自由权之间可以共

---

❶ Roxin,《刑法的基本问题》,页 7。亦可参见:George P. Fletcher,《刑法的基本概念》,页 38。

❷ 例如,John Braithwaite and Philip Pettit,《不仅是该当:一种刑事正义的共和理论》(Not just deserts:a republican theory of criminal justice),Oxford:Clarendon Press,1990,页 101。

❸ RL Ak VI:230。康德,《实践哲学》(Practical philosophy),Mary Gregor 编,Cambridge:Cambridge University Press,1996,页 387。[中译者按]参见中译本,页 40。

存，而无须考虑"选择"（Willkür）的内容，即并不取决于人们想如何行使这种自由权。但根据狭义的道德解释，任务就落在法律制度的肩上，即在法律制度中实践［14］彻底的绝对命令，直至这样的程度：个人意志将允许自身以被强制实现的方式走向道德正当。在第 I 部分的其他章节中，我将试图表明，康德自己的报应主义理论首先与其自由主义的权利概念不一致（见第 2 章），其次与对于权利的狭义上的道德解释不一致（见第 3 章）。然而，矫正理论却与这两种权利概念相一致。

在第 II 部分中，我将从如下论述开始讨论：康德式权利概念被费希特当做自己的权利（法权）概念而采纳，被黑格尔作为"抽象权利（抽象法）"而接纳。在康德式权利概念之外，费希特和黑格尔推衍出了相似的在我看来康德能合乎逻辑地得出的结论。在费希特那里，受惩罚的罪犯的命运是重心（见第 4 章）；相反，黑格尔以权利恢复为指引，并借此对一种结果与费希特的惩罚理论相似的立场，作出了更系统的描述（见第 5 章）。对黑格尔进行报应主义式的解读，经常被认为是不证自明的，而在这里将被证明是无根据的和错误的。

在第 III 部分中，我试图表明，与康德的主张相反，报应主义在罪犯身上展现的对人的尊严的尊重，不及威慑理论中的任何一种理论。我将在第 6 章中讨论尼采对报应主义的激烈批判。根据该批判，设定报应性惩罚制度的原始动机无法在对人类尊严的尊重中被发现，而是存在于对刑事上的不道德［行为］的残忍之中，这对愧疚和懊悔的生成而言，是一种妨碍而不是鼓舞。相较而言，在第 5 章中，除了坚持将特殊威慑与矫正相结合这种观点之外，我还主张对罪犯实施尊重人之尊严的处遇措施。为了遵照我在绪论许下的允诺，即接受我支持的相对于报应主义模式而言的替代模式产生的一切后果——甚至包括可能发生的最极端的、最不寻常的以及最不受欢迎的后果，我甚至会在第 7 章中，用最严重、最不人道的犯罪即危害人类罪作为例子。

作为惩罚唯一
根据的该当

第 1 章　两种康德式的权利概念

1.1　报应主义转向

　　[17] 同态复仇法（Lex talionis）作为一种惩罚
的量的分配规则，至少和《圣经》经文"以伤还伤，
以眼还眼，以牙还牙。他怎样叫人的身体有残疾，也
要照样向他行"❶ 一样古老。它从来没有真正作为不
证自明的、绝对的惩罚原则，以至于不需要进一步的
根据。柏拉图以及一些主要古典哲学流派一起改造了
这个前提，塞涅卡将其表述为著名警句："一个明智
的人施加惩罚，不是因为错误已经铸成，而是让错误

---

　　❶ 《利未记》（Lev.），24：18 – 20；亦参见：《出埃及记》（Exod.），21：23 –
25；《申命记》（Deut.），19：21 （KJV）。

不再发生。"❶ 它包含两层明确的意思。首先，它暗示惩罚是一种恶。❷ 如果惩罚完全是被允许的，这种恶定就必须被它带来的利益超越。其次，和任何制度一样，惩罚只是有利于实现公共善（bonum commune）的手段，这种善能以可持续的方式使其他善变成为可实现的善。

早期现代时期的刑法思想从这些预设中得出了很多重要的结论。接下来我马上会强调早期现代刑法理论家们之间的共性，但他们在刑法以及法的其他方面存在的区别也许值得注意。

第一，惩罚是一种使个体服从法律的方式。它与法律的主要目的是什么这一问题无关，不论该目的是自我保存，或 [18] 是追求幸福（霍布斯），或者是通过强调减少特权以最低限度地限制个人自由的方式追求幸福（贝卡利亚），或者是追求最大多数人的最大幸福（边沁），抑或任何其他形式的公共善。实际上，自我保存——通常还有保护公民——是追求幸福的条件，然而，人们可以设想后者。刑法领域内的古典功利主义思想家当然属于这种思想传统，例如，边沁，还有贝卡利亚。贝卡利亚被许多人视为功利主义的先驱，他认为，"冷静观察人性的人"推崇这样一句公共伦理格言："最大多数人分享最大的幸福。"❸ 但是，这种传统并不局限于功利主义作者，它还指引了大多数自然法传统作家。因而，我将勾勒出早期现代思想中最普遍的原理，而无须提及自然法与功利主义在公共伦理、公共法律及其基础方

---

❶ Seneca，《论忿怒》，1. 19. 7，载《道德论集》（*Moral essays*），John W. Basore 译，3 vol.，London：Heinemann/Cambridge，Mass.：Harvard University Press，1928，vol. 1，页 106 – 355。

❷ 例如，参见：Henry Sidgwick，《政治学原理》（*The elements of politics*），1891 edition，New York：Cosimo Classic，2005，页 109。

❸ Cesare Beccaria，《论犯罪与刑罚》（*On crimes and punishments*），载 Beccaria，《论犯罪与刑罚及其他著作》（*On crimes and punishments and other writings*），Richard Bellamy 编，Richard Daries 译，Cambridge：Cambridge University Press，1995，页 1 – 113。[中译者按] 中译本参见：[意] 切萨雷·贝卡里亚，《论犯罪与刑罚》，黄风译，北京：中国法制出版社，2003 年。

面存在的诸多差异。

惩罚被视为一种制裁，这意味着它通过法律制度将特定的行为或行动与特定的结果连接起来，从而消极性地影响导致这些行动的动机。作为制裁，其目的是防止公民违法；因而，惩罚一定要使其接受者觉得它是一种恶，而且为了达至这样的结果，惩罚一定要能给人留下深刻印象。在这种场合，接受者既包括被判有罪的人，还包括倾向于违法[1]以及无视阐释了守法有益于全社会这一道理的其他公民。格劳秀斯[2]、普芬道夫[3]以及边沁都明确地提到了这两个目标，边沁还声称，"示例具有无可匹敌的重要性，它与有犯罪意向之人群的数量几乎成 1 比 1 的比例。"[4] 作为一种一般威慑的手段，边沁 [19] 提到了用罪犯作为示范；作为一种特别威慑手段，他提到了对罪犯意志的"革新"，以及对其身体能力的"剥夺"。[5]

第二，基于如下两点理由，无辜的人不会受到惩罚。首先，"惩罚无辜，不会给共同体带来好处。"[6] 实际上，如果惩罚没有

---

[1]　Book II, Chapter XX, Section XXIX（1），载 Hugo Grotius，《战争与和平法》（*The rights of war and peace*），Richard Tuck 编，Indianapolis：Liberty Fund，Inc.，2005，第 2 卷，页 1003。［中译者按］中译本参见：［荷］格劳秀斯，《战争与和平法》，［美］A. C. 坎贝尔英译，何勤华等译，上海：上海人民出版社，2005 年。

[2]　Book II，Chapter XX，Section VI（1f），载 Grotius，《战争与和平法》，第 2 卷，页 961。

[3]　Book VIII，Chaper III（9），载 Samuel von Pufendorf，《自然法与万民法》（*De jure naturae et gentium*），James Brown Scott 编，C. H. And W. A. Oldfather 译，《国际法经典》（*Classics of International Law*），Oxford：Clarendon Press/London：Humphrey Milford，1934，vol. 2，页 1175 – 1176。

[4]　Jeremy Bentham，《道德与立法原理导论》（*An introduction to Principles of morals and legislation*），1823 edition，Oxford：Clarendon Press，1907，页 171，脚注部分。［中译者按］中译本参见：［英］边沁，《道德与立法原理导论》，时殷弘译，北京：商务印书馆，2000 年。

[5]　Bentham，《道德与立法原理导论》，页 170。

[6]　Thomas Hobbes，《利维坦》（*Leviathan*），A. R. Walter 编，Cambridge：Cambridge University Press，1904，页 229。［中译者按］中译本参见：［英］霍布斯，《利维坦》，黎思复、黎廷弼译，北京：商务印书馆，1985 年。

与违反法律关联起来，它就不会成为一种具有抑制性的制裁。因而，惩罚无辜恰恰与惩罚的目标——威慑相违背。此外，"纵观所有的君主权，由于其最初都是基于所有国民的同意而获得的，因而，只要他们服从法律，他们就应当始终受到保护；惩罚无辜，是以恶报善。"❶ 因而，对无辜之人的惩罚，正是对建立共同体之理由的破坏，是对惩罚的正当目的之维护的损害。

第三，就惩罚力度而言，一方面，根据普芬道夫所说，并非"有必要让一个人承受他所给别人带来的同等伤害，或者说，犯罪总是要以报复的方式受到惩罚"。❷ 格劳秀斯强调，刑法在适用过程中很少执行报复法，即使是摩西，也确定无疑地没有实际制定过这样的律法。实际上，依据格劳秀斯，刑法在适用中强加的刑罚的量，是与犯罪成比例，而不是对等：大多数犯罪中，实际惩罚的量要超出犯罪的严重性许多倍。❸ 另一方面，早期现代思想家都诉求于对刑罚的量进行更细致的划分，使之与犯罪的严重性相适应。存在一种惩罚犯罪的比例排序，在那里每一种犯罪的严重性，都被限制在相应的惩罚等级内。基于这种惩罚等级，对较轻的犯罪实施的惩罚，总是比对较重的犯罪的惩罚温和。设置惩罚等级的目的在于威慑潜在的罪犯，使其不敢犯 [20] 更严重的犯罪，也在于威慑正在犯罪的犯罪分子，使其不敢实施进一步的犯罪，例如抢劫犯，威慑使其不敢谋杀能认出他的受害者。❹ 这条确定惩罚程度的规则，不能与报复法这种暗含着犯罪与惩罚之间绝对对等的法律相混淆，也不能与一种算术上的平等

---

❶ Hobbes，《利维坦》，页229。

❷ Book VIII，Chapter III（27），载 Pufendorf，《自然法与万民法》，第2卷，页1213－1218。

❸ 参见：Book II，Chapter XX，Section XXXII（f），载 Grotius，《战争与和平法》，第2卷，页1010－1013。

❹ 参见：Beccaria，《论犯罪与刑罚》，第27章，页63："惩罚越严厉以及他所面对的祸害越严重，罪犯就越急于躲避它，这使得他会去实施其他犯罪以避开第一等级的惩罚。"

相混淆。算术上的平等，一方面意味着不同犯罪有不同的成比例的严重性，另一方面也意味着罪犯被判处的惩罚有不同的成比例的严厉性。自从早期现代刑法理论家反对比威慑要求的更严厉的惩罚，以及他们认为报复法在实践中超出了其所宣称的对等程度以来，与报复法相比，他们将自己视为仁慈对待罪犯的倡导者。避免将"过度的和不必要的惩罚"强加给罪犯，这一特点被边沁称为"节俭"。❶

第四，刑罚不能比威慑规定的程度更为严厉。这一要求的内在逻辑使贝卡利亚拒绝惩罚性的拷打，并倾向于那种既能给人们留下最有效率并且具有持久性的印象，同时又能给罪犯造成最小痛苦的惩罚。目标不在于真正强加的恶或者痛苦，而首先在于给其他公民留下印象，其次在于给罪犯自身留下印象。例如，功利主义者西奇威克（Henry Sidgwick）写道，"根据功利主义的观点……惩罚要尽可能地具有像边沁所说的'示例性'，即从表面上看要比实际上更严厉，因为主要是惩罚的外在表象起到了威慑作用。"❷ 密尔也为相同观点做辩护，他反对废除死刑，反对用终身监禁代替死刑，他斥责废除论者"强迫施加表面上不是很严厉的，因而不是很有效果，但实际上却更残酷的惩罚"。❸

[21] 第五，惩罚不被视为如下传统正义原则中的任何一种，如交换正义、分配正义或者矫正正义。格劳秀斯和普芬道夫反对根据正义的一般范畴对惩罚进行分类，并提出了如下主张。鉴于前述提到的用于回应已被拒绝的、亚里士多德意义上的几何式平等的均衡性，惩罚并没有遵循分配性正义原则。那么，惩罚是否遵循了一种交换正义原则？惩罚并不如同偿还债务或者履行

---

❶ Bentham，《道德与立法原理导论》，页 194。

❷ Sidgwick，《政治学原理》，页 120。

❸ John Stuart Mill，"1868 年 4 月关于死刑的演讲"（April 1868 speech on capital punishment），载 Mill，《功利主义》（*Utilitarianism*），George Sher 编，Indianapolis：Hackett，2001，页 65 – 70。

其他任何协议那般地施加给罪犯，❶ 惩罚也不被认为是对损害的补偿。存在这样一种义务，即要求仅仅在具有积极价值而非消极价值的情形下才能恢复每个人应当得到的东西。❷ 与仅仅遵照一种正义原则不同，惩罚首要的是具有谦抑性（prudentia），并服从于公共事业。❸ 应当承认，惩罚可以说是"公平的"，但只在一种消极的意义上是如此，就此而言，对故意给社会共同体中的其他人造成恶的人施加惩罚不会出现不正义。为了获得威慑的效果而衡量惩罚所必需的量，也不是正义的，而只是谦抑的。进一步来讲，尽管罪犯应当认为受惩罚不是不公平的，但正义并不要求他们将惩罚强加到自身身上，也不要求在对他们施加惩罚时他们要给予配合。后一种情形中，仅仅其他公民负有配合的义务。

康德是第一个不仅从报复法则中推导出确定刑罚的量的规则，而且还从中推导出惩罚根据的刑法理论家。这样，他就引入了一种替代性理论，该理论外在于威慑思想，而到目前为止所有有竞争力的理论都属于威慑思想。因而，康德不仅是报应主义的核心人物，也是其创始人。

"康德式转向"关注上述五种要素。关于第一点，康德既没有排除所有的威慑因素，也没有排斥所有的威慑性惩罚目的。相反，在《德行学说》中，例如，即便他反对任何"为了预防错误行为在其他人中再次出现，而放弃采取严厉的 [22] 手段（rigorosa）的做法；因为那样的话，人就会抛弃他的权利并任由他人来践踏"。❹ 但他真正反对的是将惩罚仅仅视为达成目的的

---

❶ 参见：Grotius, Book II, Chapter XX（2），载《战争与和平法》，第2卷，页995；Book VIII, Chapter III（4f），载 Pufendorf，《自然法与万民法》，第2卷，页1152–1156。

❷ 参见：Book VIII, Chapter III（15），载 Pufendorf，《自然法与万民法》，第2卷，页1157–1158。

❸ 参见：Pufendorf, Book VIII, Chapter III（24），载 Pufendorf，《自然法与万民法》，第2卷，页1210。

❹ TL Ak VI：461。《实践哲学》，页578。

手段，例如，为了达成在犯罪发生前就予以预防的目的。在他看来，首先，惩罚只有依据罪犯违法这一事实才能够得到正当化；其次，只有符合这一正当理由的惩罚，才与对等报复法所定义的"正义"相对应。不论威慑的效果有多强，在所有场合，惩罚都不能以这样的方式获得正当化，因为这是不正义的，因而也为康德所禁止。

由此导致的结论是，关于第五点，康德认为惩罚根据仅仅与正义有关，而无关于刑罚的谦抑性（prudence）。在他看来，惩罚罪犯非但不是不公平的，而且是正义的，即使是依据报复法则来施加惩罚。但对他而言，这种正义的要求究竟是属于法律正义的范围还是属于道德正义的领域，仍不明确，下文将使它变得明确（见本章 1.2 部分）。

至于第四点，康德并不关心惩罚给公民和罪犯留下的印象。相反，对他而言，唯一重要的是强加给应受惩罚的罪犯的恶。关于第三点，康德不加约束地采纳了报复法则，尽管经过了一些修正。他认为报复法则比威慑理论施加了更严厉的惩罚，特别是比贝卡利亚认为应当施加的更严厉，因为在他看来，贝卡利亚是"被一个多愁善感之人的过度同情所打动"。❶ 需要注意的是，当今康德理论的捍卫者认为，报复法则为惩罚的程度设置了上限，威慑理论则超越了这个限制。

十分有趣的是，关于第二点，并非康德本人，而是当今的康德式报应主义者，斥责威慑理论容许在特定条件下对无辜者施加惩罚。

鉴于第一点中威慑理论与康德理论的对比——后者仅仅将惩罚及其［23］程度与罪犯的道德过错（一些只有人才能承担的过错）联系起来，康德式报应主义者也将他们的理论核心视为一种唯一提出尊重存在于罪犯人格之中的人性的理论。在这方面，康德式报应主义彻底地背离了报复法则的古老功能，如西季威克

---

❶　*RL* Ak VI：335。《实践哲学》，页 478。［中译者按］参见中译本，页 168。

描述的,"在社会和智力发展早期,报应和赔偿的区别是模糊的,或者仅依稀可见;'以眼还眼''以牙还牙'的刑事损失被公认为是一种对受到原始伤害的人的赔偿。"❶ 因而,尊重人性不是在功利主义或自然法的意义上被理解的,即并不理解为尽可能地降低强加给罪犯的恶或者痛苦。在康德看来,对存在于被视为具有理性能力的人中的人性之尊重,包括两个层面的内容。第一层面是,将存在于罪犯人格中的人性视为目的本身。本书中,我将不会讨论康德的复杂的自律和自由意志理论,我也无须去应对这种理论。我将局限于作如下评论:即如果不首先允许理性生物的外部自由——如果它服从于他人的外部自由强加的限制,就根本就不会存在对他们的自由意志的任何尊重。第二层面是,对罪犯强加之恶要与罪犯应受之恶相当;这是对罪犯人格中的人性的尊重,因为这种过错是罪犯选择的,而且因此他们应当能预测其行为导致的后果,亦即,能预测他们的德行或者过错导致的后果。在《法权学说》的§49E部分,康德关注刑法,并认为,后一种要求——意味着任何人都应当接受自身行为导致的后果——属于前者。但他并没有提出支持这个论点的任何论据,而且我也认为,在康德的体系里这样的论据是不可能的。因而,我将分别作为两个问题来评价:报应主义是否能以第一层面为根基,以及是否能以第二层面为根基。

一方面,基于这两个层面之间在尊重人性上的联系;另一方面,基于法律与道德之间的关联这一有争议性的问题,通过两种不同方式进行研究的重要性便凸显出来。[24] 有两个主题都关涉这种关联。要么法律体系在很大程度上独立于道德,而且它的道德前提也没有超出第一层面的范围,即包含以相互限制在法律体系下各个成员的个人自由的方式来尊重人的尊严;要么法律从属于道德,其目的在于在或许很宽泛的某种程度上强制实施道德。第一层

---

❶ Sidgwick,《政治学原理》,页107。

面无论如何都包含着对人尊严的尊重，并且无可争辩地属于法律的权限范围，但是第二层面是否属于法律的权限范围这一问题的答案，总的来说，取决于对法律和道德之间的关系这一问题的回答。那么，如果报应主义不能通过第一层面上所理解的对人尊严的尊重而获得正当化，基于法律体系广泛地从属于道德这种情形，人们还应当探究通过第二层面上的尊重人之尊严而获得正当化的可能性。

接下来，关于报应主义是否能通过上述两层面中任一层面的对人尊严的尊重而获得支持，这个双重问题将在这两个层面上最终得到否定的回答。因而，与非此即彼这种消极的回答方式不同，作为一种积极的回答，我将不会逼迫自己在上述两个层面之间或者在上述所提及的两个主题之间作出选择。因而，我将满意于探究，将每一层面上的对人尊严的尊重作为惩罚根据会产生的各种后果。最终将会发现，它们都支持相同的惩罚根据和相同的惩罚力度。

1.2　两种康德式的权利概念

有些人喜欢提出这样一种观念，即认为康德在法哲学领域引发了一场革命，如同他在道德和理论哲学领域所做的一样，并认为他为当今的讨论作出了重要贡献。根据这种观念，康德的《法权学说》应当要感谢一种自由主义的权利概念（liberal concept of right）：[25] 权利（Recht），是根据适用于所有法律人格的权利平等的普遍法则，经验性自由之间的相互共存。❶ 这种权利概念

---

❶　本书的余下部分，斜体字或大写字母的 "Doctrine of right" 所指的是该著作的书名，而该学说本身即康德的权利概念，将会用小写字母的 roman 体标出。根据康德时代的一般用法，他是在权利（ius）意义上使用"权利的科学"（doctrine of right）这一术语的（*RL* Ak Ⅵ：229），因而关涉法（Recht）。［中译者按］在中译本中，凡未加书名号的译文，即为康德的权利概念，而加书名号的当然是此注释中的著作名。

有两个优点。一方面，它声称不服从严格的道德上的根据，而只服从经验性自由的共存中的纯粹对等；另一方面，它看起来不与道德相矛盾，因为它如同绝对命令一样要求一种普遍法则。在这种意义上，例如，凯尔斯丁（Wolfgang Kersting）写道：

> 权利的理性原则要求对每个人的自由进行削减，直至所有其自由行为都会相互影响的人都会同意，在不受威胁的情形下处于公平状态中，也就是说，要求一种严格的对自由的普遍削减，这种削减以相同的方式限制每一个人。❶

同样，赫费（Otfried Höffe）一方面针对《法权学说》说道："来源于它（绝对法权命令）的政治法律理论，包含一种政治上的……自由主义"；❷ 另一方面，在他看来，《道德形而上学》导向"一些道德哲学原则，这些原则在（形而上学的）法权学说中与外在立法相关，在（形而上学的）德行理论中则与内在立法相关"。❸ 但我相信这些方面无法彼此相容——我不是在以任何方式争论主张康德提出了它们，在同一著作中他恰恰没有提及它们。

第一方面，即作为经验性自由权与平等权之间相互共存的权利，是由康德提出的，如在《永久和平论》（1795）中，这种权利是作为"一种共和政制"提出的，他要求"任何国家的公民

---

❶ Wolfgang Kersting，《良好的自由秩序：康德的法权哲学与国家哲学》（*Wohlgeordnete Freiheit：Immanuel Kants Rechts-und Staatsphilosophie*），第 2 版，Berlin：De Gruyter，1993，页 27。

❷ Otfried Höffe 编，《康德：法权论的形而上学初始根据》（*Immanuel Kant：metaphysische Anfangsgründe der Rechtslehre*），Berlin：Akademie Verlag，1999，页 8。

❸ Otfried Höffe，"绝对法权命令：法权论导论"（Der kategorische Rechtsimperativ：Einleitung in die Rechtslehre），载 Otfried Höffe 编，《康德：法权论的形而上学初始根据》，页 41–62。

宪法"应当是"共和制的"❶，并通过如下方式定义共和政体：

> 首先根据社会的成员（作为人）的*自由*原则，其次根据所有的人（作为臣民）对于唯一共同立法的*依赖*原则，再次依据他们（作为国家公民）的*平等*法则，而创建的政制……是一种*共和*体制。❷

[26]　在此应当注意，先于法律存在的平等并没有通过绝对命令而获得正当化。

　　第二方面是由康德在其《法权学说》中提出来的，这也是为什么这种"学说"没有提出一种自由主义的权利概念的原因。关于康德眼中权利与道德的关联，很容易区别出三个主要选项：（1）完全独立性的命题（最先由埃宾豪斯［Julius Ebbinghaus］提出）；（2）需要从道德原则中推导出权利的依赖性命题（首先由处在《道德形而上学基础》与《法权学说》出版时间之间的康德主义法学家提出❸）；（3）有限的依赖性命题，即认为，在有效性（Geltung）或者权利的宣告上依赖于道德，但与之相对的是，在权利的实现或者行使上独立于道德。权利行使中的独立性具有一个本质特征，亦即，权利依赖于作为刺激的强制（Zwang），但道德所预想的这种行为的实施，是出于义务（Pflicht）。在我看来，第三个命题在语言学上是正确的，但与之相关的系统评价却忽视了权利在宣告过程中独立于道德的范围。

---

　　❶　*ZeF* Ak Ⅷ：349。《实践哲学》，页 322。［中译者按］参见中译本，页 109。

　　❷　*ZeF* Ak Ⅷ：349－350。《实践哲学》，页 322－323。［中译者按］参见中译本，页 109－110。

　　❸　参见：W. Kersting，"道德法则与法权法则：在康德与早期康德主义者理论当中的法权奠基"（Sittengesetz und Rechtsgesetz：die Begründung des Rechts bei Kant und den frühen Kantianern），载 Reinhard Brandt 编，《启蒙运动的法权哲学：1981 年沃尔芬比尔特的学术交流会》（*Rechtsphilosophie der Aufklärung：Symposium Wolfenbüttel 1981*），Berlin：De Gruyter，1982，页 147－177。

康德的解读者虽然专注于他与康德主义法律理论家之间的差异，这些康德主义的法律理论家甚至在《法权学说》（1797）出版之前，就尝试以《道德形而上学原理》（1785）为基础发展一种权利理论。大多数康德主义法律理论家，如胡费兰（Gottlieb Hufeland）和施马尔茨（Theodor Schmalz），都是从道德原则中推导出权利，而且实际上是从作为一种宣告性原则的道德原则中推导出权利来的。这样，他们理解的权利就如同康德所理解的，是对人与人之间外在关联的规范。外在的行为和关联已是道德义务的对象。在康德主义法律理论家看来，道德义务和权利之间的差异就存在于道德上所要求或者禁止的与道德上所允许的内容之间存在的区分之中。

[27] 诚然，这种基于道德原则的推导可以从两方面展开。一方面，一部分权利由道德上允许的内容构成，或者说处于道德中立的领域；另一方面，康德主义法律理论家诉诸如下暗示，即道德上所要求的也就是道德上所允许的。因而，道德义务和道德上的中立差不多，也属于权利：我有权利做道德上允许的事情，也有权利做道德上要求的事情。根据作者的不同，权利因而被分为绝对的权利和相对的权利。人们可以初步区分为人权和其他权利在当代的差别，人权被视为绝对的权利，而其他权利则在不同国家、不同情形下存在不同。

但是，基于道德原则而对权利作出的这两方面的推导，会产生如下三个主要问题。首先，认为权利源于两个相异部分的推导，有赖于两种截然不同的规范根据，而这些根据则会使我们怀疑，权利是否是如此被推导出来的——如果权利的确形成了一个整体并且可以与道德区分开来的话，或者使我们怀疑它是否只是道德的一种较弱意义上的版本。其次，强制的权威处在缺失的境地。再次，仅仅是道德上允许的强制权——如果能够正当化的话，似乎比道德上是应当的强制权更难以被正当化。

1.3 康德的权利概念源于《法权学说》中的
道德原则

将康德的《道德形而上学》分为《法权学说》和《德行学说》，这很明显是为了提出一种并不受制于康德主义法律理论学家所提出的上述问题的权利学说。法权学说与德行学说之间的核心关联存在于两方面。第一方面，法权学说与德行学说可由相同原则即绝对命令推导出来。这种在法律状态下的推导，暗含着并非道德的弱化：义务依旧是义务。第二方面，法权学说与德行学说之间的区别，建立在各自不同的实施动机之上。法权学说的展开只须将强制作为其动机，德行学说的展开则需要出于义务。

[28] 从第二方面可以产生出如下结论，亦即，"法权义务（duty of right）的实质范围……是通过一系列与它们在法律立法上有关的外在动机而被界定的；在那里，强制无法进行刺激，法律立法也不能实施支配权。"❶ 与其他大多数解读者一样，凯尔斯丁强调了第二点：

> 因而，每一种法权义务几乎也是一种间接的伦理义务；先天地内在于义务中的关于责任分配的伦理模式，并没有基于法权义务的范畴而被废除，这仅仅是因为它们可以以司法裁判的方式而被下达。❷

但我更愿意强调第一点：权利的范围包含每一种伦理义务，这些伦理义务也能通过强制得到履行。换言之，权利应当为每一种伦

---

❶❷Kersting，《良好的自由秩序：康德的法权哲学与国家哲学》，页176。

理义务的履行做准备，使其可通过强制本身而强制得到履行（通过强制的威胁，又通过强制的适用）。

然而，哪种义务可以通过强制得到履行呢？在此康德式的回答再度变得清晰起来：不是准则，而是行动。路德维希（Bernd Ludwig）以如下方式进行了系统的阐述：

> 现在，权利原则和绝对命令之间的根本性的实质差别是什么呢？……如果行为人的"意向"（Gesinnung）［Ak，VI：393］——它无法进入外在立法——既不能也不允许被包括进来，那就不可能对它提出要求。但那种至少可以与一种普遍立法**共存**的行为，实际上是可以外在地进行强制的，而且无须基于相关人的行为准则对它施加影响。❶

在我看来，路德维希的阐述存在不精确之处。他明确提到的、有关绝对命令的第三个公式表明，"你要仅仅按照你同时也能使之成为一项普遍法则的那个准则去行动。"❷ 如果权利一方面可以从绝对命令中推导出来，另一方面又要对允许权利通过强制而施加的这部分命令负责，那么确定权利内容的程序就应当注意如下步骤。第一步，应当确定可以经得起检验的行为准则。［29］第二步，应当研究根据这些行为准则产生的行为（包括积极行为和放弃实现行为）。第三步，这种研究必须切实地展开，以确定这些行为中哪些可以通过强制的方式来实现；届时，权利必须要确保这些行为与强制的威胁或强制的适用相符。因而，路德维希的阐述应当做如下修改："然而，他/她的行为至少能与准则的普遍立法相共存，亦即与绝对命令共存。它实际上部分地是可以被外

---

❶ Bernd Ludwig，《康德的法权理论》（*Kants Rechtslehre*），Hamburg：F. Meiner，1988，页95。

❷ *GMS* Ak IV：436–437。《实践哲学》，页86。［中译者按］参见中译本，页57。

在地进行强迫的，而且无须作为一种对立面而对与之有关的人的行为准则施加影响”；并且，在可通过强制强迫实施的范围内，它也应当能够通过强制的方式受到强迫。相较而言，路德维希的阐述（“他/她的行为至少能与一种普遍的立法相共存”）打开了如下可能性空间：法律不过是所有法律人之间在可以付诸诉讼的权利（actionable rights）方面的平等。接下来我将表明，这种权利概念并不与康德的《法权学说》相一致。

上述前提表明，行为在其最低限度的意义上可以与准则的普遍立法（绝对命令）共存，而且可以通过强制部分地成为可实施的，并且，在行为可实施的范围内也应当以这种方式得到强迫实施。这个前提暗含了如下结论：（1）权利可经由当事人而得到现实化；（2）必须采取行动；（3）这种实施必须以强制方式强迫进行，以免有人想放弃实施。在这里，我仅限于谈一谈这方面的一个例子；康德写道：

> 因此，伦理命令我仍须履行我所加入的协议，即使缔约的另一方不见得能够强迫我去这么做；但是，伦理学从权利学说中，采纳那些适合于它的法则和义务，伦理的许多命令正是通过这种办法建立起来的。因此，得到同意的诺言必须要遵守这一法律的制定，并不存在于伦理之中，而是存在于法学之中。伦理所教导的全部是，即使不理会外在强制的动机原则（这种强制体现了法律立法与义务的关系），那么单是义务的概念自身就足够作为动机了。❶

在这个例子中，我们可以看到，没有哪种法律制度愿意强迫允诺得到履行。甚至康德在《法权学说》中的相关说明，都没有满

---

❶　*RL* Ak，VI：219－220。《实践哲学》，页 383 及以下。［中译者按］参见中译本，页 25。

足这种具有挑战性的要求（这经常被大多数康德的解读者忽略）。❶［30］法，以及康德式的权利，以不同的方式来处理承诺问题。对如下可以设想的情形进行区分是有可能的：

（1）无须当事人采取行动，总是要么允诺会通过强制方式得到强迫履行，要么违背诺言的人就会被强迫进行赔偿。

（2）只有当事人提起诉讼时——此种情况下总会发生：要么允诺被强迫履行，要么违背诺言的人就被强迫进行赔偿。

（3）通过当事人提起的诉讼，要么一些允诺（例如满足特定条件的协议）得到强迫履行，要么针对不履行允诺强制采取补救措施（例如不履行符合特定条件的契约）。

（4）特定的环境下，尽管实施了行为，如果符合法定情形的一些契约的履行不是可被强迫的，则不存在强迫赔偿。

当我们认真考虑上述引用的康德公式时，在他的法权学说中所能够找到的，应当只有第一个选择——至多还有第二个选择。但康德提出的不同选择，确实出现在每一种法律制度之中。此处，我想为每一种选择都举出一个出现在康德作品中的例子。

（1）《永久和平论》中的先决条款决不任由契约双方处置，即使各方同意废除其中的某一条款。❷

（2）康德提出，"已结婚的双方，如有一方逃跑或被他人占有，另一方有资格在任何时候，无须争辩地把此人带回到自己的掌控之中"。❸

---

❶ 参见：Kühl，《法哲学之于刑法的意义》，页41。

❷ *ZeF* Ak，VIII：343–347。《实践哲学》，页317–321。［中译者按］参见中译本，页101–108。

❸ *RL* Ak，VI：278。《实践哲学》，页427。［中译者按］参见中译本，页96。

（3）与"仆人"签订的契约只能在有限的变动范围内才是可以强迫落实的："因而，一家之主与仆人签订的契约不能……以终身作为规定的期限，在任何情况下，只能是在一段时期中有效。在这段时期中，一方可以通知另一方有关他们关系的终结期限。"❶

（4）格言"买卖破租赁"❷，[31] 为终止租赁协议时无须强制赔偿损失提供了依据（但仅及于废除期间）。在康德看来，正如当前的法律制度，只有极少数情形（例如，在法庭上撒谎以及违背信任，等等）在法律上是被禁止的；更别提事实上受到强迫的情形，即使对康德而言，众所周知，反对撒谎这一道德禁令在适用中是没有例外的。

康德在刑法理论中被认为是绝对报应命令的坚定支持者，但即使在刑法中，他都没有接受根据他的权利概念逻辑地推论出的所有结果。一方面（列举一个著名的案例），如果一个岛上的所有居民都要离开他们祖国，他仍然要求，包括被判处死刑的罪犯在内的所有犯人，都应当切实地接受刑罚的执行。但另一方面，他容许统治者享有赦免权。正因为如此，康德一方面写道：

> 法院的惩罚……绝对不能仅仅作为促进其他善的手段而被施加，不论是为了罪犯自身还是公民社会。将惩罚施加于一个人，必须只能是由于他已经犯下了一种罪行……惩罚的法律（刑法）是一种绝对命令。❸

另一方面，他又声称：

---

❶ *RL* Ak, VI：283。《实践哲学》，页432。[中译者按] 参见中译本，页103。
❷ *RL* Ak, VI：361。《实践哲学》，页496。[中译者按] 参见中译本，页199。
❸ *RL* Ak, VI：331。《实践哲学》，页473。[中译者按] 参见中译本，页163。

> 他（统治者）的（赦免的）权力的行使，不能用在臣民彼此间相互侵犯的罪行上；因为这样一来，免除惩罚，就是对其臣民做了一件非常不公正的事情。因而，只有对某种有损于统治者本人的罪行，他才能行使这种权力。❶

在此，犯罪的法律—伦理后果实现与否，处于受他人摆布的状态。此时，绝对命令转变为了——与康德的权利概念相对的——一种纯粹的假言命令。

这种孤立的矛盾，不仅使康德式权利概念的有效范围变得混乱，而且还混淆了一种体系性的差异。但这种差异最终会被证明是站不住脚的，并且会出现如下情形，即就康德而言，根据其《法权学说》，一些行为应当［32］是法律上的命令或者禁令所针对的，但结果却证明不是如此。这是因为他以一种自相矛盾的方式，从与义务对应的行为中剥离出了许多针对外在行为的义务。

众所周知，康德区分了法权义务与德行义务。他提出，德行义务不能从属于"外在立法"：

> 因为它们牵连一个目的，这个目的（或者说拥有这个目的）也是一项义务。但是，任何外在立法无法使得任何人为自身设定一项目的（因为这取决于一种内在的心灵活动），尽管它可以规定那些能够导致一项目的的行动，而又不需要服从它的人使这项目的成为他们自身的目的。❷

但是，如果外在行为实际上被相应的绝对命令或相应的义务所"要求"，那么，这些行为在法律上就是可支配的，即可以通过强制的方式合法地被强迫实施。因为这些行为是外在的，而且被

---

❶ *RL* Ak，VI：337。《实践哲学》，页 477 – 478。［中译者按］参见中译本，页 170。

❷ *RL* Ak，VI：239。《实践哲学》，页 395。［中译者按］参见中译本，页 10。

认为可以通过强制来强迫实施。

在这方面，我们既不应被《道德形而上学原理》对义务进行描述——如对将人性作为目的本身这种绝对命令公式作出评论——的过程中出现的不相称误导，也不能被将针对作为目的自身的人性的维护限定为一种法权义务而误导。

义务的分类遵循两种二分式标准："对己义务"与"对他义务"相对，正如"将维护作为目的本身的人性"与将"促进"作为目的本身的人性是相对的。不对称源于：尽管康德提到了将对虚假承诺以及"对自由和所有权的侵犯"的排斥视为一种为了维护作为目的本身的人性的义务，但他并未提及促进人性的义务。至少有三点理由反对将康德的论法中出现的不对称与一种概念上的不对称这二者结合起来。首先，认为禁止虚假承诺以及禁止攻击自由和所有权这样的禁令在适用上是无条件的，这种观点是荒谬的。如果自由和所有权被作为犯罪行为的手段遭到滥用，它们就会在较长远的时期内受到大幅限制或者被悬置。其次，禁止虚假承诺会被理解为一种法权义务。虚假的承诺是承诺人 [33] 不意图履行的承诺，但这种意图并不是一种外在行为。如果一个人坚持不履行承诺，而不是遵守虚假承诺，就表示存在一种外在行为；但如此一来，道德上的禁止虚假承诺就变成了法律上的禁止不履行承诺。最后但不是最不重要的一点，即第三点是，与促进作为目的本身之人性相关的义务，可以被阐述为一种与外在行为相关的义务。例如，关于建立针对所有人的基础教育和基本医疗保障体系的义务。与外在的——而且是可强迫的——行为相关的义务，无疑属于法权义务，但在康德那里，它们作为关乎促进人性的义务而被视为德行义务。基于这些理由，将关乎维护作为目的本身的人性的义务与关乎促进人性的义务之间的差异，就等同为法权（法律意义上的可强制的权利）义务与德行义务（法律上不可强制的义务）之间的差别，这种做法一般来说是站不住脚的。

但是，康德式权利的范围究竟能够延伸多远呢？

绝对命令既不能先天地确定被禁止、命令和允许的单一行为准则，也不能先验地决定被禁止、命令和允许的单一行为，因为对行为准则和行为的道德评价以关于它们的经验性特征和背景的知识为前提。然而，相对而言，根据绝对命令来确定一种既定的行为准则或者行为究竟是违反了义务还是符合义务的要求，并在后一种情形中确定它是一种道德上的命令或者仅仅是一种道德上的容许，这些都是可能的。此外，每一种作为尽可能具有普遍性和间接性的行为准则，都关注外在行为。如果我们拥有一种可以指引我们生活的普遍行为准则，如果我们必须应该去实施符合我们的行为准则的行为，那么，在所有情形中我们都可以切实地确定这种或那种外在行为是否与我们的行为准则相符。这也是为何人们可以讨论所有外在行为——考虑它们的全部背景——而不论在哪种场合它们在道德上是被禁止、命令抑或仅仅是被容许的原因。

所有外在行为在一定程度上都潜在地受强制力的影响，因而它们不仅是道德判断的对象，也是康德式权利概念意义上的权利的对象。此外，每一次对外在行为进行的道德判断和法律判断都应是同一的。道德判断中不会对法律判断［34］产生影响的唯一情形，便是对如下问题的回答：即道德和法律命令的行为究竟是出于义务而实施，抑或仅仅是为了符合义务的要求而实施？❶在这方面，道德无疑比法律要求得更多。

然而，此处权利的范围无论如何都要比法律领域内的权利范围宽泛得多，此处法律和道德的相近程度也要比在法律体系中密切得多。尤其是，如果人们考虑到，在其他情形中，绝对命令问

---

❶ Otfried Höffe 在《"国王般的万民"：康德的世界公民式法权论与和平论》（"*Königliche Völker*"：*zu Kants kosmopolitischer Rechts-und Fredenstheorie*）（Frankfurt a. M.：Suhrkamp，2001）页 11 中准确记得：道德与法律的差异不同于法权义务与德行义务之间的差异。

题对既不属于权利又不属于其他个体法益的个人生活方式的各方
面提出命令或者禁令，那么康德式权利概念看来就很难是自由主
义的，实际上也显得十分怪异。

1.4　《法权学说》的自由主义解读

考虑到康德和洛克、密尔一样，也喜欢提及自由国家的定
义，那么，这些推断或许会使人震惊。对康德的自由主义解读基
于两个因素。

第一个因素，即权利的概念源于绝对命令，这一点经常被人
低估。例如，韦拉塞克（Marcus Willaschek）甚至声称：

> 康德并没有在任何地方提出：权利原则可以源于绝对命
> 令或者以绝对命令为基础。道德法则和绝对命令甚至都没有
> 在"法权学说"导言的§§A－E部分提及，而康德在该处
> 介绍了权利原则。❶

博格（Thomas Pogge）也直接从导言§B部分的最后一行开始他
对权利概念的探究："康德将权利（Recht）定义为'为全部条
件，根据这些条件，任何人的选择都可以按照一条普遍的自由法
则，与其他人的选择相协调'。"❷

---

❶　Marcus Willaschek，"为何法权学说不属于《道德形而上学》"（Why The
doctrine of right does not belong in *The metaphysics of morals*），载《法权与伦理年刊》
（*Annual Review of Law and Ethics*），5，1997，页 205－227。

❷　Thoms W. Pogge，"康德的法学是一种'完备的自由主义'吗？"（Is Kant's
Rechtslehre a "comprehensive liberalism"?），载 Mark Timmons 编，《康德的道德形而上
学》（*Kant's Metaphysics of morals*），Oxford：Oxford University Press，2002，页 133－
158。

[35] 在《道德形而上学》"导言"中，[康德] 是根据绝对命令的规定的履行动机来进行分类的。权利的准确定义可在如下表述中发现："法权学说与德行学说之间的区别，并在于它们义务的不同，而更多的是它们的立法不同，不同立法所产生的不同法规便与这一类或那一类的动机发生联系。"❶ 这个定义包含如下两层意思：（1）道德和权利的义务是共同的，都源于绝对命令；❷（2）其不同之处在于各自的立法和动机。

"法权学说"导言§B 的第 2 段和第 3 段给出了权利的定义。关于权利，首先提到的便是道德和权利所共有的义务："权利的概念——在权利涉及的那相应的义务（它是权利的道德概念）的范围内。"❸ 可以从权利与道德的区分中，得出如下三点（首先，权利仅仅涉及人们之间的"外在的和真正具有实践性的关系"；其次，选择 [Willkür] 仅仅对应意愿；最后，选择的形式和它的内容相对应）。尽管如此，人们还是经常会忽略，在这段话的结尾处，作为道德和权利共同的义务再度被提及：康德提及的选择形式"只在于选择仅仅被认为是自由的，在于一个人的行为是否可以按照一种普遍法则而与另一个人的自由相协调"❹。因此，它是关于作为一种形式的选择，即关于"仅仅被视为自由的这一限度内的选择"。

显然，这意味着，此处谈及的自由不是选择中的行动自由，而是康德式道德要求的纯粹的自由，即自律中的意志自由。因

---

❶ *RL* Ak，VI：220。《实践哲学》，页 384。[中译者按] 参见中译本，页 25。

❷ 即使有人像韦拉塞克那样预先假定一种命令的附加标准（"从义务出发，根据义务而行动"[Act according to duty from duty]，页 214），也不会给这些义务带来什么改变。这种预先假定就是为何韦拉塞克的"替代命题"比他自认为的更接近于官方命题的原因，也是为何它与解决我们问题的办法缺乏真正联系的原因。韦拉塞克认为，他的命题是一种关于法有限地独立于道德的命题，用他自己的话说，"毋宁是一种独立的实践理性的基本法则"（页 223）。

❸ *RL* Ak，VI：230。《实践哲学》，页 387。[中译者按] 参见中译本，页 39。

❹ *RL* Ak，VI：230。《实践哲学》，页 387。[中译者按] 参见中译本，页 40。

而，"普遍法则"在此关注的不可能只是权利的平等，而一定是与行为人的意志自由［36］相符合的法则：它与绝对命令第三公式中的法则同样属于"普遍法则"（"你要仅仅按照你同时也能使之成为一项普遍法则的那个准则去行动"）。❶ 因为单个的绝对命令公式都只是同一命令的不同版本，因而也就是同一的，它也可以说成："要这样行动，要把你自己人身中的人性，和其他人身中的人性，在任何时候都同样看作是目的，永远不能只看做是手段。"❷ 因而，在对公正的法律体系的自由主义的理解中，相较仅仅是选择权的共存所要求的，或者相较平等原则下的行动自由权的共存所要求的，康德有关"选择的相互关系"所要求的东西要更多。

尽管在《法权学说》"导言"§B 部分的结论性表述中，实际上提及了对道德自由的要求，但并没有强调这一点："因此，可以理解权利为全部条件，根据这些条件，任何人的选择都可以按照一条普遍自由的法则，与其他人的选择相协调。"❸ 在这一点上，人们应该注意到，康德使用"按照一条普遍自由的法则"

---

❶ *GMS* Ak，IV：436f.《实践哲学》，页 86。伍德（Allen W. Wood）反对这一点，他认为，"关于'法的普遍原则'本身，很难坚持这样的观点，即认为它能从道德命题中推导出来。这个原则是：'一种行为，如果能够根据普遍法则而与他人的自由相共存，或者如果依据它的行为准则，任何人的选择自由都能够根据普遍法则而与他人的自由共存，那么它就是正确的行为'……这一原则或许与普遍法则公式具有一定的表面上的相似之处：'只能根据这样的准则来行动，即你能同时希望它成为一种普遍法则……'就和普遍法则公式一样，权利原则提供给我们的只是可容许程度的检验……然而，权利原则并未针对意志准则像普遍法则那样提出任何看法。"Allen W. Wood，"康德的权利学说"（Kant's Doctrine of right），参见：Otfried Höffe 编，《康德：法权论的形而上学初始根据》（*Immanuel Kant：metaphysische Anfangsgründe der Rechtslehre*，Berlin：Akademie Verlag，1999，页 19－39）一书导言。但伍德反对法源于绝对命令的观点，仅仅在反对其"执行"（execution）来源于绝对命令这个方面是有效的，而无法令人信服地反对对行为的判定（adjudication of actions）来源于绝对命令。

❷ *GMS* Ak IV：429。《实践哲学》，页 80（［中译者按］参见中译本，页 48）。关于术语"人性"的含义，见页 64 以下。

❸ *RL* Ak VI：230。《实践哲学》，页 387。［中译者按］参见中译本，页 40。

这一表述，不同于仅仅谈及"按照一条普遍法则"，也不同于"按照一条关于选择的普遍法则"。前一情形中，"自由"（Freiheit）是多余的，而且应当是这个句子中所谓的"选择"（Willkür）。后一种情形中，"自由的"则是不必要的。在§C部分的开头，我们在权利的相同定义中发现一丝不同，它更精确地[37]指出选择的哪方面是有意义的（"选择的自由"❶[Freiheit der Willkür]，即自由的形式，或者是选择中的意志自由），而且这种附加要素"按照一条普遍自由的法则"（原译注）变得没有必要并且消失了："任何一行为，如果根据一条普遍法则，能够和每个人的自由共存，那么它就是正确的。"❷§C的其他部分的内容——同样贯穿于整个《法权学说》——"选择"的"自由"和"普遍法则"在每次对权利定义的重复中都被提及。在此较少明确提及绝对命令和义务之处，以致"自由"和"普遍法则"的框架范围和精确含义容易被忽略。

关于第二个因素：对康德的自由主义解读也建立在对绝对命令第二公式的极为简单的理解之上。实际上，康德只将绝对命令的一部分适用（如上所述）于法律，因为在他看来，促进人性的义务只允许与"目的"（Zweck）相关，而与外在行为无关，以至于这些义务无法构成任何"外在立法"。相比之下，对他来说，与维护作为目的本身的人性有关的义务可以构成外在立法，而且实际上，所有这些义务作为整体都可以构成这样的外在立法。现在，这种极为简单的理解使人相信，即使既不忽视也不忘记康德式权利概念源于绝对命令，绝对命令对法律体系提出的要求也被严格限制在保护公民同胞或禁止自杀、奴役、放弃公民权等方面。

---

❶❷ *RL* Ak VI：230。《实践哲学》，页387。［中译者按］参见中译本，页40。中译本的译文为"任何一个行为，如果它本身是正确的，或者它依据的准则是正确的，那么，这个行为根据一条普遍法则，能够在行为上和每一个人的意志自由同时并存"。

如果法律意味着根据权利平等法则所有人的行为自由能尽可能地相互共存，那么此处所面对的便是一种法律的自由主义定义，它源于损害原则，而无须依赖密尔的功利主义背景或任何宽泛的道德根据。在这种语境下，对于正如绝对命令第二公式那样的公式提出的——被设想为是最低限度上的——要求，并非很难满足（这种情形也有例外，例如，为绝对命令禁止的自杀）。

[38] 自由主义的权利概念，以及法律真正相对于道德的独立性，不通过采取作为一种执行法律的推动力的强制也可以获得。相反，首先是通过独立的裁判，即首先使法律的内容不再源于绝对命令来获得。很明显，这种权利概念无论如何也不会导致法律实证主义的后果。自由主义的权利概念包含外在自由权之间共存的设置条件，根据平等法则，包含彻底的规范性要求（要求保护所有个体的存在，要求法律面前人人平等，等等）。但许多法律上真实的和有效的法律体系并不遵守而是违反这些准则。

1.5　自由主义的权利概念

在绪论中，我提出，如下两方面都可以在康德的著作中发现：（1）一种自由主义的权利概念；（2）源于绝对命令的权利所导致的另一种与自由主义的权利概念不相容的权利概念。在详尽阐述了第二方面后，我将反过来审视第一方面。此处，我仅指出包含康德的自由主义的权利概念的两段话。

1. 关于在柏拉图的《理想国》中所发现的权利概念，康德写道：

依据使各人之自由与一切他人之自由相调和之法则，容许最大可能的人类自由之政制（我之所以不言最大幸福，是因为幸福必追随自由而来）实为一个必须有之理念，不仅在初次制定宪法时，而且在一切法律中都必须奉为根本原理。❶

2. 康德将建立这样一种社会称为"自然界给予人类的最高任务"，"在这种社会中，外在法律下的自由将会在最大程度上与不可抗拒的权力结合，即建立完全正义的公民政制"。❷ 他更加明确地［39］阐明，这一社会"不仅拥有最高程度的自由，因之它的成员之间拥有彻底的对抗性，与此同时，这种自由的限度具有最精细的规定和保证，从而这一自由便可以和别人的自由共存"。❸

这些引文以及后面在康德的作品中提及这种权利概念的段落，都以历史目的论为背景，凯尔斯丁称为"一种属于道德目的论的权利概念"。❹ 但凯尔斯丁拒绝了自身同一的目的论观点（selfsame teleological perspective），认为它不具有规范上的关联性。他提出如下意见反对关于权利的目的论观点，断定这种观点与沃尔夫（Wolff）有关人类完善的观点过于"相似"：

然而，如果与履行义务的自由有关的强制权利，既与努

---

❶ *KrV* B 373。《纯粹理性批判》（*Critique of pure reason*），Paul Guyer，Alan W. Wood 编译，Cambridge：Cambridge University Press，1997，页397。［中译者按］参见中译本，页257。

❷ *Idee*，命题5，Ak VIII：22。康德，《政治学著作选》（*Political writings*），Hans Reiss 编，H. B. Nisbet 译，第 2 版，Cambridge：Cambridge University Press，1991，页45－46。［中译者按］参见中译本，页9。

❸ *Idee*，命题5，Ak VIII：22。《政治学著作选》，页45。［中译者按］参见中译本，页9。

❹ Kersing，《良好的自由秩序：康德的法权哲学与国家哲学》，页142。

力达到完善无关，也与自我保存无关，而是与要求在形式上
完美地对待他人这一义务相关，并且，如果道德义务不是以自
然法为根据而是以不要求实现大自然的计划的内在立法为根据，
要求出自对法律的尊重而行动，并因此不能依赖于外在帮助，
那么，有关权利的目的论的道德实用主义根据又会有什么意
义呢？❶

凯尔斯丁颇具修辞性地提出的上述问题，基于如下三种理由而令
人惊讶。

第一，他忽略了，在康德的道德哲学中，大自然的计划正是
使人类的"自然能力"得到"彻底的""开发"，并且"与他们
的运用其理性这一目的相协调"。❷ 鉴于遵循理性——而不是遵
循诸如内心冲动之类——的人才真正遵照绝对命令，依据康德在
《世界公民观点之下的普遍历史观念》（1748）中所说的内容，
大自然在人类中的计划显然不仅是使他/她与自然的关系变得文
明，还要使他/她对于同伴的行为变得文明，形成市民社会或者
法治状态，使人类自身变得道德。简而言之，这正是凯尔斯丁所
要求的"出自于对法律的尊重而行动"，还有他同样要求的作为
"一种内在立法"的"道德义务"。

第二，如凯尔斯丁所认为，"与履行义务的自由有关的强制
权利"无疑是完全存在的，因为康德谈及"依照法则的最大的
人类自由"时并没有［40］限定只在个体履行了义务的条件下
才向他/她保证这种自由：为了享受这些得到强制力保障的自由
权，个体只需留意关于共存的法律。那样便意味着他们平等地享
受它们，而不论他们的行为是道德的还是不道德的，只要不违背
权利就行。但自由使个体以一种适当的方式履行道德义务成为可

---

❶ Kersing，《良好的自由秩序：康德的法权哲学与国家哲学》，页 151。

❷ *Idee*，命题 1、2，Ak，VIII：18。《政治学著作选》，页 42－43。［中译者按］
参见中译本，页 6－7。

能，这些义务被康德溯源至绝对命令，而与维护或者促进作为目的本身的人性有关。经由自由，个体明确得到的越多、越好，便意味着是对作为目的本身的人的保存和促进。在这方面，履行义务的自由并不包含达至完善的义务，也不包含关自我保存的义务（否则，我们便无从应对自由主义的权利概念）；相反，它反倒被包含在与自我保存有关的义务和达至完善的义务之中（例如，在上述提及的段落中，康德坚称"幸福将随之到来"）。❶ 基于此，权利实际上属于"道德实用主义"，从而并不违背康德的理性体系。

第三，凯尔斯丁认为，"与履行义务的自由有关的强制权利……与要求形式上完美地对待他人这一义务相关……这种义务以内在立法为根基……要求出于对法律的尊重而行为，并因此不依赖于外在帮助"。在此，凯尔斯丁表明，他将服从法律的动机锁定在强制力之中，并将法的渊源视为为了确立"与履行义务的自由有关的强制权利"而有权在道德义务中实施强制的制度。我不否认，根据康德，在自然状态仍然存在的地方，进入法治状态并且尽个体之所能建立一种正义的法律体系，乃是个体应该承担的义务的一部分。但康德并没有说，法律体系应当来源于人们有意识地履行义务。相反，他提到了存在于自然状态中的痛苦，即自然的强制力是建立法律体系的推动力，而与人类的偏好相对立。在前面所给出的一处引文的后面部分中，我们又找到了如下评论：

> 人，被迫进入到这种强制状态，否则便沉迷于没有束缚的自由之中。而且［41］，这确实是一切需要之中的最大需要，也是人类自己相互之间强加之于他们自己身上的那种需要，因为他们的倾向性使得他们不能够长期地在野蛮的自由

❶ *KrV* B 373。《纯粹理性批判》，页397。［中译者按］参见中译本，页257。

状态中彼此共处。但是，一旦进入到诸如公民联合体之类的
领域中，同样的倾向性便会产生最有益的效果。❶

此种观念在《判断力批判》以及《永久和平论》一文中得到了
重复：

> 因为问题并不在于人类道德的改善，而在于要求懂得我
> 们怎样才能将那种自然界的机制用之于人类，以便这样来指
> 导一个民族中间的那些心愿不和的冲突，使他们自身必须相
> 互都屈服于强制性法律之下，并且必须产生一个使法律能在
> 其中具有力量的和平状态。❷

1.6　法律和道德的任务

如果正如我认为的，在康德那里确实存在两种完全不同的权
利概念，那么哪一种应被视为更具"康德式"的，也就是说，
哪一种更加与康德的体系保持连贯？哪种是更具有说服力的概念
呢？对第二个问题的回答显然是明确的：自由主义的权利概念不
仅与我们认为是公正的法律体系的实存——甚至法律体系的实存
有可能普遍如此——保持一致，而且与我们的规范性直观
（normative intuitions）相一致。

第一个问题较难回答，但我们可以在康德的《法权学说》
中从观察对这些行为的偏离开始，而根据绝对命令的观点，这

---

❶ *Idee*，命题 5，Ak，VIII：22。《政治学著作选》，页 46。［中译者按］参见中
译本，页 9。

❷ *ZeF* Ak，VIII：366。《实践哲学》，页 335。［中译者按］参见中译本，页 129。

些行为被坚称为必要的。例如，财产权赋予了放任水果腐烂的权利，而无须顾及他人是否需要水果，或者能更好地使用它。绝对命令禁止这种浪费，但康德笔下的权利却并不如此。进一步言之，与康德的另一种权利概念相比，自由主义的权利概念只在一本论著中没有被发现：《道德形而上学》（1797），而在《纯粹理性批判》（1781）、《世界公民观点之下的普遍历史理念》（1784）、《判断力批判》（1790）、《论通常的说法：这在理论上可能是正确的，但在实践上是行不通的》（1793）以及[42]《永久和平论》（1795）中都可以发现自由主义的权利概念。这里所列出的作品属于康德作品中的关键部分。与其他作品相比，权利的概念在《法权学说》中得到了更广泛的展开，但应被认为只是体系背景下其他概念的重复。系统地看，自由主义的权利概念比其他概念更令人信服，因为它巩固了权利相对于道德的独立性，将强制力的范围从服从法律扩大到一种法律体系的建立，避免了《道德形而上学》被分裂为《法权学说》和《德行学说》。

在此只是提出一些外在证据：在康德的《法权学说》中，引人注目的是一些奇怪的甚至是令人难堪的出于绝对命令的直接适用的法律规则，它们是可耻的，或者出于对这种特别令人印象深刻的哲学的尊重来说，它们是欠考虑的。在此背景下，可以举出一些例子，例如康德的婚姻观或对"公开卖淫"（venus volgivaga）的严厉禁止、岛上民族的案例、对兽奸的评论，等等。❶幸运的是，我们在前面列举的作品中没有发现此种难堪。没有谁走得如此之远，以至于得出这种结论，甚至是以研究康德、费希特和黑格尔为基础的赫斯勒（Vittorio Hösle）也想要惩罚"那些

---

❶ *RL* Ak，VI：277 – 280；*RL* Ak，VI：325；*RL* Ak，VI：333；*RL* Ak，VI：363. 《实践哲学》，页426 – 430，页467，页474，页498。[中译者按] 参见中译本，页94 – 98，页155，页166，页201。

只要赦免，便会取消人的形而上的尊严的犯罪"，❶ 并由此提出一种非自由主义的权利概念。

最后但并非不重要的是，在我看来，许多康德的解读者经常误读了《法权学说》，将之视为对自由主义的权利概念的描述，并进而或多或少有意选择他们认为的最适合康德体系的解读方式。在这方面，对这种在我看来是虚假的解读方式，我感到的更多的是同情。如果我没有犯错，并且我的观点正确，那么我还将会为此感到遗憾：在《法权学说》中，康德并没有从自由主义的权利概念中推导出相应的法律规则。

由此，因为对康德的解读仍然是开放的，下文中我将研究诸种解读所产生的后果。此外，还有一个理由促使我进行此种研究。乍看之下，《法权学说》§49E 部分［43］表达出的支持报应理论的观点，无法放置到自由主义的法律框架范围内。按照惯例，我们在《法权学说》中寻找与自由主义的权利概念不相容的因素。❷ 例如，如果康德谈及"针对罪犯内在之恶"施加惩罚的均衡性，那么他显然意指一种与外在之恶相对的，即与仅仅是对外在自由的权利的束缚相对的内在之恶。

完全可能的是，这些因素实际上不属于自由主义权利概念，但仍与之兼容，并且我们面临的是两种不同的但前后一致的刑法理论。在这种场合，必须注意到，康德没有坚持法权学说与德行学说之间的区分；但是，康德式报应主义惩罚理论仍然是经得起批判的，尽管在这种情形下它必须以道德争论为基础。但这无疑

---

❶ Vittorio Hösle，"国家可以惩罚什么以及应当惩罚什么？"（Was darf und was soll der Staat bestrafen?），载 Hösle，《德国观念论法哲学》（Rechtsphilosophie des deutschen Idealismus），F. Hamburg：Meiner，1989，页 54 – 55。

❷ 参见：Jean-Christophe Merle，"Il punto di vista educativo e religioso dei Contributi dentinati a rettificare il giudizio del pubblico sulla Rivoluzione francese：la dimensione politica del Saggio di una critica di ogni rivelazione，" 见 Aldo Masullo and Marco Ivaldo 编，《先验论哲学、目的与伦理》（Filosofia trascendentale e destinazione etica），Milan：Guerini，1995，页 403 – 425。

会强化对康德式权利概念的非自由主义的解读。因此，在首先对在道德理论方面中立的观点以及受道德理论的影响而支持报应主义的观点进行探究之后，我们可以认为康德的报应主义惩罚理论遭到了反驳。

在接下来的部分，我将逐一地考察，首先是对赞成报应主义独立于道德理论的观点进行考察（本书第 2 章），其次是考察报应主义受到道德理论影响的观点（本书第 3 章）。自由主义的权利概念以及康德的道德理论都将被证明是无法同他的报应主义惩罚理论相容的。

第2章　康德论惩罚的法律根据

[44] 功利主义和义务论伦理学一直主宰着有关惩罚根据的争论，并因此各自与惩罚的威慑理论和报应理论联系在一起。现在，这场有关惩罚根据的争论日益为综合理论所主导。❶

绝大多数综合理论都代表了义务论哲学家（也就是主要受康德影响的哲学家）作出的努力。他们力图将传统的义务论观念，也就是颇具康德式的惩罚根据

---

❶ 参见：Don E. Scheid，"康德的报应主义"（Kant's retributivism），载《伦理学》（*Ethics*），93，1983，页 262 - 282；Sharon Byrd，"康德的惩罚理论：威胁中威慑，在施行中报应"（Kant's theory of punishment：deterrence in its threat，retribution in its execution），载《法律与哲学》（*Law and Philosophy*），8，no. 2，1989，页 151 - 200；Thomas E. Hill，"康德论惩罚：威慑与报应的综合协调"（Kant on punishment：a coherent mix of deterrence and retribution），载《法权与伦理年刊》（*Annual Review of Law and Ethics*），5，1997，页 291 - 314；Sarah Holtman，"走向社会改革：康德惩罚理论的再解读"（Toward social reform：Kant's penal theory reinterpreted），载 *Utilitas*，9，1997，页 3 - 21；Otfried Höffe，Vom Straf-und Begnadigungsrecht，载 Höffe 编，《康德：法权论的形而上学初始根据》（*Immanuel Kant：metaphysische Anfangsgründe der Rechtslehre*），页 213 - 233。

论，视为一种纯粹的报应理论而予以抛弃。有充足的理由怀疑，这一理论更多的是以私人道德而非以法律原则为基础的。

接下来，我将对如下尝试取得的成功展开评价，它们通过将一种带有威慑或预防形式的元素融入惩罚根据，来补充康德的报应主义理论。首先，我希望表明，这些尝试看起来只是表面上的综合，实际上完全是以报应主义根据为基础的。其次，我将对康德用来为报应原则和他采取的报应方式进行辩护的理由进行研究，并试图找出这种论证的缺点。最后，我将提出一种在我看来比康德的惩罚观念更符合其权利原则的惩罚原则［45］。在此过程中，我将有意识地并前后一贯地将康德的权利原则作为判断惩罚原则得当与否的标准。《法权学说》导言§B部分以如下方式阐述了权利原则："可以理解权利为全部条件，根据这些条件，任何人的选择都可以按照一条普遍的自由法则，与其他人的选择相协调。"❶ 在此基础上，我将批判康德的惩罚理论并尝试予以重构。

2.1　将康德的刑罚理论解读为一种综合理论

长期以来，关于刑罚理论的哲学争论分别为以康德学派为代表的报应论和一般威慑论主导。我所指的一般威慑，是对未然之罪的威慑，不仅包括威慑罪犯，还包括威慑其他公民。但最近情况发生了急剧变化：这场讨论目前由综合理论所主宰，这种理论认为报应理论和威慑理论是相互限制和相互补充的。

一方面，一般威慑理论家明确承认，罪责是惩罚的前提条件，并认同犯罪与惩罚之间的某种均衡性。另一方面，基于如下

---

❶　*RL* Ak，Ⅵ：230。《实践哲学》，页387。［中译者按］参见中译本，页40。

观察，报应主义论者也普遍地对一般威慑理论家表示赞同，即虽然报应原则本身实际构成了一种道德原则，但在它要求的惩罚明显无法威慑未然之罪的情形下，它无法成为一项权利原则。

这些立场之间都可以相互补充，因为在一种立场中较强的要素在另一种立场中就会较弱，反之亦然。一般威慑理论通过为惩罚提供一种显然与公共法律体系有关而不与私德有关的基本原理来修正报应原则。报应主义通过提供一种原则改良了预防理论，这种原则能对惩罚的均衡性问题作简明答复，并且看起来毫无争议地关涉个体正义。伯德（Byrd）有关［46］康德刑法观念的重要论文，❶颇有见地地对比了这种结合与康德刑法理论的传统观点，根据这种观点，康德的刑法理论是一种彻头彻尾的报应主义刑法理论。伯德提出，法律体系一定要谨防公民的违法倾向，而且是以惩罚作为威胁来获得这种保障。因此，在他看来，威慑包括公共强制权利的施行。但一旦惩罚的目标以那样的方式得到确立，惩罚的执行——种类和程度——将不再遵守威慑原则，而是服从报应原则。伯德为这种从威慑到报应的转变给出的主要理由是，只有后者不只是将人作为手段，还将人作为目的。因此，他认为，在康德的《法权学说》中，威慑存在于执行惩罚的威胁中，而报应原则则存在于惩罚的实际执行中，因而威慑和报应相互"限制"对方。

尽管伯德认为，在这种关系中威胁和报应相互限制，但它们之间存在明显的不对称，在我看来，正是这种不对称赋予了报应以优先性，说明了康德的报应主义在近些年来之所以有吸引力的理由。实际上，即使是在伯德的重构中，一般威慑构成惩罚的目标，决定惩罚的"量"的依然是报应。我将对此作出陈述，当且仅当如下情形，公民才因其犯罪而受到惩罚：

（1）惩罚的威胁能威慑他们（威慑条件）；

---

❶　Byrd，"康德的惩罚理论"（Kant's theory of punishment）。

（2）惩罚是用来惩罚犯罪的（报应主义条件）；

（3）惩罚的量受报应原则决定（接下来我将对该原则作出更精确的界定）。

前两项条件完全是消极性的前提条件：如果这些条件无法满足，惩罚以及惩罚的威胁都将被禁止。但它们都没有积极地确定惩罚的种类和量。为了阐明这一点，我将研究一个最权威的案例——伯德所作出的有关康德的全新解读也以该案例为基础，这就是康德以其称为"卡尼底斯之板"（the plank of Carneades）的方式作出的有关"必然性权利"（Ius necessitatis）[47] 的阐述：

> 事实上，没有任何刑法会对下述的这样一个人处以死刑：当一条船沉没了，他为了他的生命而推倒另一个人，使后者从木板上掉入水中，而他自己在木板上免于死亡。因为法律惩罚的威吓不可能比此时此刻害怕丧失生命的危险具有更大的力量。这样的一种刑法失去了它所意图达到的效果，因为一种尚未确定的威胁——例如法庭判决死刑——不能超过对那种灾祸的恐惧（例如在上述情况下，肯定会被淹死）。但是，这样一种为了自我保存而发生的暴力侵犯行为，不能视为完全不该受到谴责，它只是免于惩罚而已。❶

康德采用了两种假设。第一种假设声称，刑法"会判处死刑"（报应性地确定惩罚的力度，见上述第3点）。第二种假设是间接性的，也就是消极性的阐述："这种刑法失去了它所意图达到的效果。"逻辑上与之相对立的是我们提出的刑法预防某些犯罪的要求，这种要求意味着威胁不能被证明为没有效果。这一逻辑上的对立并不意味着，威慑的效果必须得到证明，或者必须得到确

---

❶ *RL*，"《法权学说》导言的附录"（Appendix to the Introduction of *The doctrine of right*），见 Ak Ⅵ：235–236。《实践哲学》，页 391–392。[中译者按] 参见中译本，页47。

定，或者必须达至最大值。这种前提条件是如此薄弱，以至于我不得不自我反思，是否存在可以想象到的不能满足它的惩罚。难道真的没有人宁愿被淹死，也不想被法庭判处可能的死刑？倘若不忽略被抓的危险（例如有这一事件的目击证人，或出于其他理由）：是否真的有人宁愿被淹死，并因这场悲剧而受人哀悼，也不愿受可能或很有可能导致死亡的司法裁判的公开羞辱？为了强调这一点，我们不妨假设，法庭很有可能认可减轻处罚情节，并判处罪犯 20 年监禁，因此，那个在谋杀犯和被淹死之间做选择的人，就可能会认为他不会被判处死刑。我们能否可以排除这种可能性：有那么一些人，或许宁愿选择悲剧地死，也不愿意去面对没有尊严的和没有重生机会的终身监禁？

如果真是如此，死刑（甚至是监禁刑）的威胁就确实会对某些谋杀犯产生预防效果，即便是在"这种必然性的情形"之下。我承认，法庭判决的"并非不确定的"死刑将会增强威慑效果，也就是说，将会对某些 [48] 谋杀犯产生预防作用，而不确定的死刑或监禁刑产生的威胁却不会产生这样的效果。至少在某些场合，"不确定的祸害的威胁"确实"较之对确定之祸害的恐惧要强烈得多"。"没有达到它意图的效果"，这一表述的逻辑对立面只要求某种程度的威慑效果，而不要求最大限度的威慑效果。这也是在这种必然性情形下刑法可以判处死刑（或更轻的判决）的原因。较为概括地说，我还没发现，有哪一种惩罚、哪一种对于有罪之人的痛苦的强加不具有威慑效果（相反，对无辜之人的惩罚可能完全没有效果，因为这种惩罚与犯罪无关）。即便死亡的责任是以如 1 个月监禁或 1 万元罚金这种荒谬的形式受到追究的，这些惩罚也依然能威慑某些潜在的谋杀犯；因此它们仍然有威慑效果。

因为报应原则针对所有犯罪都规定有惩罚，则上述第 1 个条件（惩罚必须有威慑效果）似乎就总能得到满足。因而，威慑条件无论如何都不会限制报应原则。报应原则也不会限制威慑原则，因为后者只要求某种程度的威慑。但如果我们（与伯德的康德解读相对立）以这种方式理解威慑原则，认为它也可以决定惩罚的力度，那么它的目标就在于使威慑效果最大化。在此情形之下，报应原则实际上就会限制威慑原则。在必然性情形之下，威慑效果的最大化不仅会要求死刑，还会要求在经过长期并且花样繁多的折磨之后再执行死刑。

或许有人会基于如下辩解提出反对意见：禁止肉刑仅仅意味着惩罚不应越过特定界限，如禁止残酷或非人道的处刑方式，但在这界限之内，威慑原则仍然可以要求采用最有威慑性的惩罚。这或许是一种可供选择的途径，但它并不属于康德或伯德，因为报应原则并没有为允许运用字母排序法留任何回旋余地。报应原则只允许一种方法，例如在上述案例中针对罪犯判处死刑。

［49］如果伯德的文章没有提及报应原理与威慑原理之间的不相容，这也只能归因于基于后者而采用的标准有缺陷：惩罚必定至少可以威慑某些未然之罪。报应原则也符合这种标准，并因而实际上没有受到它的限制。由此，所有的综合理论给古典报应理论附加的条件便是，如果被规定的惩罚威胁实际上无法预防至少一罪，则古典报应主义就无法被正当化。那种宣称对康德而言惩罚的目标乃是威慑的观点，只是为报应主义指出了一条可以增强其证明力的道路。在其他方面，综合理论规定的惩罚力度，与古典报应主义规定的相同。

为了更精确地表达我的观点，即综合理论实际上并没有揭示出报应主义与威慑之间的关系，我将区分出报应理论可能具有的各种含义。报应主义至少对应如下四个命题：

（1）所有罪犯都应当受到惩罚，并且只有罪犯才应受惩罚。

（2）罪犯受到的惩罚是作为对其罪行的报应。

（3）惩罚的力度与犯罪之间应保持（序数性的，而非基数性的）均衡，这意味着犯罪之间的关系应当与惩罚之间的关系保持一致。我的意思是，严重的犯罪受到的惩罚应当比不严重的犯罪受到的惩罚更严厉，并且，两种同样严重的犯罪受到的惩罚应当要同等严厉。

（4）惩罚的力度应当与犯罪对等。

第三命题比较了两种不同的关系，即不同犯罪之间的关系和不同惩罚之间的关系。相比之下，第四命题直接将犯罪与惩罚联系起来，而没有考虑均衡性。第三命题显然没有包含第四命题，它仅仅禁止对扒手的惩罚要比对谋杀犯的惩罚更严厉。

现在，考虑如下可能性。第一种可能性是，小偷被判处 1 个星期的社区服务，而谋杀犯被判处 20 年的监禁刑。第二种可能性是，小偷被判处 1 年的监禁刑，而谋杀犯被判处死刑。第三种可能性是，小偷被判处 1 个星期的社区服务，而谋杀犯被判处死刑。这三个例子全都符合第三命题。但它们并不只是［50］代表了截然不同的刑事立法方式。第一种可能性无疑不符合第四命题，因为谋杀犯并没有被判处死刑。在我看来，与第二种可能性相比，第四命题确立的标准可以在第三种可能性中更好地得到贯彻，但我也确实承认对此或许还存在争议。在此我不想探讨是否可以设想出一种符合第四命题但不符合第三命题的不同的刑法，尽管这在我看来并非不可能。我将第三命题与第四命题区分开来的唯一理由是，反对第四命题这一与康德的权利概念不相容的命题，即使康德捍卫这一命题。我还承认，第三命题在统计学上是真实的（后文我将解释我所谓的"统计学上"是什么意思）。❶

我留意到，从第一命题到第四命题都是伯德的综合理论一直没有触及到的。现在，我将区分其中与威慑理论相关的可能存在的命题。

（1）通过惩罚现实的罪犯来预防未然之罪（与以下两个命

---

❶　我使用"统计学上"（statistically）一词，意味着犯罪的严重性与惩罚力度之间的关联得到了切实落实，即便存在更严重的犯罪比普通犯罪受到了更温和的惩罚这样的情形。这将在本章最后得到解释，也会在本书第 7 章以对危害人类罪的惩罚为例得到阐述。

题相比，这个描述性的命题属于非规范性的威慑理论）。

（2）未然之罪应当通过惩罚现实的罪犯来预防。

（3）公民应当以为了最有效地威慑未然之罪的方式受到惩罚。

（4）罪犯且只有罪犯才应当受到惩罚，并且只能以这样的方式来针对未然之罪提供最有效的威慑。

我发现，第三命题和第四命题并不为综合理论所支持。因为第一命题纯粹是描述性的，所以综合理论中仅有的一般威慑命题便是第二命题。

因而，我现在将专注于报应原则。首先，我将探究康德提出的正当化根据，并试图表明他的正当化根据明显不充分。其次，我将表明康德的报应原则与其权利原则相冲突。

2.2　作为惩罚根据的报应主义

［51］在探究康德关于报应原则的根据之前，必须首先区分两种不同意义上的报应，即强报应和弱报应：这就是 Vergeltung ［第二报应命题，或纯粹的报应］和 Wiedervergeltung ［第四报应命题，或对等报复法］。❶ 当今绝大多数康德报应主义论者都支持 Vergeltung 而反对 Wiedervergeltung。❷

---

❶ 德语中的"Vergeltung"［要求为错误作出类似赔偿］与"Wiedervergeltung"［要求完全对等的赔偿］大体上分别对应英语中的报应（retribution）与报复（retaliation，词源：*ius talionis*）。

❷ 参见：Schied，"康德的报应主义"（Kant's retributivism）；Jeffrie G. Murphy，"康德有惩罚理论吗?"（Does Kant have a theory of punishment?），载《哥伦比亚法律评论》（*Columbia Law Review*），87，1987，页509－532；Höffe，"Vom Straf-und Begnadigungsrecht"。

在《法权学说》§49E 中，康德分两步进行了论证：第一步，他想要为一般意义上的惩罚权提供论证；第二步，他试图将 Wiedervergeltung 或对等报复法作为决定惩罚力度的原则予以正当化。在第一个步骤中，他反对功利主义的刑法观念：

> **法院的惩罚**……不能仅仅作为促进另一种善的手段，不论是对犯罪者本人或者对公民社会。惩罚在任何情况下，必须只是由于一个人已经犯下了一种罪行才加刑于他……惩罚的法律是一种绝对命令，它对于爬行在功利主义的毒蛇般弯弯曲曲的道路上的人来说，是一种灾难。❶

大多数解读者从这一对功利主义的批驳中潜在地推出了报应（Vergeltung）原则。而在第二个步骤之前，既没有提出报应（Vergeltung）一词，也没有提及它的概念。即便在那时，人们也无法发现纯粹的报应，而只能发现报应中的对等（Wiedervergeltung）。因此，我认为，将第一个步骤解读为纯粹报应的根据，始于对第二个步骤的解读，即始于将报复正当化。具体来说，第二个步骤还和第一个步骤那般再次包含了对功利主义理论的拒绝：根据康德，对等报复法之外的其他原则"都是摇摆不定的，由于有其他方面的考虑，因此不适合据此作出纯粹而又严格的公正判决"。❷ 在附录第五部分，他呼吁拒绝功利主义的刑法观念而支持对等报复法。❸

［52］康德关于报复即对等报复法的阐述，印证了我的如下设想：

---

❶ *RL* Ak，VI：331。《实践哲学》，页 473。［中译者按］参见中译本，页 163。

❷ *RL* Ak，VI：332。《实践哲学》，页 473。［中译者按］参见中译本，页 164。

❸ *RL* Ak，VI：363。《实践哲学》，页 497–498。［中译者按］参见中译本，页 200。

你向人民中的其他人所强加的任何一种不应受的恶，可以看做是你强加给自己的恶。如果你诽谤别人，你就是诽谤了自己；如果你偷了别人的东西，你就是偷了你自己的东西；如果你打了别人，你就是打了你自己；如果你杀了别人，你就杀死了你自己。❶

第一句话引用了"不应受的恶"，并因而并未着眼于惩罚的力度；因此它不关心报复，即不关心报应中的对等。进而言之，那些想要将这段话理解为诉诸纯粹报应的人，得从第二句话出发进行推导。实际上，无法在第二句中找到以"以牙还牙"为惩罚原则的例子。例如，对第一句话的如下解读是完全充分的：如果你犯了罪，你就使社会退回到自然状态，而在自然状态中，你无法保证不会受到不应受的恶的侵害。在此条件下不存在报应，更别提"纯粹的"报应。这种解读显然不足以解释第二句话。

因而，将第一个步骤视为报应根据的解读，只能以报复为基础。但这种解读特别地并且单独地将自身建立在对功利主义立场的拒绝基础之上，在此种解读中，人们心照不宣地假定，在报应主义和功利主义威慑理论之外，不存在第三种选择。在我看来，这种假定是错的。为了说明这一点，我将提出另一种解决办法。

首先，我要解释清楚，康德本人允许报复有例外情形。第一种例外就是上述 2.1 部分所列的例子中所声称的必然性权利：

事实上没有任何刑法会对下述的这样一个人处以死刑：当一条船沉没了，他为了他的生命而推倒另一个人，使后者

---

❶ *RL* Ak，Ⅵ：332。《实践哲学》，页473。［中译者按］参见中译本，页164。

从木板上掉入水中，而他自己在木板上免于死亡。因为法律惩罚的威吓不可能比此时此刻害怕丧失生命的危险具有更大的力量。……因此，这样一种为了自我保存而发生的暴力侵犯行为，不能视为**完全不该受到谴责**，它只是免于惩罚而已。❶

[53] 这种情形既得不到报应主义的第二命题的支持，也得不到报应主义的第三命题和第四命题的支持。此处还存在一种例外，即如果一起谋杀案的同伙数量

> 是如此之多，以至于国家考虑处死这些犯人时，感到丧失这么多的臣民会使国家很快解体……在这种情况下，统治者必须也有权力……作出这样一种裁判：判处罪犯除死刑之外的刑罚，如驱逐出境。❷

因而，报应主义第一命题必须修正为："所有罪犯都应当受到惩罚，并且只有罪犯才应当受到惩罚，除非犯罪发生在自然状态中（如第一种例外），或者，惩罚将会导致国家退回到自然状态。"或者，以不同形式阐述为："假定国家可以随时随地地强制实施法律——从行为发生之前到惩罚实施完毕之后，那么所有罪犯都应当受到惩罚，而且只有罪犯才应当受到惩罚。"这便意味着："在一个稳定的国家中，所有罪犯都应当受到惩罚，而且只有罪犯才应当受到惩罚。"

由此就可以得出如下结论：就康德而言，即使是最弱的报应命题，即第一命题——并且，由此还有最强的命题即第四报应命题（报复原则，或 Wiedervergeltung）——都不具有绝对的有效

---

❶　*RL* Ak，VI：236。《实践哲学》，页 392。[中译者按] 参见中译本，页 47。
❷　*RL* Ak，VI：334。《实践哲学》，页 475。[中译者按] 参见中译本，页 167。

性，相反，它们服从于他的权利原则的实现。

2.3 报应概念和权利概念的模糊性

[54] 现在，我想解释为何报应原则并不与康德的权利原则相关，并进一步阐述，报应原则在《法权学说》中的运用为何甚至能阻碍康德的权利原则。

本文至此已经论证了，在康德并未尝试根据他的权利原则进行推导的情况下，报复原则是如何意外地出现在§49E中的。如果想要在《法权学说》中为这种原则寻找理由，那么将在"道德形而上学（普遍实践哲学）的预备概念"中找到这些理由。这就是，

> 他只是偿还债务（debitum）……如果完成一种行为比此法则要求的做得少，其结果就是道德上的缺点或者过错（demeritum）。对一种应该受谴责的行为所承受的法律后果便是惩罚（poena）……一种行为如果符合"偿还债务"，那就没有法律上的后果。❶

债务源于罪犯没有履行法律的要求。此处显示了德语"Schuld"［罪过］一词的模糊性。它既可以指债务（debitum），又可以指罪性（culpa）。相应地，报应主义可以通过如下方式进行概述：

(1) 任何使他/她自己因犯罪而应谴责的人，都没有偿还他/她向社会欠的债。

(2) 未偿还之债必须得到偿还。

---

❶ *RL* Ak，Ⅵ：227f.《实践哲学》，页382。［中译者按］参见中译本，页36，中译本将"偿还债务（debitum）"翻译为"守本分"。

（3）惩罚就是偿还债务。

将"罪过"（Schuld）一词的两种含义同等对待，会带来误解，并会在如下情形中导致谬论：犯罪造成的损害可能无法得到补偿，即不存在对犯罪的弥补。所有并非无法弥补的侵害行为都是私犯，它们不属于刑事法庭的管辖范围，而属于民事法庭的管辖范围。康德举了如下例子，"接受委托进行贸易而在金钱或货物上贪污、侵占，以及以他人能察觉的方式在买卖交易中弄虚作假"。❶ 这些犯罪并未危及共同体的生存，只是危害了相信并自愿与罪犯签订契约的个人的生存。另一方面，公犯并未损害私人的法律契约，而是危害了共同体本身。对于例如针对受害者使用可能致命的暴力这一类犯罪来说，不可能存在补偿。监禁刑或生命刑——举个例子——可以为这一犯罪的受害者提供补偿吗？有什么能为谋杀导致的全体公民的不安全感提供补偿？只有当犯罪以后不再发生，对共同体欠下的债（debita）才能得到偿还：犯罪一旦发生，罪犯就不再可能偿还他/她的债了。一旦罪犯失去了他的公民品格，那么这个人甚至连以后向共同体还债的可能性也一并失去，即失去了在以后遵守法律的可能性。

［55］有人可能会提出反对意见，认为共同体与罪犯之间不存在具有现实可能性的赔偿，但至少可能存在一种内部补偿。这种内部补偿有可能与"至善"（highest good）这一问题有关，即与"幸福与道德的严格一致"相关。❷ 当康德写下如下文字时，看起来就为这种观念提供了支持：

> 罪犯与惩罚之间的这种相称，只有法官根据严格的报应法则判处死刑时，才可能出现。这种相称基于如下事实得到体现：只有如此，对每个罪犯宣判的死刑，才能与他的内在

---

❶ *RL* Ak，VI：331。《实践哲学》，页472。［中译者按］参见中译本，页163。

❷ *KpV* Ak，V：125。《实践哲学》，页240。［中译者按］参见中译本，页171。

邪恶相称。❶

　　针对这种报应主义的根据，可以提出两种意见。❷ 第一种，并且是最明显的异议是，依据康德，在法治状态中是国家实施管理，也就是说，国家调整个体与他人的外在自由之间的关系。相反，至善是一种部分内在的并且由此具有个体性的关系。❸第二种，如果至善的获取要受国家权限的影响，则对至善的要求就无法证明报应主义刑罚理论的正当性，并且还会驳斥它。至善会要求，不道德与不幸福或痛苦（或悔恨）之间的相对关系，应当是相同的。实际上，康德将惩罚定义为"统治者的权利，统治者针对一个臣民，由于他犯了罪而施加痛苦于他"。❹ 痛苦究竟包括哪些，以至于它可以与不道德的程度相比较？我们不妨看看康德在《实践理性批判》中的所给出的定义：

> 　　幸福是现世中一个有理性的存在者的如下状态，对他来说，在他的一生中一切都按照愿望和意志在发生，因而是基于自然与他的全部目的、同样也与他的意志的本质性的规定根据相一致之上的。❺

---

　　❶ *RL* Ak，Ⅵ：333。《实践哲学》，页474。［中译者按］参见中译本，166。中译本译为"对罪犯与惩罚之间的平等，只能由法官的认识来决定，根据报复的权利，直到处予死刑。很明显，从事实上看，只有法院的判决才能作为对一切犯人内在邪恶轻重的宣判"。

　　❷ 对恢复和谐（restoration of harmony）论这一惩罚理论所进行的更为精细的反驳，参见：Jean-Claude Wolf，"作为均势之重建的惩罚"（Strafe als Widerherstellung eines Gleichgewichts），载《法权与伦理年刊》（*Jahrbuch für Recht und Ethik*），11，2003，页199–216。

　　❸ 参见：Thomas E. Hill，"康德论犯罪、该当与惩罚"（Kant on wrongdoing，desert，and punishment），载《法律与哲学》（*Law and Philosophy*），18，1999，页407–441。亦可参见下文第3章。

　　❹ *RL* Ak，Ⅵ：331。《实践哲学》，页472。［中译者按］参见中译本，页163。

　　❺ *KpV* Ak，Ⅴ：124。《实践哲学》，页240。［中译者按］参见中译本，页171。

[56] 如果痛苦是幸福的对立面，则痛苦就是现世中理性存在者所处的如下这种状态，即对他来说，在他的一生中，一切都没有按照"愿望和意志"发生。因而，痛苦就存在于个人的自然与他/她的的目的之间，以及目的与"意志的本质性的规定根据"之间的一致性的完全缺失之中。由于惩罚的缘故，被迫遭受严厉规训以使"愿望和意志"再度获得纯洁的罪犯，并未从犯罪行为中获益。因而人们一定会认为，以改造为目的的惩罚会带来很多痛苦。对等报复法同样也不会使罪犯高兴。但它却容许在现世中根据罪犯的"愿望和意志"而发生某些事情。惩罚的原则实际上由罪犯的准则决定：如果罪犯确实想杀人，国家将处决他；如果小偷盗窃了他人财产，则他的财产也将被拿走，等等。自相矛盾的是，惩罚涉及将罪犯的准则普遍化之类的东西。就康德而言，准则的普遍化或多或少对道德提出了考验。即便一项邪恶的准则，作为行为准则，其部分普遍化总是被禁止的。这应当被理解为是向对等报复法所发出的警示。凑巧的是，它也是作为世仇即私人报复或血仇之基础的准则。

　　我的论证并未考虑，就康德而言，对等报复法是否应当仅仅从字面上来理解。所有人都知道黑格尔针对在字面上适用对等报复法所作的讽刺性评论。❶ 但康德拒绝用强奸来惩罚性侵犯者，而是要求针对他们处以宫刑。❷ 他主张对强盗实施奴役刑，但肯定不是为了使强盗沦落为如下这种受害者，即使其遭受到强盗行为受害者感受到的相同暴力。❸ 既然有足够多的康德解读者对此进行了强调，❹ 所以就无须进一步解释，为何我的论证并不是非得要在第三命题和第四命题之间作出区分，而是允许我连同第二

---

❶　参见：GPhR §101 Anm。［中译者按］参见中译本，页105。

❷　RL Ak VI：363。《实践哲学》，页498。［中译者按］参见中译本，页201。

❸　RL Ak VI：333。《实践哲学》，页474－475。［中译者按］参见中译本，页165。

❹　例如，Höffe，《惩罚权与赦免权》（Vom Straf-und Begnadigungsrecht），页227。

命题一起拒绝这些命题。

惩罚中发生的仅有的报应纯粹是一种消极的报应。康德写道，"无论谁偷了东西，就会使所有人的财产［57］变得不安全，这样（依据报应［Wiedervergeltung］原则），他也就剥夺了自己的财产安全。"❶ 这只能意味着，罪犯被驱逐出共同体，被遣回到自然状态。因而，在报应主义第一修正命题提出的存在稳定的国家的条件下，只有罪犯才能并且应当受到惩罚。❷ 只有根据此种方式理解报应主义才正确。在此情形中，"报应"一词的使用实际上会令人产生误解。事实上，共同体中权利的相互限制以及国家公民的相互保护，都可以视为相互报应。对他人的权利以及他们的保护予以认可，实际上是一种相互的贡献或"敬意"。相比之下，犯罪是否定性的，没有作出贡献。基于此，术语"报应"和"报复"并不适合描述第一修正命题。

对等报复法的简明和严格或许令许多人着迷。但惩罚的严格性不应当被误解为与概念有关的严格性。对等报复法无法从康德的权利概念中推导出来，反而与这一概念矛盾；甚至它不来源于普遍意识，因为在刑法专家之间以及在公民之间它都是有争议的。最重要的是，有可能直接根据康德的不含有对等报复法的权利原则来重构他的惩罚理论。

2.4 驱逐出共同体

事实上，除了功利主义威慑理论与所谓的康德式报应主义这

---

❶ *RL* Ak，VI：333。《实践哲学》，页474。［中译者按］参见中译本，页164。

❷ 修正命题是："所有罪犯都应当而且只有罪犯才应当受到国家的惩罚，除非犯罪发生在自然状态之中（如第一种例外情形），或者，除非惩罚会导致国家退回到自然状态。"

种二分模式外，还存在第三种进路，这就是，真正的康德式的和法律的进路。

在当今关于惩罚的争论中，受特别关注的既非对犯罪再次发生的预防，也非被称为特别威慑的对罪犯的改造，因为据说这些思想想要用与犯罪无关的社会性考虑取代惩罚的真正意义。我认为这种异议完全没有根据，而且这种类型的特别威慑可以为惩罚本身提供理论依据。

[58] 接下来，我将对康德确立的以其权利原则为基础的惩罚理论进行描述，目的在于批判这种理论——在我看来，该理论的构建基础实际上是与康德的权利原则相矛盾的。我将尽可能参阅《法权学说》中的段落，只要它们在我看来符合康德的权利原则。我将论说如下命题：

(1) 为预防罪犯再次犯罪，他们应当受到处罚。惩罚应当以（2）和（3）的方式来实施。

(2) 惩罚应当剥夺罪犯的公民资格，直至（3）获得实现。

(3) 惩罚应当对罪犯进行再教育，以便罪犯的公民资格再次得到承认。

为了重构康德式的惩罚理论，我将在下文中将权利原则和绝对命令联系起来。

除了反对功利主义外，康德还在他的第一阶段（见本章 2.2 部分）提出了两种肯定性的观点：首先，罪犯必须是因为已经犯了罪而受到惩罚；其次，刑法是一种"绝对命令"。❶ 这些论点包含了一种描述性的和规范性的因素：考虑到罪犯犯下的罪，所指的罪犯必须是基于绝对命令的缘故而受到惩罚。但《法权学说》并没有提及与刑法有特别关系的命令。在这个术语的应有之义中，只存在一种单一的绝对命令，《道德形而上学基础》对此作出了不同阐述。《法权学说》通过将大多数人共同分享同一个

---

❶　*RL* Ak，VI：331。《实践哲学》，页 472。[中译者按] 参见中译本，页 163。

有限世界这一情形纳入考虑之列，而将权利命令视为对绝对命令的具体化而予以详细阐述。我打算在罪犯已实施犯罪行为的假定前提下，构想出刑法的"绝对命令"，将之作为对权利绝对命令的具体化。

从定义上讲，由于犯罪，自然状态要优于罪犯与共同体中其他公民之间所存在的关系［状态］。康德将法治状态与自然状态视为一种二分模式，进而排除了第三种可能性。实际上，他三次将［59］犯罪发生之后的状态称为"自然状态"，分别是：有很多同伙参与谋杀的情形、决斗的情形以及犯弑婴罪的情形。❶ 在共同体建立之前的原始自然状态中，以及退回到自然状态的时期内，绝对命令要求确立一种法律体系。如果构成法治状态的制度不能尽快建立，宽容的法律就会要求所有人（因而也包括罪犯）以尽可能最快的方式实现它。❷ 我认为，除了惩罚，没有其他办法能够对罪犯进行矫正，使其再度成为共同体的成员，因为人们必须考虑到，罪犯无法马上重返共同体。

由于犯了罪，罪犯显然要对退回到自然状态这一情形表示接受。在自然状态中，没有人拥有任何权利，并且外在自由不断受到威胁，但绝对命令要求后者应当受到尊重。罪犯也要对他/她的外在自由的消失表示接受。这就无异于说，罪犯的意志在此实施了一种类型的自杀行为，使这个人"不再适合做公民"。❸ 罪犯无法再被国家作为一个自由民、一个理性存在者来对待。康德

---

❶ *RL* Ak，VI：334，336。《实践哲学》，页 472－477。［中译者按］参见中译本，页 167－170。

❷ *ZeF* Ak，VIII：347－348。《永久和平论》，见《实践哲学》，页 321。［中译者按］参见中译本，页 108。参见：Reinhard Brandt，"许可法，或：康德法权论中的理性与历史"（Das Erlaubnisgesetz，oder：Vernunft und Geschichte in Kants Rechtslehre），载 R. Brandt 编，《启蒙运动的法权哲学：1981 年沃尔芬比尔特的学术交流会》（*Rechtsphilosophie der Aufklärung：Symposium Wolfenbüttel* 1981），Berlin：De Gruyter，1982，页 233－285。

❸ *RL* Ak，VI：331。《实践哲学》，页 472。［中译者按］参见中译本，页 164。

有关惩罚的种类和力度的要求，就以一种明确的方式对此作出说明。最著名的例子无疑是有关对谋杀犯判处死刑的例子。科恩（Hermann Cohen）以及许多当代解读者对此提出了一种有说服力的反对意见，❶认为这种惩罚违背了康德的道德原则，因为它无可挽回地摧毁了一个有理性的存在者。基于此，他们提出了一种替代性的惩罚措施。他们的论证是如此成功，以至于当今几乎没有一位［60］哲学家敢于认同康德提出的这部分刑法主张。（有趣的例外是索雷尔［Tom Sorell］，他既赞同康德的报应主义，也赞同其有关死刑的观点。）❷

如果有人像科恩那样接受康德的刑法理论，则这些反对意见就没有说服力。只有当根据康德的权利原则来重构与康德的刑法理论相反的、替代性的刑法理论时，这些反对意见才有说服力。❸ 实际上，康德将会以如下方式来应对这些反对意见。首先，只要实施了犯罪行为，这个有理性存在者就不再是有理性存在者，而不只是在他/她受到惩罚之后才如此。惩罚只有基于如下因素才能产生后果：由于犯罪，有理性存在者否认了他的理性品格。其次，康德针对他提及的其他犯罪提出的惩罚力度，明确表明他不再将罪犯作为有理性存在者来看待。在此种情况下，我想举出如下例子：

---

❶ Hermann Cohen，《哲学与当代史文集》（*Schriften zur Philosophie und Zeitge-schichte*），Albert Görland and Ernst Cassirer 编，Berlin：Akademie Verlag，1928，页341。参见：Robert A. Pugsley，"反对死刑的报应主义理由"（A retributivist argu-ment against capital punishment），载《霍夫斯塔拉法律评论》（*Hofstra Law Review*），9，1981，页1516；Steven S. Schwarzschild，"康德主义与死刑"（Kantianism and the death penalty），载《法哲学与社会哲学杂志》（*Archiv für Rechts-und Sozialphilosoph-ie*），70，1985，页343 – 377；Attila Ataner，"康德论死刑与自杀"（Kant on capital punishment and suicide），载《康德研究》（*Kant-Studien*），97，no. 4，2006，页452 – 5482。

❷ Tom Sorell，《道德理论与死刑》（*Moral theory and capital punishment*），Ox-ford：Blackwell，1987，页162。

❸ 参见：本章 2.5 部分。

可是，我们如何理解"如果你偷了别人的，你就偷了你自己"这种说法呢？这种说法表明，无论谁偷了东西，便使得所有人的财产变得不安全，这样，根据报应法则，他也就剥夺了自己财产的安全。这样的一个人是一无所有的，也不能获得什么东西，但是，他还想活下去，这只能由别人来养活他。可是，国家却不能无缘无故地这样做，为了生活下去，他必须放弃他的权力而把它交给国家，由国家处以刑罚性的劳役。于是，他要暂时地或者终身降落到奴隶的境地。❶

在这个问题上，康德没有区分如下两件事：（a）没有财产的人不得不为了他/她的生活而工作；（b）为自己的生活而工作意味着奴役，而不是——例如——作为拿薪酬的劳动者而工作。实际上，这种奴役与死刑之间存在共性，正如《法权学说》中提及的其他惩罚之间存在共性一样，例如，驱逐出境，❷ "被永久地驱逐出公民社会"，或者去势。❸ 对康德而言，去势是一种"不完全的"谋杀，就像是一种自我去势："剥夺自己的一个完整性的部分或者器官（使自己残废）……［61］是一种不完全的自我谋杀的方法。"❹ 即使我们将自杀是否应受惩罚这一问题置于一旁，由他人实施的去势始终是一种不完全的死刑。

所有这些惩罚方式，罪犯既没有被视为共同体的一部分，也没有被作为共同体的一部分而获得对待。康德自己也声称反对奴役，正如他反对自愿式奴役以及反对贩卖自己的孩子或反对通过

---

❶ *RL* Ak，Ⅵ：333。《实践哲学》，页474。［中译者按］参见中译本，页165。

❷ *RL* Ak，Ⅵ：334。《实践哲学》，页475。［中译者按］参见中译本，页168。

❸ *RL* Ak，Ⅵ：363，附录5。《实践哲学》，页498。［中译者按］参见中译本，页201。

❹ *TL* Ak，Ⅵ：423。《实践哲学》，页547。

继承而来的奴役一样。但针对"因犯罪而丧失自己人格"的人，他也明确地提出了唯一一种例外情形。❶

在我看来，对于驱逐出境的确切后果，要属费希特表达得最清楚：要么罪犯像"被放逐者"一样被驱赶至荒漠中——在这荒漠中，有比被依法处死更恐怖的死亡等着他，要么罪犯可以像杀害危险动物一样地被杀死。这种从被排斥出公民社会得出的极端结论只具有一种启示性的作用，因为这远非费希特关于这一问题的定论，在我们有关康德惩罚理论的重构中，它也并非最终定论。

2.5　规训式矫正

即使罪犯已经失去了他/她自己的"人格"，但基于如下理由，康德的立场仍然禁止将罪犯作为物或（可能具有危险性的）动物来对待。

康德在《法权学说》§49E 中所做的最重要的证明，看来是基于对绝对命令的如下公式："要这样行动，要把你自己人身中的人性，和其他人人身中的人性，在任何时候都同样看作是目的，永远不能只看作是手段。"❷ 乍看之下，《法权学说》似乎将此一公式运用到了罪犯的例子上：

> 因为一个人绝对不应该仅仅作为一种手段去达到他人的目的，也不能与物权的对象混淆。一个人的与生俱来的人格保护自己反对这种对待，哪怕他可能被判决失去他的公民人格。❸

---

❶　*RL* Ak，VI：283。《实践哲学》，页 431。［中译者按］参见中译本，页 103。
❷　*GMS* Ak，IV：429。《实践哲学》，页 80。［中译者按］参见中译本，页 48。
❸　*RL* Ak，VI：332。《实践哲学》，页 473。［中译者按］参见中译本，页 163。

[62] 即使这些语句彼此类似，但它们似乎并未精确地使用同一种二分法：《道德形而上学基础》谈到的是"人性"和"人格"，《法权学说》中使用的词是"与生俱来的人格"和"公民的人格"。但如果我们探究后一种二分法的含义，则《道德形而上学基础》的表述看起来就与对《法权学说》中语句的解释有关。

康德将人格定义为与可归责性（imputability）概念有关。在"道德形而上学（普遍实践哲学）的预备概念"中，他给出了如下定义：

> 人，是主体，他的行动是可以归责给他的。因此，道德的人格不是别的，它是受道德法则约束的一个有理性的人的自由。道德的人格不同于心理上的人格，后者仅是一种能力，通过这种能力，我们可以在不同的情况下，意识到我们自己与我们的存在是一致的。因此，结论是，人最适合服从他给自己规定的法律——这些法律或者是给他单独规定的，或者是给他与别人共同规定的。
>
> 物，是指那些不可能承担责任的东西。它是意志自由活动的对象，它本身没有自由，因而被称为物（res corporalis）。❶

博格认为，这句话——在我看来确实如此——包含两种含义：

> 通过强调"道德的"一词，康德表明，"道德人格"较之"人格"（personhood）更精确。貌似最有理的说明，同时也为"因此……"辩白的是：拥有道德人格意味着，成为了一个其内在行为是可归责的、一个有（先验的）意志

---

❶　*RL* Ak，VI：224。《实践哲学》，页378。[中译者按] 参见中译本，页30。

> 自由的主体。……人在宽泛、较弱的意义上就是一个外在行
> 为可被追责的主体，这些外在行为是他们意志、选择或者意
> 图的表现。❶

我称后者为拥有行为自由的主体，与前者不同，拥有行为自由的
主体还拥有意志自由。根据博格的观点，道德人格以其他较弱的
人格为前提，并由此以只有法律体系才能保证的行为自由为前
提。这意味着道德人格以公民的人格为前提。另一方面，人们
[63] 可以构建出一种法律体系，它既可保证外部自由，也不以
人们抛弃意志自由为前提或者也不要求人们抛弃意志自由。

　　康德提及的"与生俱来的人格"包括哪些内容？既然他将
其与公民的人格区分开来，它就可能与道德人格或第三种人格有
关。但既然道德人格以公民的人格为前提，而"与生俱来的人
格"又与公民的人格相对，那么"与生俱来的人格"就不可能
是道德人格。根据"与生俱来的人格"这一表述，可以推知这
种人格具有原生性（非继受性）和不可剥夺性。从"人格"这
一术语中，我们可以推断它在某种程度上取决于或相关于某种可
归责性。由于康德在将人与物区别开来的时候将"归责"与
"自由选择"等同起来，即将其确认为一种行为自由，人们就可
能会由此推出，与生俱来的人格以及公民的人格和间接的道德人
格，应当受到法律体系的保证。事实上，与生俱来的人格受刑法
保护。但与生俱来的人格并不等同于公民的人格，而且人们可能
只拥有前者而不拥有后者。

　　现在，我将转而考察，根据《法权学说》§49E，与生俱来
的人格为何不能简单地只被作为手段来对待。根据《道德形而上

---

❶ Thomas Pogge，"康德的法权学说是完备的吗？"（Is Kant's Rechtslehre comprehensive?），载《南部哲学杂志》（*Southern Journal of Philosophy*），36（增刊），1997，
页 163。

学基础》，❶ 理由在于我身上或他人身上的人性。在这种情况下，"人性"这一概念有可能遭到误读，亦即，通过将其与一种二分法相联系而获得理解，这种二分法只有在道德与权利之间的区分存在风险时才会起作用。

> 现在，人，作为具有理性的**自然存在者**（**人的现象**），受他的理性支配，并作为在感觉世界行动的原因，而且就此来说，义务的概念并没有进入考虑的范围。但是，被认为是依据其**人格**［而行动］的同一人，也就是说作为被赋予了**内在自由**的存在者（**人的本质**），被视为是能够被置于义务之下，并且，实际上是能够被置于针对他自身（内在于自身的人性）的义务之下的存在者。❷
>
> 在义务的学说中，人能够并且应当依据他完全超感觉的自由能力，并且［64］由此仅仅依据他的人性、他的独立于物理属性的人格（**人的本质**），从而区别于同一个、但是受到了物理属性影响的那个人（**人的现象**）。❸

在上述引文中，"人性"无疑意味着道德人格或意志自由。以此种方式理解绝对命令公式中的"人性"一次，会使其论述变得多余："要这样行动，要把你自己人身中的人性，和其他人身中的人性，在任何时候都同样看作是目的，永远不能只看作是手段。"❹《道德形而上学基础》确认了这一看法：

> 然而，人并不是物，不是一个仅仅作为工具而使用的东西，在任何时候都必须在他的一切行动中，把他当做自在目

---

❶ *GMS* Ak，IV：429。《实践哲学》，页80。［中译者按］参见中译本，页48。
❷ *TL* Ak，VI：418。《实践哲学》，页544。
❸ *RL* Ak，VI：239。《实践哲学》，页395。［中译者按］参见中译本，页11。
❹ *GMS* Ak，IV：429。《实践哲学》，页80。［中译者按］参见中译本，页48。

的看待。从而，他无权处置代表他人身的人，摧残他、毁灭他、戕灭他。❶

在《法权学说》的特定背景中，流行如下这种看法：

> 任何人都可以合法地要求他的人类同伴的尊重，而且他因此一定要尊重所有其他人。人性本身就是一种尊严；因为人不能被任何人（他人或者他自己）仅仅当做手段，而必须被同时当做目的。他的尊严（人格）正存在于其中，借此他将自己提高至世界上的一切其他存在者之上，这些存在者不属于人类但仍可以被利用，并由此人也高等于所有的物。❷

禁止"利用"人，这可以从两个不同的方面来理解。从绝对命令的立场看，它肯定是正当的，因为每个人完全能发展出自律（自由意志）。从法律体系的立场看，这意味着法律体系不能只保护那些尊重法律的公民，他们以此种方式限制自身的行为自由，目的是使其与其他公民的行为自由协调一致。确实如此，法律体系保护所有人，甚至包括实际上不能遵守它的人，如儿童和罪犯。通过［65］将康德针对儿童问题的处理方式加以类推，我认为，通过使用"世界公民"这一术语，罪犯就与公民区分开来。事实上，关于父母，康德写了如下的话：

> 父母不能把他们的孩子看成是自己制作的东西（因为不能这样看待一个享有自由权利的生命）或者自己的财产而予以毁掉，也不能让孩子听天由命，因为他们不仅仅是把一个

---

❶ *GMS* Ak，IV：429。《实践哲学》，页80。［中译者按］参见中译本，页49。
❷ *TL* Ak，VI：462。《实践哲学》，页579。

生命带到了人间，而事实上他将成为世界的一个公民，即使仅仅根据权利的概念，他们也不能对这个生命置之不理，漠不关心。❶

儿童或罪犯都不遵守法律，也就是说，不因他人的行为自由限制自身的行为自由。但他们都有行动能力，因而他们被赋予了自由，尽管他们缺乏一种以与其他所有人的自由相协调的方式开发"自身的意志、选择或意图"（借用博格的话）的能力。因而，虽然法律体系不允许他们的行为自由，但只要他们能尊重其他人的自由，它就必须同时提供获得这种自由的可能性。在我看来，这就是前述段落中提到的"世界公民"这一术语的含义。

至少，我发现了对我的解读的两点重要确认。第一，自《世界公民观点之下的普遍历史观念》（1784）以来，康德提出人类有一种在历史进程中发展理性，最终确立"完全正义的公民宪法"❷的"自然禀赋"（Naturanlage）。此处，"理性"没有与先验意义上的自律或意志自由合并，而被视为"一种将其全部力量的使用和目标都远远突出到自然本能之外的能力，并且它并不知道自己的规划有任何界限"❸。因而，依据康德，行为者的固有品性要求他们，朝着建立共同体，并成为其中一员这一方向发展自身。这一观念在《法权学说》中得到了进一步发展。其他著作——首先并且最重要的是《永久和平论》——也包含了这一观点。

[66] 第二，甚至被宣判为奴隶的罪犯也不受"对物权"

---

❶ *RL* Ak，VI：281。《实践哲学》，页430。［中译者按］参见中译本，页99。

❷ *Idee*，命题5，Ak VIII：22。《政治学著作选》，页46。［中译者按］参见中译本，页9。

❸ *Idee*，命题5，Ak VIII：18。《政治学著作选》，页42。［中译者按］参见中译本，页4。

（或财产法）的规制。对康德而言，奴隶与动物的区别在于，奴隶有能力履行义务，即便他/她没有权利。在"道德形而上学总分类"中，康德将物和动物的法律地位界定为，"人的权利对既没有权利又没有义务的存在的关系"。关于"人的权利对只有义务而没有权利的存在的关系"，康德说，它在法权科学中是不存在的，"因为这些存在是没有人格的人（农奴，奴隶）"。❶尽管这些人缺失公民身份，但他们不能被用于"不道德的目的"或"被剥夺生命和成员资格"。❷

　　或许有人会基于形而上学假设的支持而反对上述解读。实际上，康德在《法权学说》中明显地提出了形而上学的假设，如关于生育孩子："生育出的是一个人，不能把享有天赋自由的人设想为只是经过一种物质程序产生出的一个生命。"❸但人们不需要接受这样的假设就可以将行为者视为潜在的或真正的公民——只要他们尊重他人权利，不论这样做是出于何种理由，不管是由于对绝对命令的遵守，或者仅仅是由于为了拥有为共同体认可之权利的自身利益。每个"世界公民"都要求建立如下这种国家，在这个国家中保留了他/她成为真正公民的可能性。因此，在所有人中建立一个共同体，这是一个基本条件或者说必要条件。这种必要性不仅来源于绝对命令的立场，当我们接受博格的"单向度命题"（one-way the sis）时亦如此，即只要我们接受康德的绝对命令，就不得不接受他的权利体系——但反过来并非如此。实际上，康德的权利学说并非只是描述性的，也是规范性的，因为它明确包含了普遍准则，并将其适用于所有拥有外在自由的主体，如行为者。因而，康德的权利体系并没有创造出[67]能动性，反而以此为前提，并且应当尽可能地体现出相互

---

❶　*RL* Ak，VI：241。《实践哲学》，页 396。［中译者按］参见中译本，页 12。
❷　*RL* Ak，VI：330。《实践哲学》，页 471。［中译者按］参见中译本，页 162。
❸　*RL* Ak，VI：280。　《实践哲学》，页 429。［中译者按］参见中译本，页 98 – 99。

限制自由的原则。在我看来，这就要求法律体系促进和发展人们遵守法律的能力。

实际上，康德明确讨论了在儿童和"野蛮人"中这种能力的开发问题。罪犯与儿童的法律地位之间并无区别。因而，在我看来，康德看待罪犯的方式与他看待儿童的方式类似。

在《论教育学》中，康德认为，生育包含两方面的工作："规训"与"教化"。❶ 这既是儿童的目标，也是"野蛮人"的目标。康德的权利概念存在于公民的相互强制之中，而这种相互强制是由国家实施的公共强制来保障的。相较而言，罪犯就如同儿童、"野蛮人"以及单方面接受强制的对象，康德在《论教育学》中将这种单方强制称为"规训"和"培养"。"规训将人类置于人和存在者的法律之下，以使他感受到法律的强制力"。康德将规训视为教养的前提，即教育的积极方面的前提。在获得自愿遵守法律和——最重要的——成为自身立法者的能力之前，必须首先通过对人的外在强迫，从而使之尊重法律，而那些能力则构建了等同于公民国家的法律下的自由。当我们强制狗遵守规则时，我们真正想要的是狗遵守我们的规则。但对于人，我们应当把人性当做目标，努力促进人性，鼓励法律下的外在自由。惩罚应当促进罪犯的改造。

康德考虑了对惩罚进行时间限制的可能性。"如果国家认为合适"，小偷就会"暂时地或可能是一辈子地沦为奴隶的境地"。❷ 不幸的是，这种时间限制在《法权学说》中的其他地方却无法找到。究其原因，也许是因为康德认为教育"野蛮人"较之教育儿童要困难得多。他解释说："但是，人天生是如此强烈地倾向于自由，以至于如果他一段时间内习惯了自由，他就会为此牺牲一切。"❸ 然而 [68]，他并没有明确排除对罪犯实施矫

---

❶ *Päd* Ak，IX：449（原译注）。
❷ *RL* Ak，VI：333。《实践哲学》，页474。[中译者按] 参见中译本，页165。
❸ *Päd* Ak，IX：449（原译注）。

正的可能。在《法权学说》中，谋杀犯并不是全都得死。上文列出的例子（见 2.2 部分）不是唯一的例外：不仅包含谋杀犯有太多同伙的那个案例，而且包含如下例子，例如，统治者运用"他的君主权利"从而"仅仅在个案中允许……宽恕"。❶ 因而，谋杀犯甚至可以被矫正和释放，除非释放会威胁到其他公民的安全，也就是说，除非他/她仍没有被"规训"。

现在，矫正的可能性完全不能与死刑相容。此处我提出的报应主义的替代方案绝非功利主义的。它不是将惩罚当做"仅仅促进另一种善的手段——不论是对犯罪者本人还是对公民社会"而言。❷ 应当承认，与死刑相比，谋杀犯无疑从被矫正中获益更多。在恢复因犯罪而遭受破坏的公民状态——以罪犯能再次被引入公民状态的方式——这一目标方面，此处我描绘的矫正模式可以为自身提供支持。唯一可以达至这一目的的方式是使用单方强制的惩罚。在"规训"被贯彻实施期间，共同体受到保护，免受罪犯再次犯罪的危险。在我勾勒的惩罚模式中，惩罚贯彻的意图不仅内在于权利的概念，也内在于维护每个人的人性这一目标。我得承认，一般威慑理论在惩罚激励其他公民尊重法律的范围内，也遵循内在于权利概念的目标；但一种要求威慑其他人不敢犯罪的理论，不会真正认真地对待维护人性这一目标。为了使威慑效果最大化，一般威慑理论可能最终会增加惩罚的持续时间和程度，超出使罪犯被改造为一个训练有素的公民的必要界限。

或许有人会基于如下理由反对我提出的作为报应原则之替代方案的特别威慑：它违反了公平原则，依据该原则，[69] 一旦罪犯被判了刑，就不再允许延长惩罚或重新制定惩罚。但这种反对意见是以一种无根据的假设为基础的，而根据这种假设，惩罚

---

❶ *RL* Ak，Ⅵ：334。《实践哲学》，页 475。[中译者按] 参见中译本，页 167 – 168。

❷ *RL* Ak，Ⅵ：331。《实践哲学》，页 473。[中译者按] 参见中译本，页 163。

的不可变更性暗含着它想有一个精确的期间，即要求一个确定到哪年或哪月的判决。但根据我的提议，这种期限明显被定义为：惩罚以罪犯的被矫正为结束，即以重塑他/她的像其他公民那样遵守法律的能力作为结束，如此，罪犯与他们相比便不会对法律造成更大威胁。一种更具分量的反对意见是，很难准确确定罪犯究竟何时可以作为训练有素的公民重返共同体。为了评判罪犯是否被矫正，绝大多数情况下人们无疑需要作出一个复杂的决定，其中总是存在发生错误的危险。这种危险也出现在法庭判决中。此外，当今的司法体制实际上都在一定程度上实行了特殊威慑：绝大多数罪犯都以假释的方式被释放，这样便减少了实际的监禁刑期，而对累犯判处的刑罚较之对初犯判处的刑罚更为严厉，等等。

暂且让我们来想象一下，那种能消除评估矫正程度时出现的任意性危险的机制是怎样的。人们可以想象出一种制度体系，它可以逐渐解除罪犯一方的证明责任，而将这种责任置于有权限的法官一方。之后证明责任将会转移，对想要证明应当继续实施惩罚的有权限的法官来说，证明将变得更为困难。此外，诸如假释、社区服务和针对累犯的更严厉的课刑等措施，会构成第二次"考验"。第二次考验可以在"真实的"生活中发现，并且对囚犯真诚地重新融入社会、尊重法律体系来说，它既是危险又是激励。最后，惩罚有可能包含特殊威慑的特定措施。普法尔泽（Marianna Pfaelzer）法官不仅判了黑客米特尼克（Kevin Mitnick）整整四年监禁，而且还禁止他在没有缓刑官的书面授权下使用电脑和移动电话。

当然，特别威慑和矫正——后者意味着严格规训——能预防其他公民实施犯罪。因而，这些理论都包含了特定维度的一般威慑，即便它们不以将其最大化作为目标。与［70］康德有关惩罚的定义一致，特殊威慑和矫正都给罪犯"施加痛苦"❶，而且针对违反法律的行为威胁施加痛苦，无疑也构成了阻止潜在罪犯犯罪的重要部分。然而，一般威慑不会成为惩罚的理论根据，因为即使针对犯罪的惩罚不会阻止人们犯罪，也仍然要惩罚罪犯。但特殊威慑产生的一般威慑效果无疑对惩罚有强烈的和幸运的侧面影响。然而，我将明确，将惩罚视为矫正的概念决不能表达为："多愁善感的人性的过度同情"，正是基于这一点，康德批判了贝卡利亚的惩罚理论。❷ 就罪犯而言，规训、"培养"、奴役以及单方的强制显然既不是一种有吸引力的惩罚方式，也不是一种有益的惩罚方式。

特殊威慑和和矫正或许会符合前面阐释的报应主义命题所要求的惩罚的均衡性。虽然人们也许无法在原则上确定小偷或许比劫匪或甚至是谋杀犯能够更快地获得矫正，但这一点在经验上却是可以确定的。但在一些例子中，相反的情形也可能是真实的。

最后，但并非最不重要的是，报应主义和一般威慑都不排斥死刑。康德甚至明确指出了这一点，即便许多康德主义者对这一主题深感遗憾或保持缄默。长期以来，都存在关于死刑作为一般威慑手段是否有用的争论。❸ 这场争论的参与者一致认为，如果死刑在预防其他公民犯罪方面是有效的，则它就能被正当化。与报应主义和一般威慑相反，我的替代方案彻底排斥死刑，它也排斥使罪犯得不到任何减刑机会的终身监禁，但它并不禁止对所有矫正努力在他身上都失败的那些罪犯实施终身监禁。[71] 在我看来，我提出的最有可能达至所有惩罚理论的双重要

---

❶ *RL* Ak，VI：331。《实践哲学》，页 472。[中译者按] 参见中译本，页 163。

❷ *RL* Ak，VI：334 - 335。《实践哲学》，页 475。[中译者按] 参见中译本，页 168。

❸ 有关这场争论的传统的同时也是怀疑论上的表述，可参见：H. L. A. Hart，《惩罚与责任》(*Punishment and responsibility*)，Oxford：Clarendon Press，1968。

求的解决办法应当是：确保所有公民的安全和尊重所有罪犯的人性。

2.6 小 结

至此，刑法的"综合理论"作出的将报应主义和一般威慑结合在一起的真诚努力就失败了。它们注定会失败，因为两种理论都将自身作为惩罚的根据而明确地与对方区分开来。因而我提出，在义务论伦理学与威慑理论之间的争论中，应当对这一术语进行两方面的修订。首先，我已尝试表明，康德的报应主义惩罚理论并没用依据他的权利概念。其次，我有意识地避免了将康德的权利概念与一般威慑原则相结合，相反，在我看来，康德的权利概念完全可以与特殊威慑理论相协调，后者包含了对犯罪犯罪能力的剥夺和对罪犯的矫正。这种理论并非一种综合理论，它也并非一定要成为一种综合理论。

因而，如果康德的惩罚理论基于康德主义体系而是正当的，这种正当性也只能发生在当我们尝试进行导致法律后果的道德论证的时候。在下一章中，我希望表明，康德的道德理论无法提供这种正当性。恰恰相反，它将确认本章的最终结论，而该结论是以权利理论为出发点的。

第 3 章　康德论惩罚的道德根据

[72] 至此，我已完成基于对康德的权利概念的自由主义解读，反对他的报应论，倡导特殊威慑和矫正的结合。我将研究，对权利概念进行的替代性的、更强有力的或道德的解读，是否能取代康德的报复理论。如第 1 章所示，这种解读包括绝对命令在法律体系中的实践——直至它提出的指令和禁令都能通过强制力得到实现。

3.1　在此涉及的是何种道德的均衡性？

当今的报应主义的惩罚理论论者时常将其理论与康德的理论彻底区分开来，因为在他们看来，惩罚因目标而正当，不论这种目标有多谨慎。这种立场为表达主义（expressivists）所主张，例如，认为惩罚应当从表面上看具有报应性，以便社会有关应受惩罚行为的道德评判能得到表达。❶ 另一种如汉普顿（Jean Hampton）和墨菲（Jeffrie/Murphy）所支持的惩罚理论，认为应受惩罚的行为就是罪犯将他/她的价值置于受害者的价值之上的行为。❷ 因此，他们所规定的报应性惩罚，就是一种想要恢复受害者的价值与罪犯的价值之间的恰当关系的惩罚。

[73] 与这些理论及其相似理论相反，并且也对抗遵循塞涅卡的格言（之前我已提及）"一个明智的人施加惩罚，不是因为错误已经铸成，而是让错误不再发生"❸ 的法律传统的，是康德的观点。根据康德，惩罚不应当被允许拥有一个目的（Zweck），而只"因他犯了罪"，惩罚才应当被施加。❹ 康德将这一要求视为惩罚的道德根据，并据此定义了罪犯的惩罚价值。接下来，我将解读康德的满足这一要求的道德报应主义。我将试图表明，虽然可以从康德的道德理论中推导出罪犯应受惩罚的报应主义观念，但人们无法在法律体系中为报应主义惩罚提供辩解，而只能对已由自由主义权利概念推导出的特殊威慑与矫正的结合提供辩

---

❶ Thomas E. Hill，"康德论惩罚：威慑与报应的内在协调"（Kant on punishment: a coherent mix of deterrence and retribution），载《法权与伦理年刊》（*Annual Review of Law and Ethics*），5，1997，页 320 – 321。

❷ 参见：Jean Hampton and Jeffrie Murphy，《宽恕与仁慈》（*Forgiveness and mercy*），Cambridge：Cambridge University Press，1998，页 45 – 53。

❸ Seneca，《论忿怒》，1.19.7。塞涅卡以柏拉图的《法律篇》11.933e – 934b 部分为基础，该部分指出，每名小偷不仅应当对所盗之物作出赔偿，而且应当基于其动机而受到更温和或更严厉的惩罚："这种附加的刑罚不是因为犯罪（木已成舟，覆水难收），而是基于对未来的考虑：我们希望犯罪者本人以及看到了对他的惩罚的那些人会无条件的憎恶不正义，或至少能从这场灾难性的弊病中明显地恢复过来。"Plato，《法律篇》（*Laws*），Trevor J. Saunders 译，载 John M. Cooper and D. S. Hutchinson 编，《柏拉图著作全集》（*Plato: Complete works*），Indianapolis：Hackett，1997，页 1318 – 1616。柏拉图和塞涅卡的意图无疑有指导意义，不仅关涉对受害者的惩罚，而且关涉改造罪犯以及一般威慑，后者被视为集体改造。Seneca，《论忿怒》，载《道德论集》（*Moral essays*），页 106 – 355。

❹ *RL* Ak，VI：331。《实践哲学》，页 472。[中译者按] 参见中译本，页 163。

解（见本章2.5部分）。

在这个问题上，我将通过一种对区分进行补充的方式来介绍一种分类，在这一分类中，我将例举几种可能的报应命题。哈特将报应主义立场细分为三个命题：

> 第一，当且仅当某人自愿做了某些道德上错误的事时，才能够受到惩罚；第二，他的惩罚必须以某种方式与其罪行之恶相匹配或等价；第三，在这些条件下惩罚人的根据是：因其自愿所做的道德上之恶而遭受的痛苦回报，自身就是正义的或是道德上的善。❶

[74] 第一命题并不构成报应主义独有的特征，因为在我看来，任何刑事正义理论都不会允许惩罚无辜之人。❷ 第三命题可以相应地分为如下四个子命题：

（1）所有罪犯，并且只有罪犯，应当受到惩罚。

（2）对犯罪行为的惩罚是作为对过去犯罪行为的报应。

（3）惩罚的力度应当与犯罪（以一种序数而非基数的方式）保持均衡，即惩罚之间的均衡应当与犯罪之间的均衡相对应。

（4）惩罚的力度必须与犯罪等价。

第三命题将法律上的描述性观察（对应受惩罚行为的描述性观察）与法律后果（对行为的惩罚）连接起来。相反，第二命题则将法律后果（对行为的惩罚）与规范性道德观察（犯罪者之恶）连接起来。因而，报应主义的道德根据从属于第二命题；但它也可能得到第三命题的支持或与之矛盾。接下来我将表明，它

---

❶　H. L. A. Hart，《惩罚与责任》，页231。

❷　参见：Fred Rosen，"功利主义与惩罚无辜：一个虚假信条的起源"（Utilitarianism and the punishment of the innocent：the origines of a false doctrine），载 *Utilitas*，9，no. 1，March 1997，页23 – 37。

与第三命题相矛盾。甚至其参照点都不包含道德上的恶与惩罚之间的均衡性。实际上，康德将服从义务的行为与违反义务的行为区分开来，并进而将仅仅符合义务的行为与出于义务的行为区分开来。但在其作品中，既没有发现在何种程度上行为符合义务或违背义务。康德只是声明：

> 当任何人的行为出于义务而不是仅仅迫于此法则才去行动时，这种行为就是值得称赞的（meritum）。那种仅仅严格依据此法则去做的行为，便只是在还债（debitum）。如果他的所作所为比法律所要求的要少，那么这便是道德上的缺点或者过错（demeritum）。❶
>
> 作为**逻辑上的反面**（contradictorie oppositum［矛盾地相对的］）与德行 = +a 相对立的，是否定的无德行（道德上的软弱） = 0；而作为**对立物**（contrarie s. realiter oppositum［相反地或者实际地相对的］）与之相对立的，则是邪恶 = −a。❷

[75] 实际上，应受惩罚的行为的危害性，不应当与意图和义务之间的一致性相混淆。应受惩罚的行为或多或少是严重的，而任何对义务的破坏都被视为对义务的违反，除此之外，康德并未作出更进一步的区分。他甚至强调，不应忽视道德法则中或义务履行中的例外情形，但应当将其视为一种完全不当的行为。❸ 不当行为的个案能被追溯至一项违反了绝对命令的最高准则。由于在康德那里，对恶的程度的主张存在问题，接下来我将把康德的报应主义道德理论限制在如下主张的范围内：之所以施加惩罚，不

---

❶ *RL* Ak Ⅵ：227。《实践哲学》，页382。［中译者按］参见中译本，页36。
❷ *TL* Ak Ⅵ：384。《实践哲学》，页516。
❸ 参见：*TL* Ak Ⅳ：424。《实践哲学》，页76。

是为了实现某一目标，而只是因为罪犯破坏了法律。❶

3.2　至善以及罪与罚之间的必然关系

对行为违背义务的人而言，要求其道德上的恶与对他/她的惩罚之间存在关系，这源于《实践理性批判》中阐述的有关至善的悬设。众所周知，这种悬设要求至善观念的两部分之间（德行和幸福之间［Tugend 与 Glückseligkeit］）存在必然关系。但康德进一步将这种关系界定为幸福从属于德行之下的主从关系，德行作为幸福的先决条件而存在。他说：

> 既然德行和幸福一起构成一个人对至善的占有，但与此同时，幸福在完全精确地按照与道德的比例来分配时……也构成一个可能世界的**至善**：那么这种至善就意味着整体，意味着完满的善。然而，德行在其中始终作为条件而是至上的善，因为它不再具有超越于自己之上的任何条件，而幸福始终是这种东西，它虽然使占有它的人感到快适，但却并不单独就是绝对善的和从一切方面考虑都是善的，而是任何时候都是以道德的合乎法则的行为作为前提条件的。❷

［76］至善意味着如下假定，即权利原则可以支配服从自然规律的物质世界。只有在这一支配下，才能实现至善。对此，针对恶

---

❶　例如，Hugo Bedau 在"报应与惩罚理论"（Retribution and the theory of punishment，载《哲学杂志》［*Journal of Philosophy*］，75，no. 11，1978，页 601 – 620）一文中表明，它一般也是存在问题的。

❷　*KpV* Ak V：110 – 111。《实践哲学》，页 229。［中译者按］参见中译本，页 152。

进行报复不会起任何作用，只有对道德品性的回报才能起作用。邪恶的品性与惩罚的价值之间的关系，如何能从此种至善定义的运用中推出来呢？

接下来，我们必须提及至善的地位和本质，其消极形态（negative variant）是一种需要得到惩罚的价值。作为实践理性的悬设，至善在德行与幸福之间处于本体的、综合的和必然的关联地位。在感官世界里，这种关联——无论怎样都可能会出现——只能偶然发生。❶ 康德甚至发现，

> 必然感到奇怪的是，古代和近代的哲学家们竟然能在此生中（在感官世界中）就已经感到了与德行有完全相当比例的幸福，或是能说服人去意识到这种幸福。❷

如果罪与罚的关系能表明至善的反面，并且因此具有与至善相同的地位，则这种关系一定排他性地属于本体世界。在《德行学说》中，我们发现了对这种假设的确认：

> 惩罚并不是一种可以由受害方采取私力的行为，而是由法庭所采取的行为，从而使具有至上权威的法律具有至高效力。如果我们（如在伦理学中必要的那样）在一个法权状态中，但按照纯然的理性法则（而不是市民法）看待人，那么，任何人都无权施加惩罚，并报复人们遭受的伤害，除非他也是最高的道德立法者，唯有这个立法者（亦即上帝）才能说："复仇在我，我要报应。"❸

---

❶ 参见：*KpV* Ak V：114–115。《实践哲学》，页231页以下。［中译者按］参见中译本，页157。

❷ *KpV* Ak V：115。《实践哲学》，页232。［中译者按］参见中译本，页158。

❸ *TL* Ak VI：460。《实践哲学》，页578。

[77] 正如《伦理学讲演录》（写于 1775～1780 年）中概括的，威慑性惩罚本质上属于世俗统治者，报应性惩罚本质上属于道德支配者：

> 所有的惩罚或是威慑性的，或是报应性的……所有当权者实施的惩罚都是威慑性的，或者威慑违法者本人，或者以他为例子警示他人。但是对那个惩戒了与道德相一致的行动的人所实施的惩罚，就是报应性的。❶

有两种理由可以解释至善的本体地位。第一，对人类来说，无法分清楚出于义务而行为与仅仅合于义务的行为。❷ 第二，我们找不到一种能使我们完全确信在其统治下人们将一直服从绝对命令的世俗统治者。❸

可能会有人基于如下理由反对将这种排他性的本体地位置于至善的反面，即置于罪与罚的关系中：如果存在违反实定法的行为，就能表明——完全且绝对确定地——存在某种邪恶气质；由此，就无须第一种理由来反对世上的当权者强加的报应性惩罚。但第二种理由仍然存在，因为无法找到出于义务而行为的最高裁判者。接下来我将表明，即使第二种理由遭到反对，世上的当权者仍然无权施加报应性的惩罚，这主要是因为至善的本质使然。

至善由德行与幸福之间的必然关系构成，在此，德行乃是幸福的先决条件。因而，就可以从德行的反面即邪恶的品性中推出

❶ *VE* Ak XXVII：286。Immanuel Kant，《伦理学讲演录》（*Lectures on ethics*），Peter Heath and J. B. Schneewind 编，Peter Heath 译，Cambridge：Cambridge University Press，1997。

❷ *GMS* Ak IV：407。《实践哲学》，页 62，以及 *VE* 页 43。［中译者按］参见中译本，页 13－14。

❸ *Idee*，命题 6，Ak VIII：23。《政治著作选》，页 46－47。［中译者按］参见中译本，页 9。

幸福的反面。这似乎初步表明，在不幸状态的意义上，幸福的反面是不幸。但这是一种谬论，因为幸福在逻辑上的反面，作为一种完全的缺乏（privatio），是幸福的缺失。于是，康德以如下方式定义幸福：

> 幸福是现世中一个有理性的存在者的这种状态，对他来说在他的一生中**一切都按照愿望和意志在发生**，因而是基于自然与他的全部目的、同样也与他的意志的本质性的规定根据相一致之上的。❶

[78] 据此，不幸是理性存在者在世界上的这样一种状况：对他来说，在他的全部存在中，没有事物是"按照他的愿望或意志"发生的，并因此，不幸以自然与他的目标之间一致性的完全缺失为基础，即以"他意志的重要的决定根据"的完全缺失为基础。简而言之，邪恶之人的意志应当永远无法得到实现。邪恶意志之效果的完全缺失，不同于向邪恶的个体施加某种痛苦。康德以最明确的方式拒绝了后者，认为它是不道德的，并且严格地将它与现实惩罚区分开来：

> 因而德行的义务不只是不以仇恨来回应他人的敌意，甚至也不仅是向世界的裁判者要求报复，这部分是因为一个人受够了自己的罪，以至于非常需要宽恕本身；另一方面也因为，确切地说主要是因为，任何惩罚，无论由谁来施加，都不可以出自仇恨。❷

在康德看来，依据支配整个世界的道德法则，惩罚应当源于

---

❶ *KpV* Ak V：124。《实践哲学》，页240。［中译者按］参见中译本，页171。
❷ *TL* Ak VI：460－461。《实践哲学》，页578。

犯罪本身。这意味着它与自然界的自然规律有一种必然的相似性。康德本人也运用了这种类比：

> 在理性觉醒之前，并不存在命令或者禁令，因而也就不存在任何一种违法犯禁……因而，在道德方面，脱离这种状态的第一步就是堕落；在物理方面，这种堕落的后果就是惩罚，因为它导致了一大堆此前从不知道的生活灾难。❶

这就意味着，道德立法者应该预防犯罪的实施，并且，要在其实现犯罪意图之前就这么做。康德并未忽略如下事实，即在现实世界中这种事并不经常发生。但允许人们假定，罪责与惩罚的必然关联或许会在本体世界中得到回补。当人们确信尽管存在这一假定，但与义务相违背的意图仍然导致了违背义务的行为时，就会产生如下问题：为何邪恶意图的实现没有得到预防，而仍然允许事后对邪恶意图进行惩罚。这时，[79] 区分两种不同情形是合适的：要么作恶者在实施应受惩罚的行为后仍然是一个恶人，要么他/她转变到了好的一面。

如果作恶者依旧是个恶人，他/她就会想要进一步地实施与义务违背的意图。[罪责与惩罚的] 必然关联就必须导致作恶者无法实现这些意图。这种预防的发生不是为了他/她所犯的特定犯罪，而是因为犯罪实施过程中表现出来的恶。

依据康德的观点，对于作恶者转变到好的一面的情形，人们得从两个角度来看待。在《单纯理性限度内的宗教》中，针对道德上的转变与惩罚的关系作了如下分析。在转变的场合，惩罚

---

❶ 《人类历史起源臆想》（*Conjectures on the beginning of human history*），见《政治著作选》，页 221–234。[中译者按] 参见中译本，页 70–71。

发生于如下情形中："他现在过上一种新的生活,成为了一个'新人'。"❶ 康德将惩罚定位于"转变本身的情形之中":"转变是弃恶从善",❷ 而且他发现,"通过道德上的思想转变这一概念,我们能够把那种灾祸设想为已经包含在这种状态之内。新的具有善的意念可以把这种灾祸看做是由自己招致的,并且……因而看做是惩罚"。❸ 康德将转变描述为于旧我和新我之间的同时存在:

> 但是,这种作为理智规定的转变,并不是被一段时间间隔截然分开的两种道德行为。相反,它们只是一个唯一的行为,因为只有通过使人进入善的那种善的意念,离开恶才是可能的,反过来说也是一样。因此,离开恶的信念和接受善的意念同样包含着善的原则,而正当地伴随着前者的痛苦则完全是由后者产生出来的。❹

对邪恶之人的惩罚完全包括了好人的诞生之痛;简而言之,是由人变为好人的过程构成的。它鲜明地表明了 [80] 恶人缺失的幸福。因为在转变过程中,他/她斩断了恶的意图,并且,新的善的意图导致了幸福,即达至了他们的圆满。康德对惩罚作了清

---

❶ *Rel* Ak Ⅵ:73。Immanuel Kant,《单纯理性限度内的宗教》(*Religion within the boundaries of mere reason*),见 Kant,《单纯理性限度内的宗教和其他著作》(*Religion within the boundaries of mere reason and other writings*),Allen W. Wood and George di Giovanni 编,Cambridge:Cambridge University Press,1998,页89。[中译者按] 参见中译本,页71。

❷ *Rel* Ak Ⅵ:73 - 74。《单纯理性限度内的宗教》,页90。[中译者按] 参见中译本,页71。

❸ *Rel* Ak Ⅵ:73。《单纯理性限度内的宗教》,页114。[中译者按] 参见中译本,页71。

❹ *Rel* Ak Ⅵ:74。《单纯理性限度内的宗教》,页90。[中译者按] 参见中译本,页72。

晰的描述，其形式类似于《新约全书》中的保罗书信❶：

> 从堕落的意念中走出，进入善的意念（如"在旧我身上死去，将肉体钉在十字架上"）本身就已经是牺牲，是接受人生的一长串苦难。新我是以上帝之子的意念，即纯粹是为了善起见，承担起这些苦难。但是，这些苦难作为惩罚，本来却应该归诸另一个人，即旧我（因为旧我在道德上是另一个人）。❷

在新观念看来是"道德幸福"的东西，在旧观念看来却是不幸与惩罚。❸ 因此，将报应主义惩罚的一般性解读归结给康德，就被证明是错误的。希尔（Thomas Hill）在有道德的人意识到他/她之前犯下违法行为时的痛苦中，看到了在未来实施道德行为的动力。❹ 对康德而言，情况正好相反。

3.3　惩罚的价值与正当的惩罚

我们可以从本体世界的道德惩罚中，为有关现象世界中的正当惩罚得出何种结果呢？考虑到有人依旧会是恶人，将剥夺犯罪

---

❶ 《罗马书》（Rom.）6：2，6；《加拉太书》（Gal.）5：24；《以弗所书》（Eph.）4：17 - 24；歌罗西书（Col.）3：1 - 17。

❷ *Rel* Ak VI：74。《单纯理性限度内的宗教》，页 90。［中译者按］参见中译本，页 72。

❸ 参见：*Rel* Ak VI：75，注释。《单纯理性限度内的宗教》，页 91。［中译者按］参见中译本，页 73。

❹ 参见：Hill，《康德论惩罚》（*Kant on punishment*），页 358 - 360；类似文献见 John Deith，"论受惩罚的权利：若干疑点"（On the right to be punished：some doubts），载《伦理学》（*Ethics*），94，1984），页 210 - 211。

能力作为一种惩罚手段就是合适的，❶目的是使他/她的意图无法得到成就。在人已得到转变的情形中，倘若人们能察觉出能对人实施真正的现实改造，就不再有理由来惩罚他。现在，现象世界中的转变——这一转变在本体世界中得以完成——并没有使自身完全确切地获得证实。应当承认的是，在出现持续性地与义务一致的行为的情况下，人们会逐步地猜想这种转变，这样，随着时间推移，并且考虑到存在这样的行为，[81]重新融入社会就会变得越趋合理。总体上，特殊威慑——以剥夺犯罪能力为方式——以及附随的矫正是最合适的，因为（至少在第一时间内），人们在处理第一个或第二个案件时无法分辨出，它何时可以发生在已决犯身上。

特殊威慑和矫正都不能任由公共当权者处置，却是当权者的义务。一方面，为有需要的人提供帮助这一义务本身就包含了，要为有可能成为未来犯罪之受害者的任何人提供帮助。但另一方面，如果对公共安全来讲，伤害或否定自由没有必要，我们就不能因为之前犯下的违法行为而对变好了的任何人，做伤害或否定他们自由的事。在这一点上，我们得出的观点，与我们对康德的刑事正义理论——根据其自由主义的权利概念推出来的那种刑事正义理论——作出的康德式批判得出的观点是相同的。

有别于同一年（1797）在《法权学说》中得出的结论，康德在《德行学说》中也得出了一个与上述结论相同的结论：

> 因而，**原谅**（宽容）是人的义务。但是决不能够为了预防错误再次发生在他人身上，而将它与对错误的温和忍让（mitis iniuriarum patientia）以及对严厉手段（rigorosa）的放弃混淆起来。因为，如此的话，人们便会抛弃他的权利并任

---

❶　参见：Arthur Ripstein，《平等、责任与法律》（*Equality, responsibility and the law*），Cambridge：Cambridge University Press，1999，页144。

由他人践踏，如此也便违背了对自身的义务。❶

报应主义者可能基于这种结论而想庆祝他们取得了一半的成功，因为——虽然它有可能不是法律惩罚——不管怎样都是这样的情形，即道德惩罚被设想为报应性的。早在《伦理学讲演录》中，康德就将"报应性惩罚"定义为"由于已犯之恶而被宣告的惩罚"。❷ 与威慑性惩罚不同，"道德惩罚的施加是因为已犯下了罪恶；他们是违反道德的结果"。❸ 但通过庆祝一半的成功，报应主义者忽略了如下事实，尽管康德没有明确说，但他仍将"道德惩罚"理解为惩罚的价值，[82] 而将其他惩罚理解为法律惩罚，也就是惩罚本来的意义。康德在《伦理学讲演录》中对法律惩罚的评论和他后来在《德行学说》中的评论一样：

> 权威之所以施加惩罚，不是因为已然之罪，而是因为未然之罪。但是，每一次犯罪，除了这种惩罚外，都有当罚的价值，因为犯罪已经发生。这些惩罚一定都必然伴随行为而来，它们都具有道德特性，并且是**诗性报仇**（poenae vindictivae），正如伴随善行而来的回报一样——不是因为应当继续行善，而是因为已经行了善。❹

因为惩罚的价值——道德惩罚——属于本体世界，其他惩罚理论基于如下简单的理由就不会与这种道德报应主义产生对抗：其他理论只是惩罚的法律理论，针对本体世界，它们提不出任何要求。因而，备选理论并没有以哈特所阐明的方式反对第二命题（见本章 3.1 部分）。它们只是忽视了对抗道德上的恶的报应主体，并且只是反驳了第三命题，而第三命题是报应主义想要借助

---

❶　*TL* Ak Ⅵ：461。《实践哲学》，页 578。
❷❸❹　*VE* 79。

第二命题的帮助来获得证明的。报应主义者想要从报应性道德命题中推导出第三命题，但根据我们刚才的考察，在报应性道德命题中，应受惩罚的行为与惩罚之间的必然均衡是作为结果而存在的。但通过刚才对康德道德主张的重构，我们已经表明，第三命题不是由第二命题产生的，因为由它产生的是特殊威慑与矫正的结合。结果就是，第三命题只能以自身作为存在基础，正如本章为了反驳它而争辩的那样。

作为一种暂时性的结论，我们可以宣称，从对康德的两种不同解读（见第 1 章）中所能推出的自由的权利概念（见第 2 章）和道德的权利概念（见第 3 章），都无法为报应性惩罚理论提供证成。同时，还可以得出如下结论，即如果两种理论进路都关注根据康德的权利概念对惩罚进行的推论的连贯性，则在我们对这些主张的重构进行描绘的过程中，就会产生特殊威慑和矫正构成的结合体——它严格地排除了报应主义——而无须为一般威慑进行争论。[83] 这样就最终形成了一个完整的观点，即矫正理论不只是一般威慑的替代性理论，而这种观点与康德及许多受其启发的学者的观点相左。费希特和黑格尔随后重构了本属于康德的惩罚理论——如果它与康德的实践哲学相一致的话。尽管这是一个有争议的问题，但我仍然相信，他们（包括康德）都不是报应论者。

第 II 部分

作为矫正方式的惩罚

[85] 我将继续重构本属于康德的刑法理论，这种重构源于康德的权利概念，并且是通过对费希特和黑格尔的惩罚理论进行解读的方式来进行的。由于费希特和黑格尔支持的惩罚的力度（众所周知，支持剥夺犯罪能力和再社会化）大体相同，对这两位学者进行解读似乎是多余的。这样，有人或许会问，只探讨二者中较著名的同时总是被视为报应主义者的那一位，是否会不充分。然而，他们达致共享的结论的方式却大相径庭。众所周知，费希特是从罪犯单方面破坏社会契约及其后果（被共同体驱逐）这一点开始的，接着便引入一种规范性的义务以实现权利的概念。黑格尔则是从法的效力和实施必须得到彰显这一点开始的，并且没有使用驱逐的方法——相反，罪犯仍然属于共同体，并且其尊严受到同样的尊重。费希特注重罪犯的命运，黑格尔则将法的效力作为其路径的基础。

这两位学者在相同的法概念的基础上，最终采纳了相同的惩罚力度——即便达致这一结论的路径不相同。这一事实明确地表明，对于重构康德的惩罚理论而言，重要的是采用共享的权利概念，而非方法。康德、黑格尔和费希特之间在各自的体系基础和各自的自律概念基础上存在的区别，对我们的研究而言并不重要。因而，在下文的论证中，我将有意地将它们放在一边，不加讨论。

第 4 章　费希特的"赎罪契约"

[87] 众所周知，对康德的权利概念进行自由主义解读的学者（见第 1 章）与费希特分享了相同的权利概念，尽管他们是以不同的方式进门推导的❶：即根据平等权利的普遍法则，对外在自由进行相互限制。但费希特发展出了一种与康德的刑罚理论明显不相容的刑罚理论。这也是接下来我为何不愿简单地对这两种理论进行比较的原因。既然我已在第 2 章和第 3 章中比较了康德的刑罚理论与其权利概念，我还想将费希特的理论同他和康德共享的权利概念作一比较。

在本书第 2 章，我已经批判了康德的报应主义，还批判了对此种报应主义进行的传统解读（将其视为惩罚存在的唯一根据），并且批判了对这种报应主义进行的新式解读（将其视为确定惩罚力度的根据）。在这两种解读中，康德的报应主义都无法由其权利概念产生，或者说不能从中推导出来；况且，他的报应

---

❶　参见：Jean-Chritophe Merle 编，"所有权"（Eigentumsrecht），载 Merle 编，《费希特：自然法权基础》（*Johann Gottlieb Fichte：Grundlage des Naturrechts*），Berlin：Akademie Verlag，2001，页 159－172。

主义甚至与其权利概念自相矛盾。这也是我为何要以作为一种引导的形式概述费希特出于何种理由反对康德将报应主义作为确定惩罚力度之根据的原因，尽管他是根据报复法则的标准来确定惩罚力度的。

费希特在 1796 年发表了《自然法权基础》的第 1 部分（§§ 1－16），比康德的《法权学说》出版时间要早半年。而《自然法权基础》的第 2 部分（§§17－24）问世于 1797 年，比《法权学说》要晚半年。1796 年，在《自然法权基础》的［88］"关于强制法权"（§§13 以下）一章中，费希特发展了康德的综合理论中经由以施加惩罚作为威胁的一般威慑（general deterrence through threatening punishment）这一方面，这个方面在当时是被忽略的，直到 20 世纪 80 年代才再度受到关注。但费希特的理论是于 1797 年在《自然法权基础》的 §20 中得到阐述的，该理论似乎是一种综合理论：他的解读者已表明，《自然法权基础》中出现了经由以施加惩罚作为威胁的一般威慑因素、特殊威慑因素以及改造和矫正因素三者的结合。考夫曼正确地看到了被解读为综合理论的康德刑罚理论与费希特的惩罚理论之间存在的共性：

> 在其强制理论的原则中，费希特是非常现代的：他倡导当今被普遍接受的结合了威慑理论与报应理论的综合理论。总体而言，惩罚的根据产生于威慑；在确定谁应当受到惩罚时，不仅应考虑到损害，也应当将坏的或不当意志的程度考虑进去。在确定惩罚的力度时，它们同样是有效的。❶

拉扎里（Lazzari）也发现，"费希特的惩罚理论的两大支柱，即进行赎罪的观点和进行威慑的观念，与更人道的惩罚体系发出的

---

❶ Matthias Kaufmann，《法哲学》（*Rechtsphilosophie*），Freiburg i. Br.：K. Alber，1996，页 132。

要求高度一致。"他赞扬了费希特的惩罚理论具有的综合特征，尽管他也意识到了与之相关的问题：

> 那种"综合"的尝试，在许多方面都真正阐明了适合于被予以考虑的各方面的多样性。费希特的观点存在的问题，首要的是法律假设与理论假设之间的不相容。这种不相容体现为《自然法权基础》第 1 部分中费希特惩罚理论的威慑部分和 §20 中的限制性框架（restricting framework）。❶

考虑到我此前反对将康德的理论解读为综合理论，而坚持按照事实本原反对费希特的综合理论。因此，接下来我将试图表明，经由施加惩罚而实现的一般威慑 [89] 与费希特的或者康德的权利概念并不相容。如此，一年后，费希特在《自然法权基础》的"论刑法"（§20 部分）一章中，出现反对有关强制法权的章节就并非巧合。并且，在我看来，他主要是将特别威慑作为惩罚的根据，尽管他从来没有明确否定此前提出的综合理论。

4.1 从法律角度看报应主义缺乏根据

我将简要地帮助读者回忆一下康德有关支持刑法的报应主义根据的观点。在《法权学说》的 §49. E 中，康德主张一种报应主义的立场，更准确地说，他主张报复法则："一报还一报。"❷ 他并未直接宣布报复法则的根据，而只是声称没有任何可接受的替代

---

❶ Alessandro Lazzari，"无痛、无大碍的枷锁：刑法"（Eine Fessel, die nicht schmerzt und nicht sehr hindert：Strafrecht），载 Merle 编，《费希特：自然法权基础》，页 173 – 186。

❷ RL Ak Ⅵ：332.［中译者按］参见中译本，页 164。

方案。❶ 只有经过绝对命令的检验之后，替代方案才能被接受，尤其是要通过其第三公式的检验："要这样行动，要把你自己人身中的人性，和其他人身中的人性，在任何时候都同样看作是目的，永远不能只看作是手段。"❷ 康德将这种检验也运用于罪犯身上：

> 因为一个人绝对不应该仅仅作为一种手段去达到他人的目的，也不能与物权的对象混淆。一个人生来就有人格权，它保护自己反对这种对待，哪怕他可能被判处失去他的公民的人格。❸

康德宣称，报复法则的报应主义是唯一可以经受这一公式检验的刑法理论；其他的刑法理论都仅仅将罪犯视为手段。现在，不仅报应主义报复法则规定的个别惩罚明显违背了前述绝对命令公式，❹ 而且，康德为支持报应主义而提出的否定性主张显然也适用于如下理论，这种理论将一般威慑——不论是以施加惩罚作为威胁还是以示例作为威胁——视为惩罚的主要根据，但在我看来并没有触及特殊威慑命题。❺ 正是这种〔90〕被忽略的选择，为费希特触及并视为其刑法推论的结果。

费希特在有关同一种权利概念的假定下展开论述，"一切法权关系都是由这样一个命题规定的：每个人都以他人的自由的可能性来限制自己的自由。"❻ 很显然，他将康德为支持报应主义

---

❶ 见第 2 章 2.2 部分。

❷ *GMS* Ak IV：429。《实践哲学》，页 80。〔中译者按〕参见中译本，页 49。

❸ *RL* Ak VI：331。〔中译者按〕参见中译本，页 163。

❹ 见第 2 章 2.4 部分。

❺ 见第 2 章 2.5 部分。

❻ *GNR* I/3 411。Johann Gottlieb Fichte，《自然法权基础》（*Foundations of natural right*：*Grundlagen des Naturrechts nach Principien der Wissenschaftslehre*），Frederick Neu-houser 编，Michael Baur 译，Cambridge：Cambridge University Press，2000，页 109。〔中译者按〕参见中译本，页 125。

而提出的否定性主张视为是一种粗糙的谬论。在《自然法权基础》第二部分中，费希特用犀利的语言批判了早在九个月之前就已经问世的康德的《法权学说》：

> 惩罚不是绝对目的。无论作出"惩罚不能有丝毫含糊"的论断，或是提出一些只有通过对这种前提的默然假定才能加以解释的命题（譬如，"杀人者必须偿命"这句经久不变的至上名言），将惩罚视为绝对的目的这种主张都是根本不可思议的。❶

在该书之后的部分中，关于他攻击的"主张"，费希特明确提到了康德"这位伟大的、然而并非没有差错的人物"，❷ 康德斥责贝卡利亚，认为他是"多愁善感的人的过度的同情心"。❸ 而对此，费希特反对说，

> 一种规定的惩罚权利，根据这种权利，刑罚不应被看成手段，而是其本身就应本看成目的，并且应该以一个玄妙莫测的绝对命令为基础……根据假托的玄妙莫测的绝对命令，这种理论的拥护者被允许不必对自己的主张作出证明，并可以指责那些有不同想法的人们故作多情和假仁假义。❹

然而，费希特并不想以任何方式争论矫正是一种正义原则。在《试评一切天启》（1793）第 2 版中，他显然在德行与幸福的道德上的必然均衡中，即在被他宣称为正义之神的无限有理性存在

---

❶ *GNR* I/4 60.《自然法权基础》，页 228。［中译者按］参见中译本，页 262。

❷ *GNR* I/4 76.《自然法权基础》，页 245，注释。［中译者按］参见中译本，页 282。

❸ *RL* Ak VI：334 – 345.《实践哲学》，页 475。

❹ *GNR* I/4 76.《自然法权基础》，页 245。［中译者按］参见中译本，页 282。

者中，发现了道德行为的推动力。❶ 在《自然法权基础》中，他进一步认为 [91]："如果谋杀犯也应当以暴力的方式偿命，那么关于谋杀犯是否受到公正处置这一问题就没有任何争议。"❷ 但他又马上强调，刑法问题是"一个完全不同的问题"，这就是：

> 这个道德世界政府的权利——剥夺罪犯权利的权利——究竟从何而来？尊敬的贝卡利亚曾经打算解决这个单纯的法学问题，毫无疑问，他并不是不熟悉那种道德判断。谁把这种权利归于世俗的最高统治者，谁就一定会被要求……把所有的政府都看作是神权政体。❸

4.2　作为强制法权之特别类型的刑法

在费希特关于强制法权的章节（§§13－16）中，他将强制法权与国家实施强制的权利等同起来。现在，这种同等看待绝非不证自明，这从与康德的强制法权和刑法的对比中可以看出。

许多康德解读者根据他们认为理所当然的如下假定展开解读，这就是，他们认为，在康德的思想中，刑法自然且直接属于强制法权，即便康德从未要求或暗示过这种解读。我们接下来不

---

❶ 参见：Jean-Christophe Merle，"Il punto di vista educativo e religioso dei Contributi destinati a rettificare il giudizio del pubblico sulla Rivoluzione francese：la dimensione politica del Saggio di una critica di ogni rivelazione"，载 Aldo Masullo and Marco Ivaldo 编，《先验论哲学、目的与伦理》（*Filosofia trascendentale e destinazione etica*），Milan：Guerini，1995，页 303－325。

❷❸ *GNR* I/4 77。《自然法权基础》，页 246。[中译者按] 参见中译本，页 283。

妨探究一下，康德的强制法权究竟包括哪些内容。国家行使的强制法权恰恰源自于权利受到侵犯的每个人所固有的强制法权，并可以从中演绎出来。这种个人性的强制法权赋予了受打击之人削减人类同伴之自由的权利，因为，在康德看来，

> 根据普遍法则，对自由的妨碍和阻碍是错误的……因此，如果在某种程度上，行使自由的本身就是自由的妨碍，那么，根据普遍法则，这是错误的；反对这种做法的强迫或强制，则是正确的，因为这是对自由的妨碍的制止，并且与那种根据普遍法则而存在的自由相一致。❶

个人强制权的完美例子是正当防卫权。这种权利被分配给了国家，当国家想要在侵权行为处于未完成阶段通过警察来预防违反法律的犯罪行为时，它就会使用 [92] 与个人的正当防卫权相当的法权。国家也被授权通过废除、使之无效、没收或撤回许可的形式（撤销霍菲尔德意义上的许可或特权，例如当今的驾驶执照）行使强制法权。除此之外，在侵权的犯罪行为发生之后，国家还被赋予了一种强制法权（如强制返还被窃物品），并且可以通过法庭裁判交付的方式对损害进行弥补——如果有可能的话（因为存在一些侵权行为，尤其是谋杀，并无合适的替代物进行弥补）。在狭义上，这些例子都与报应有关。若有可能（一些侵权行为，尤其是谋杀——完全是不可能的），❷ 报应完全会满足侵权行为的受害者在法律上提出的个人要求。这绝非惩罚。虽然康德立即在"法权学说"导言中介绍了强制法权，❸ 并将每一种权利都与强制法权联系起来，但他很久以后才开始处理刑法的问

---

❶ *RL* Ak VI：231。《实践哲学》，页 388。［中译者按］参见中译本，页 41 – 42。

❷ 见本章 2.3 部分。

❸ *RL* Ak VI：231。《实践哲学》，页 388。［中译者按］参见中译本，页 41。

题，并仅仅将刑法视为"公共法"❶ 的一部分。

费希特不同于康德之处在于，他不仅早在对强制法权进行推论时就一般性引入了刑法，而且在他定义强制法权时以及在最后，也认为刑法属于强制法权。但康德的强制法权仅仅抵制一种已经存在的"对与普遍法则相一致的自由的妨碍"，而根据费希特有关强制法权的论述，强制已经开始制止甚至还处于未遂之前的形态中的妨碍。

> 假如那种情况现在可以这样加以安排，即按照一个始终有效的规律，必然会从任何不合法的目的的意志活动中产生出与预期目的相反的结果，那么，任何违法的意志就会自己毁灭自己……以这个命题具有的全部综合的严密性提出这个命题是必要的，因为一切强制法或者刑法（全部刑事立法）都是以这个命题为基础的。❷

根据他们各自有关强制法权的定义，对康德 [93] 来说，强制法权似乎开始于侵权行为的预备阶段；而对费希特而言，强制法权本质上开始于犯罪预备的意图，他明确声称：

> 双方的安全不应当取决于某个偶然情况，而应当取决于一种类似于机械必然性的、绝对不可能有例外的必然性。只有在法权规律对双方都是他们意志中的牢不可破的法律的条件下，才会有这样一种安全。❸

顺带提一下，值得注意的是，在康德提出惩罚的根据中，经

---

❶ *RL* Ak Ⅵ: 331 – 337。《实践哲学》，页 472 – 478。[中译者按] 参见中译本，页 163。

❷ *GNR* Ⅰ/3 426。《自然法权基础》，页 126。[中译者按] 参见中译本，页 145。

❸ *GNR* Ⅰ/3 424。《自然法权基础》，页 124。[中译者按] 参见中译本，页 142。

由以施加惩罚作为威胁的威慑只有在有关必然性权利的论述中才起到明确作用，并且只是以一种间接和否定的方式起到这种作用。但在费希特那里，威慑起到的作用要重要得多。

4.3　一般威慑并非刑法的真实根据

在《自然法权基础》§20——真正论述刑法的部分——中，费希特不再谈论惩罚的威胁，而讨论惩罚本身，❶ 这就预设了在这里由威胁要进行惩罚的威慑已经失去了效力，至少基于犯罪已经发生而部分失去了效力。考虑到这种要求严格的、被宣告的关于惩罚的一般威慑性威胁的目标——"惩罚威胁的意图在于抑制邪恶……这样就会不需要惩罚了"❷ ——这种失败显而易见。通过示例进行一般威慑的低层次任务必定内在于对罪犯的惩罚中，或者必定有其他目的。对于前一种情形，当缺失其他目的时，罪犯会被仅仅当做一般威慑的手段来对待，但这是被禁止的。❸ 因而，一定要寻求其他的惩罚的主要根据，并反过来证实经由以施加惩罚作为威胁的威慑在规范上的[94] 可接受性。但实际上，这种威慑不再是惩罚的主要目标，至多是次级目标。

---

❶　Rainer Zaczyk 在《费希特法权论中的惩罚权》（*Das Strafrecht in der Rechtslehre J. G. Fichtes*, Berlin: Duncker and Humblot, 1981）一书中强调，关于强制法权的章节"狭义上并不关涉刑法，在更精确的含义上只与'意志的强制'有关"。但惩罚的威胁还是与惩罚之间存在必然联系——尽管不是在十分宽泛的意义上。在此，费希特的理论表现出一个重要特征：设计惩罚的努力一般被视为强制法权的一部分，而不是特殊情形下的强制法权的方式，也不是强制法权的特别形式。

❷　*GNR* I/4 60–61。《自然法权基础》，页 228。[中译者按] 参见中译本，页 262。

❸　见本章 4.1 部分。

那么，只要有人在《自然法权基础》§20 的开头部分较深入地审视导致"赎罪契约"（Abbüßungsvertrag）这一结论的推论的正题和反题，他们就会发现，首先，正题中无法找到惩罚的痕迹；其次，反题不再以和此前讨论的强制法权相同的强制法权的概念为基础。

正题将犯罪描述为罪犯对市民契约的违反，据此，罪犯就将自己排除在社会之外。而反题在与"这些惩罚"——相对"其他惩罚"而言——相关的条款（我指的是以"反题"为开始的论述，而非其后关于合题的论述）的严格意义上，❶显然不是在法律意义上关注惩罚。只要阅读有关罪犯命运——尽管罪犯可能被认为无可救药，在此情形下"被排除在共同体之外"，这一正题依旧有效——的论述，这一点就会变得更明确。费希特强调：

> 罪犯的死亡决不是惩罚，而是保障安全的手段。这给我们提供了死刑的全部理论。作为法官的国家并不处死人，而只是废除契约……如果国家此后还处死人，那么，这不是通过司法权力，而是通过警察发生的。这种事情的进行，不是根据实定的法权，而是出于需要。❷

费希特是从如下这句话开始对合题的本质进行论述的："只有通过一切人与一切人签订的契约，这种情形才能发生，"❸ 即便从反题开始直至该章节的最后，都没有涉及"合题"。合题从一开始就明确要在法律意义上关注惩罚。当然，在关于强制法权所作

---

❶ *GNR* I/4 59 – 60。《自然法权基础》，页 227。[中译者按] 参见中译本，页 261。

❷ *GNR* I/4 74。《自然法权基础》，页 243。[中译者按] 参见中译本，页 280。

❸ *GNR* I/4 60。《自然法权基础》，页 227。[中译者按] 参见中译本，页 261。

之论述的意义上，"公共安全"再也不会通过强制法权——以经由以施加惩罚作为威胁的一般威慑为形式的百分百有效的强制法权——来获得。● 更确切地说，合题一方面涉及特殊威慑——包括剥夺罪犯的再犯能力［95］（罪犯生活在他们自己的岛屿上）和在没有改造措施的情况下威胁要将其不可撤销地驱逐出共同体，另一方面则涉及经由示例的一般性威慑：

> 刑法的最初目的，就是要阻止罪犯的犯罪行为。当这种意图没有达到的时候，刑罚就服务于另一个目的，这就是使其他公民和这个罪犯本人在今后不再有同样的犯法行为。●

如果一般威慑——不论是经由以施加惩罚作为威胁，还是经由示例作为威胁——是惩罚的目的，则判决人们在荒漠中被执行死刑或简单地被执行死刑，就比监禁刑或甚至比劳役刑要好。因为费希特提出了对罪犯进行改造和矫正的可能性，罪犯很有可能会在某天被释放。从公共安全的角度看，以及从经由以施加惩罚作为威胁或经由树立罪犯示例的一般威慑的角度看，每一个再犯的例子都意味着，他所建议的惩罚方式似乎不及驱逐出社会有效。在费希特看来，驱逐出社会同样会导致罪犯死于荒漠或像野生动物一样被杀死。他在反题中明确指出，法定惩罚取代将罪犯驱逐出共同体的前提是：通过法定惩罚，"一切人与一切人之间的法权的相互保障"● 被视为与通过驱逐出共同体的惩罚同样有效。由于接受了再犯发生的可能性，就可得出如下结论：在有关强制法

● *GNR* I/4 426。《自然法权基础》，页 228。［中译者按］参见中译本，页 262。

● *GNR* I/4 61。《自然法权基础》，页 228。［中译者按］参见中译本，页 262。

● *GNR* I/4 59。《自然法权基础》，页 227。［中译者按］参见中译本，页 261。

权的章节中，公共安全要求甚至对处于未遂阶段之前的每个犯罪进行几乎是机械性的完全预防，公共安全只有在一种更相对的意义上才能被理解，即它或许是一种重要的善，却不再是一种绝对的善。

那些比较仔细地阅读了关于强制法权的章节的人，无疑会发现，在此存在一种类似的前后矛盾。费希特为经由以施加惩罚作为威胁的一般威慑所确定的惩罚力度，并不适合于达到对等报复法的目标，后者被认为可以抵销罪犯犯罪的推动力（"与 A 的对立"——"A"是罪犯的目标——因此 ［96］与 "A"的对立便意味着 "平衡"）。❶ 在《自然法权基础》§20 中，为了建议"惩罚必须与损害相等：poena talionis"，费希特明确地再度提到《自然法权基础》§14。据他所言，这应当是"国家实定惩罚的关键原则"，简而言之，是一种标准。他并没有为如下主张做论证，即进行一般威慑——经由以施加惩罚作为威胁或经由示例的一般威慑——和特殊威慑的最好方式是采取报复法则，即通过报应主义来衡量惩罚的轻重。这一主张有别于对平衡的模糊印象，即不同于对比例平衡之秤的模糊印象。因而，不同刑法理论之间的不一致就被认为只涉及惩罚的根据，而不涉及惩罚的力度。但他强调，"驱逐出境是人遭遇到的最可怕的命运"，❷ 他甚至反对在罪犯被执行死刑之前实施任何形式的肉刑。❸ 尽管也许有反对意见认为，能够未经法庭审判而杀死罪犯，这就是仅仅将杀人作为一种警察手段，例如，自杀前的肉刑、公开的肉刑以及杀人，也许会起到威慑作用，甚至在报复法则无法对犯罪的推动力进行遏制时是如此。在反题中费希特提到，报复法则是比驱逐出境更野蛮

---

❶　*GNR* I/4 426 - 427。《自然法权基础》，页 229。［中译者按］参见中译本，页 263。

❷　*GNR* I/4 68。《自然法权基础》，页 237。［中译者按］参见中译本，页 272。

❸　参见：*GNR* I/4 74。《自然法权基础》，页 242 - 243。［中译者按］参见中译本，页 278。

的惩罚方式。❶ 如果有人在他的"惩罚越严厉，犯罪的推动力就越少"这一心理学假设的设想下继续展开推论，就会得出如下结论，即驱逐出境是比报复法则更有效的威慑措施。但费希特最终却反对驱逐出境。另外，他也没有想要表明，驱逐出境最终会与威慑作用的减损联系在一起。

只是由于费希特的未经证实的并且是不可能的设想（对等报复法是一般威慑的最好方式），我们才看到一种自相矛盾：法定惩罚（报复法则中的报复）想要通过以惩罚作为威胁来实现一般威慑，较之［97］没有法定惩罚要温和得多，也就是说，较之法外的惩罚（extralegal punishment）或驱逐出境要温和得多。因而，如果将法定惩罚和非法定惩罚进行对比，我们就会发现，法定惩罚并不包含因为犯罪而施加痛苦这种意义上的惩罚，而包含着对法外惩罚的减轻。在这些情况下，费希特本应为较弱的反题进行辩护，根据反题，尽管法定惩罚具有较小的威慑作用，但并不缺乏威慑效果，因为在罪犯还会享有普通公民身份即被赦免的情形下，它依然有效果。鉴于这一反题，他建议的法定惩罚必定会发挥一种并非不重要的威慑效果。但由于法定惩罚决不会最有效地进行一般威慑，因此，一般威慑不可能是惩罚的主要目的。如果考虑到所有这些情况，一般威慑更适合于作为法外惩罚的主要目的（在我看来，甚至也并非如此，因为驱逐出境有理由——罪犯是对共同体的潜在威胁——不成为一般威慑的目的）。在这个方面，费希特就不能声称，既然驱逐出境并非像法定惩罚那般有效的威慑措施，则"到目前为止……就没有理由驱逐罪犯；但当然……也没有理由不去驱逐罪犯。是否采取这种措施的

---

❶ 有人会提出，驱逐出境为受一般威慑决定的惩罚设定了限制条件。与死刑之前的肉刑相比，驱逐出境当然要少些痛苦。然而，绝大多数场合，驱逐出境必定会导致罪犯死于"荒漠"，与根据费希特的报复法则建议的惩罚力度相比，这是更加悲惨的命运。

决定取决于随意性"。❶

在费希特出于一般威慑的考虑以上述方式错误假定了法定惩罚与非法定惩罚的等同之后，他找到了一项次级准则，从而避免前述"决定"取决于"随意性"的情况。

这一次级准则包括了对法权概念和侵权概念的结合所造成的直接后果的研究。研究的结果不只是宣告了对有关惩罚力度的相互矛盾的观念进行评价的次级准则，更宣告了有关惩罚本身的主要根据本身。但起初看来，并不存在这种选择。因为如此一来，包含在费希特的法权概念内的自由的相互限制与对这些限制的违反相结合的逻辑结果便会是，完全免除法定惩罚，只有纯粹地 [98] 驱逐出境。受到主要关注的只是侵权行为的后果，即排除权利的阻碍；而非具有目标指向的手段，也就是说，并非预防还未发生的对权利的阻碍。

与此相反，费希特采纳了将罪犯和国家之间的相互"有益性"（usefulness）作为次级准则。它源于罪犯尽管犯了罪，但仍然是共同体的一员这一准则。根据这一准则的次级属性，贯穿于《自然法权基础》§20 的全部文本中的"主要目的"仍然是，经由以威胁要施加惩罚和经由示例的一般威慑；❷ 相比之下，矫正依旧只是惩罚的次级根据。

费希特之所以引入次级准则，仅仅是因为它的错误假设，即出于一般威慑的考虑，驱逐出境（非法定惩罚）与法定惩罚同样有效。由于这种错误假设，他必定在事实上并且心照不宣地放弃了将一般威慑——它要求驱逐出境——作为刑法的主要目的。很显然，他不仅在《自然法权基础》§20 的开篇提到了一般威慑的原则，而且在整个 §20 的文本中都提到了它。但他并没用提出支持这一原则的主张，并且没有就惩罚的力度从它那里推导

---

❶❷　*GNR* I/4 60。《自然法权基础》，页 227。［中译者按］参见中译本，页 261。

出任何结论。因而，我们必须得出结论说：费希特在§20中引入的次级原则，实际上包含了单一的真正的法定惩罚的主要根据。接下来，我们将探讨这种根据。

4.4　作为法定惩罚根据的特殊威慑和矫正

费希特非常简洁地解释了他为何选择取代驱逐罪犯出境的方式。他的全部理论基础可以用如下两处引文来归纳：

> 国家关心的就是维护自己的公民……这就好比任何人都关心自己，希望不要因任何违法行为而被宣判为不享有法权的人。❶
>
> ［99］这种赎罪契约不仅对所有的人（国家整体），而且对每一个个人都是有利的。因此，整体可望保留那种在其有益性方面超过其有害性的公民，并且承认这种赎罪的义务；个人则完全有权要求人们同意用赎罪来代替那种他所该当的更为严厉的惩罚。❷

国家公民的利益合法地取代了非法定惩罚，这一点容易理解，但罪犯对社会的有益性这一点则应当至少给出一些解释。

倘若以为这种有益性中包含一种功利主义的元素，就是错误的。如下看法也犯了同样的错误，这就是以为，这种对功利性的诉求并不表明任何法律上的理性，和认为仅仅出于共同体在国家的其他无辜公民中得以持存从而将罪犯驱逐出境，这样做并不会

---

❶　*GNR* I/4 60.《自然法权基础》，页227。［中译者按］参见中译本，页261。

❷　*GNR* I/4 60.《自然法权基础》，页227－228。［中译者按］参见中译本，页261－262。

影响法律上的法权概念。在§4中，对法权概念进行演绎的两个例子已经证实了如下事实，即对费希特而言，基于对相互承认的拒绝而遭受的驱逐出境，不可能是最终的绝对驱逐。驱逐应当只是暂时的，只存续于拒绝相互承认的期间。对于所有有限的有理性存在者而言，它是千真万确的。我们不妨看着前述两个例子。

（1）费希特写道：

> 在我与个体C所发生的任何关系中，我都必须援引业已发生的那种承认，据此评判个体C……假定他的行动虽然是由他先前行动的感性属性规定的……但并不是由那种作为自由存在者的承认规定的，就是说，他通过他的行动剥夺隶属于我的自由，因而把我作为客体来看待……因此，我能够始终不渝地——这在这里是我唯一的法则——把处于这种情况中的个体C作为单纯的感性存在者看待，直至感性和理性在关于个体C的行动的概念中再次得到统一。❶

费希特通过如下方式解释了他的立场：

> 我……援引对我们两者都有效的**法则**，把它用于目前的情况……但是，由于对个体C援引了共同的法则，所以我就邀请他与我共同裁决，并且要求他在目前这种情况中必须坚定不渝地想到我那种对待他自己的做法，必须受思维法则的强制而同意［100］我的那种做法……这种有约束力的东西决不是道德法则，而是思维法则；于是，这里就出现了三段论的一种实际效用。❷

---

❶ *GNR* I/3 355–356。《自然法权基础》，页45–46。［中译者按］参见中译本，页50–51。

❷ *GNR* I/3 356。《自然法权基础》，页47。［中译者按］参见中译本，页51–52。

在接下来的行文中（标题 C），费希特将这种对一致性行为的要求普遍化了：它确保了它在与每一个体的关系中的真实性。

（2）在《自然法权基础》§4 中，费希特试图表明的内容大体上是他的标题所明确阐述的内容：（I）只有我本身把一个确定的理性存在者作为一个理性存在者加以看待，我才能要求这个理性存在者承认我是一个理性存在者。❶（II）但是，我必须在一切可能的情况下，要求所有在自我之外的理性存在者都承认我为一个理性存在者。❷（III）我在一切情况下都必须承认在我之外的自由存在者为自由存在者，就是说，我必须用关于他的自由的可能性的概念去限制我的自由。❸在此我并不阐明，为何在费希特看来，这些要求的满足能够作为有限的有理性存在者的自我意识之所以可能的前提；我更不会将此问题视为费希特在这个论题上是否正确的问题。在此，我只需注意到，在他的笔下，一切有限的有理性存在者都应当从属于共同体，并且被视为其中一员，这一要求是法权概念的一部分，以至于关于谁从属于共同体这一问题甚至不是由共同体自身决定。"思维法则"要求一切有限的有理性存在者都被视为共同体的一员，只要这个存在者承认其他理性存在者，并依此对待他们，或者只要这个存在者先是拒绝了给予他人这种承认，而后又重新准备这么做。

因而，在§4 中，费希特明确了驱逐出境并非最终后果，而仅仅是暂时的后果，直至原来拒绝这种承认的人最终承认他人。无疑，他使用的"有益性"一词绝非功利主义意义上的。费希特的理论背景不是苏格兰学派，也不是 18 世纪的功利主义，而是现代自然法权，它更多受到了西塞罗而非亚里士多德的启发。根据西塞罗，相同的有益性并不只是表面的有益性，而是

---

❶ *GNR* I/3 352。《自然法权基础》，页 42。［中译者按］参见中译本，页 46。
❷ *GNR* I/3 353。《自然法权基础》，页 43。［中译者按］参见中译本，页 47。
❸ *GNR* I/3 358。《自然法权基础》，页 49。［中译者按］参见中译本，页 54。

[101] 被定义为在共同体的正义秩序的意义上致力于法权的东西。❶ 费希特的如下阐释应当结合这种有益性的定义来理解：

> 这种赎罪契约不仅对所有的人（国家整体），而且对每个人都是有利的。因此，整体可望保留那种在其有益性方面超过其有害性的公民。❷

对国家和公民的有益性包括致力于正义的惩罚，即致力于法律体系确立的惩罚。如果法治状态和自然状态的区分是一种没有第三种选择的二分模式——康德以及费希特就是这么做的，犯罪就构成了罪犯和他人之间从法治状态到自然状态的过渡。但法权概念和有益性概念要求所有人都成为共同体的一员。法定惩罚的有益性（"有益性"一词的双重含义：包括该术语的古典意义和现代意义）因而在于罪犯和共同体之间法治状态的重建，并且实际上是尽可能快速地重建。法权概念同时也要求，将罪犯作为共同体中的一员而对其进行隔离，并且，如果他/她能重新像其他人那样遵守法律的话，就可以很快地得到矫正。

这也是费希特会迅速抛弃起初运用于衡量刑罚轻重的对等报复法，转而支持一般威慑以及改造理论的原因。在 §20 的开头，

---

❶ 参见：例如西塞罗在《论义务》（De officiis）的 II. ii. 页 9–10 中指出："我要讲的是被称作'利'的东西。这个词已经被误用、滥用，并且逐渐发展到这样一种地步，即把道德上的正直与利割裂开来，认为有德的事情有可能是没有利的，而有利的事情可能是缺德的。如果这种理论被引入人类生活，那就没有比它更害人的了……因为他们（哲学家们）认为，凡是公正的必定是有利的，凡是有德的必定是公正的，因此，凡是有德的必定是有利的。那些不理解这种理论的人的常对聪明伶俐者表示赞赏，误认为诡诈就是智慧。他们的这种错误必须得到纠正，他们的想法应当完全转变为，希望并且深信只有用德性和正义，而不是欺骗和诡诈，才能达到自己想要达到的目的。"Marcus Tullius Cicero，《论义务》（On duties），M. T. Griffin and E. M. Atkins 编，Cambridge：Cambridge University Press，1991，页 66。

❷ GNR I/4 60。《自然法权基础》，页 227。[中译者按] 参见中译本，页 261。

他仍然提到："惩罚……与损害相等：poena talionis。"❶　[102]
但在 4 页之后，他却这样来谈论罪犯："除非人们确认他也已改
恶从善，或者他未受到怜悯而被驱逐出境，否则他必定会失去自
己的自由。"❷　而在接下来的 5 页之后，他的表述更为准确：

> 但是，必须慎重地组建改造所。首先，按照法律的精
> 神，必须把改造所与社会真正地隔离开（经由剥夺犯罪能力
> 的特殊威慑）。对于这些暂时被排斥在社会以外的人们所造
> 成的一切损失，国家负有完全责任。由此可见，就此而言，
> 这些人完全失去了他们的自由。但是，谁要改恶从善，谁就
> 必定会得到自由；谁被判定是在改恶从善，谁就必定会同样
> 得到自由。这里有一条重要准则：这些人在必要的限定范围
> 内必须是自由的，必须生活在社会之中。❸

因而，正题的结论是驱逐出境，但只是一种暂时的驱逐。反题的
结论是罪犯进入共同体，但会被暂时性地延缓进入的过程，而只
有在被改造之后才会实现完全进入。合题是"赎罪契约"。赎罪
契约的要点是，给被判有罪的罪犯一次机会，避免使之被驱逐出
境，并且避免使之沦为如下境地，即就像一个处在法律之外的野
蛮人，就像一个有害的野生动物一样被任意杀死。不同于被驱
逐，罪犯可以通过与其他犯人一起在监狱里或岛上关上一段时间
来接受惩罚。根据罪犯在监禁营的表现，特定时期过后，他/她
将被重新接纳进共同体或遭到永久驱逐。❹　费希特的赎罪契约承
载着双重创举：首先，这不是普通公民之间订立的用于规范国家
惩罚权力的契约；其次，它并未将惩罚设想为一种恶，而是设想

---

❶　*GNR* I/4 61。《自然法权基础》，页 229。［中译者按］参见中译本，页 263。
❷　*GNR* I/4 65。《自然法权基础》，页 233。［中译者按］参见中译本，页 268。
❸　*GNR* I/4 70。《自然法权基础》，页 239。［中译者按］参见中译本，页 274。
❹　*GNR* I/4 71。《自然法权基础》，页 240。［中译者按］参见中译本，页 275。

为罪犯改变自身命运的一次机会。在这两方面，费希特的观念有别于——例如——以援引社会契约假设为基础的"非报应性的康德式惩罚路径"。❶

[103] 特殊威慑和矫正被证明是费希特有关刑法的根据的具体主张，它呈现出了康德法权哲学的两个重要因素。第一，究竟谁应当属于共同体，决定权不在共同体，因为所有人都应当属于共同体。第二，应当走尽可能短的道路实现法治状态，走弯路也是被允许和被要求的——但前提是沿着康德的"许可法"这条道路前行。❷

4.5 一般威慑真的是一种必要的惩罚 根据吗？

针对我有关《自然法权基础》§20 的解读，自然会有反对意见认为，该部分的全部内容中没有一处说明费希特明确放弃了将包含威胁性惩罚的威慑作为刑法的根据。但在 §20 的中间段落，他放弃了一般威慑和报复法则；在这部分的末尾，是罪犯的改造，而不是对等报复法，决定了罪犯是否应该被释放。这也意味着惩罚有时比报复所要求的还要更加严厉：

> 如果罪犯能够按照其堕落的程度给自己规定一个时间，

---

❶ Michael Clark，"惩罚的非报应性路径"（A non-retributive approach to punishment），载 *Ratio*，17，no. 1，2004，页 12 – 27。

❷ 参见：第 2 章 2.4 部分以及 Reinhard Brandt，"许可法，或：康德法权论中的理性与历史"（Das Erlaubnisgesetz，oder：Vernunft und Geschichte in Kants Rechtslehre），载 Brandt 编，《启蒙运动的法权哲学》（*Rechtsphilosophie der Aufklärung*），Berlin：De Gruyter，1982，页 233 – 285。

在这个时间内，他愿意改正前非，这会是非常合乎目的的；
不过，应当保留他在今后可以自由地按照某个标准延长这个
时间的权利。但是，必须根据对于各种情况作出的判定，对
所有犯罪者都确定一个不容拖延的改造期限。❶

期限届满之后，罪犯应当要么在改过自新的情形下重新被共同体
接纳，要么在没有改过自新的情形下被永久驱逐出境。❷

费希特提出的多重刑法根据理论彼此排斥对方作为主要根
据，并且也［104］无法结合为一种综合理论，因为它们导致了
有关刑法力度的不同观念。这种理论的结果是，人们必须要么宣
布费希特的刑法思想有不可调和的矛盾，要么逐一探讨那些主张
及其在《自然法权基础》中的作用和关联，并作出评价。对此
我提出两方面的主张。首先，如果我们不接受这个错误的假
设——根据这一假设，法定惩罚和非法定惩罚具有同等的威慑效
果，则只有费希特主张的经由剥夺犯罪能力的特殊威慑才是刑法
的主要根据。其次，那种主张是与惩罚力度相容的唯一主张，基
于此，费希特最终在§20结尾采纳了该主张。这也是为何我认
为他是——当然是在冗长的反复之后——以特殊威慑和矫正来证
明刑法根据的原因。

自然地，法定惩罚通过公开宣告（经由威胁性惩罚的一般威
慑）以及不秘密执行（经由示例的一般威慑）产生了威慑效果。
这种效果无疑有助于公共安全，并且基于此而受到共同体的欢
迎。但只有当惩罚的施加本身正当时，才许可进行威胁性的惩罚
和公开执行惩罚，因为惩罚超出了法权概念所包含的自由的相互

---

❶　*GNR* I/4 71.《自然法权基础》，页240。［中译者按］参见中译本，页275。

❷　在我看来，费希特在此否定了他的假定和反题。根据该假定和反题，每个人
都应当被施加法定的惩罚，只要这个人没有——例如给监狱守卫——带来威胁。我们
无法排除如下可能性：经过一段时期之后，罪犯仍然没有得到改造，但由于他一直留
在"矫正所"内，所以，他实际上没有引发任何额外的安全问题。

限制的程度。如果经由威胁性惩罚的一般威慑是完全有效的，并且惩罚按照其本身不需要公开执行——如费希特在有关强制法权的章节中所希望的，惩罚的施加就是不正当的，则整个《自然法权基础》的§20就会是多余的。

有关强制法权的章节明确规定了经由威胁性惩罚的一般威慑具有完全效果的条件，这就是，两个任意的人的"安全"，

> 都不应当取决于某个偶然情况，而应当取决于一种类似于机械必然性的、绝不可能有例外的必然性。只有法权法则对双方而言都是他们意志中的不容违反的法则，才会有这样一种安全。❶

法权法则应当是在规范性上不容违反的，这一点是恰当的。相较而言，人的自由在选择权的意义上有潜在的无限性；它有可能超越限制，甚至［105］超越规范上不容违反的限制。只有自然规律是无法被违反的。对获得公共安全而言，强制肯定有效，虽然不是完全有效。正如后来黑格尔所说，"只有意志被强制了的人，才会被强制成为任何东西。"❷许多罪犯都接受惩罚的风险，尽管他们日后因为害怕并且或许意识到惩罚确实是高昂的代价，而对此感到后悔。因而，不仅是威胁惩罚，而且惩罚的施加也需要正当化。威胁并不是排在第一的根据。

类似于费希特，黑格尔对刑法进行的详细阐述无须基于一般威慑及其缺点而走弯路。此外，他也是在有关法权的必然效力的假设下展开论述的，因而无须驱逐出境这种思想实验。在这方面，正如我将表明的，他对关于刑法的相同观点进行了更系统和

---

❶ *GNR* I/3 424。《自然法权基础》，页124。［中译者按］参见中译本，页142。

❷ *GPhR* §91。G. W. F. Hegel，《法哲学原理》（*Elements of the philosophy of right*），H. B. Nisbet 译，Cambridge：Cambridge University Press，1991，页120。［中译者按］参见中译本，页96。

更严格的表述。

克劳泽（Karl Christian Friedrich Krause，1781—1832）在其法哲学中，对费希特和黑格尔的法权概念进行了富有启发意义的比较。他的法哲学以类似康德主义观念论的基本原则为基础，发表于费希特和黑格尔的作品出版的时期之间。当然，克劳泽的《自然法权原理》（*Grundlage des Naturrechts*），只有第 1 部分（1803 年）以及关于世界法的第 2 部分（1890 年，也就是在他死后）得到了出版，而计划中的公共法部分以及这个部分中有关刑法的章节则止步于计划阶段。❶ 但克劳泽 1802 年撰写的拉丁文的教授资格论文，给出了有关其法哲学的结构性信息。该论文被他本人译成德文，并在此基础上进行了注解。❷ 根据克劳泽，刑法应当给公民留下如下印象，即服从法律比顺从一时的冲动要更有益；❸ 在注释中（极有可能撰写于 1805 年），他表述得更明确：惩罚的目标，"尤其在以一种理性的方式文明地［106］彻底改造罪犯，以及确保惩罚不会影响他的其他权利。"❹ 很显然，克劳泽是从他有关犯罪者的不可剥夺的权利的假定开始的，而在判定惩罚的过程中展开。他的这一假定，作为一项"准则"，"同时也是惩罚的界限"。❺ 他明确地脱离了报应主义。正如《自然法权原理》的已出版部分以及与他的书信有关的其他未出版部

---

❶　参见：Wolfgang Forster，《克劳泽早期的法权哲学及其思想史背景》（*Karl Christian Friedrich Krauses frühe Rechtsphilosophie und ihr geistersgeschichtlicher Hintergrund*），Ebelsbach：Aktiv Druck and Verlag，2000，页 210 – 216。

❷　K. C. F. Krause，"论哲学与数学的理念和划分以及两门学科的紧密联系"（Abhandlung über die Idee und die Eintheilung der Philosophie und der Mathematik und den innigen Zusammenhang beider），载 Paul Hohlfield 和 August Wünsche 编，《源于手稿的哲学论文》（*Philosophische Abhandlungen aus dem handschriftlichen Nachlasse*），Leipzig：Schulze，1889，页 5 – 40。

❸❹　Krause，"论哲学与数学的理念和划分以及两门学科的紧密联系"，页 34 – 35，注释。

❺　Krause，"论哲学与数学的理念和划分以及两门学科的紧密联系"，页 35。

分中表明的,❶他还从那条原则中推导出了身体的绝对不可侵犯性,推导出了对死刑和肉刑的禁止。❷在其他方面,❸具有讽刺意味的是,富于想象力的克劳泽在他从自身理论中推出的结论方面在一定程度上接近于人们可以期待从康德观点论的法权概念的自由主义解读中推出的结论,而不是接近于从更有名的学者费希特和黑格尔那里推出的结论。❹

---

❶ Krause,"论哲学与数学的理念和划分以及两门学科的紧密联系",页 237 - 238,第 I 部分。

❷ 参见:Forster,《克劳泽早期的法权哲学及其思想史背景》,页 108 - 109,页 303。

❸ 例如在婚姻理论中,见 K. C. F. Krause,《自然法权基础或法权理念的哲学概要》(*Grundlage des Naturrechts oder philosophischer Grundriβ des Ideals des Rechts*),Jena:Gabler,1803,页 169 - 170。

❹ 参见:Peter Landau 所提出的概述,"克劳泽的法权哲学"(Karl Christian Friedrich Krauses Rechtsphilosophie),载 Klaus-Michael Kodalle 编,《克劳泽(1781—1832):克劳泽的哲学与克劳泽主义研究》(*Karl Christian Friedrich Krause* [1781—1832]: *Studien zu seiner Philosophie und zum Krausismo*),Hamburg:Meiner,1985,页 80 - 92。

第 5 章　黑格尔的"犯罪之否定"

5.1　关于黑格尔的惩罚理论归类的争议

[107] 在二手文献中，康德的惩罚理论长期以来被视为所有报应主义或绝对主义刑法理论的典范。但在解读者们看来，黑格尔的刑法理论不同于这种传统且经常被认为是不证自明的［康德刑法理论的］报应主义。❶ 将康德的刑法［理论］解读为综合理论仅仅开始于 20 世纪 80 年代。❷ 而黑格尔的刑法［理论］很

---

❶ Arthur Schopenhauer，《作为意志与表象的世界》（*The world as will and idea*），R. B. Haldane 和 J. Kemp 译，第 17 版，4 vols.，London：Kegan Paul, Trench, Trübner, 1909?，vol. 1，第 I 部分 §6，页 430 – 452。当代人的作品，参见：如 Ulrich Klug，"告别康德和黑格尔"（Abschied von Kant und Hegel），载 Jürgen Baumann 编，《新刑法典计划：刑法学的替代性方案》（*Programm für ein neues Strafgesetzbuch：der Alternativ – Entwurf der Strafrechtslehrer*），Frankfurt a. M.：Fischer, 1968，页 36 – 41；Claus Roxin，《刑法的基本问题》，页 2；Winfried Hassemer，《刑法基础导论》，页 283 – 284；Jean-Claude Wolf，《预防抑或报应? 伦理学惩罚理论导论》（*Verhütung oder Vergeltung? Einführung in ethische Straftheorien*），Freiburg i. Br.：Alber, 1992，页 50；Otfried Höffe，《正义：哲学导论》（*Gerechtigkeit：eine philosophische Einführung*），第 2 版，C. H. Beck：Munich, 2004，页 79。

❷ 见第 2 章 2.1 部分。

早就被克斯特林（Christian Reinhard Köstlin）视为一种综合理论，❶ 在英国新黑格尔主义（例如鲍桑葵）看来，它是一种威慑理论，❷ 麦克塔格特（John Ellis McTaggart）［108］将其视为一种改造理论。❸ 诚然，后一种解读并不流行。甚至在如今，对黑格尔是否是一位真正的报应主义论者，❹ 他

---

❶ Christian R. Köstlin，《刑法基本概念新订》（*Neue Revision der Grundbegriffe des Kriminalrrechts*），Aalen：Scientia，1970。参见：Andrei A. Piontkowski，《黑格尔的国家学说与法权学说及其惩罚权理论》（*Hegels Lehre über Staat und Recht und seine Strafrechtstheorie*），Anna Neuland，Berlin 译，Berlin：De Gruyter，1960，页 199。

❷ Bernard Bosanquet，《关于国家的哲学理论》（*The philosophical theory of the state*），London and New York：Macmillan，1899。

❸ John E. McTaggart，《黑格尔宇宙观的研究》（*Studies in Hegelian cosmology*），Cambridge：Cambridge University Press，1918，第 5 章。

❹ 尤其是参见：Mark Tunick，《黑格尔的政治哲学：对法定惩罚实践的阐释》，（*Hegel's political philosophy：interpreting the practice of legal punishment*），Princeton：Princeton University Press，1992；此外，例如，Ossip Kurt Flechtheim，"论黑格尔法权论中刑罚的功能"（Die Funktion der Strafe in der Rechtstheorie Hegels），载 Flechtheim，《从黑格尔到凯尔森：法权论论文集》（*Von Hegel zu Kelsen：rechtstheoretische Aufsätze*），Berlin：Duncker 和 Humblot，1963，页 9 - 20；Flechtheim，"黑格尔惩罚权理论批判"（Zur Kritik der Hegelschen Straftrechtstheorie），载《法权哲学与社会哲学档案》（*Archiv für Rechts-und Sozialphilosophie*），54，1968，页 539 - 548，页 539 - 48；Peter G. Stillman，"黑格尔的惩罚观"（Hegel's idea of punishment），载《哲学史杂志》（*Journal of History of Philosophy*），14，1976，页 169 - 182；Klaus Scala，"黑格尔的惩罚概念与当代的刑事执行困境"（Hegels Begriff der Strafe und die moderne Strafvollzugsproblematik），载《黑格尔年鉴》（*Hegel-Jahrbuch*），1987，页 164 - 170；Igor Primorac，"作为罪犯权利的惩罚"（Punishment as the criminal right），载《黑格尔研究》（*Hegel-Studien*），15，1980，页 187 - 198；以及 Igor Primorats（同一人名的两种写法），"班柯的鬼魂：黑格尔惩罚理论"（Banquos Geist：Hegels Theorie der Strafe），载《黑格尔研究》（*Hegel - Studien*），增刊，29，1986，页 53；Kurt Seelmann，"相互承认与不法：作为正义公设的惩罚？"（Wechselseitige Anerkennung und Unrecht：Strafe als Postulat der Gerechtigkeit?），载《法权哲学与社会哲学档案》（*Archiv für Rechts-und Sozialphilosophie*），79，no. 2，1993，页 228 - 236；Seelmann，"通过对犯罪人自相矛盾行动的论证所作的刑罚合法性研究"（Versuch einer Legitimation von Strafe druch das Argument selbstwiederspürchlichen Verhaltens des Straftäters），载《法权与伦理年刑》（*Jahrbuch für Recht und Ethik*），1，1993，页 315 - 326；Matthias Kaufmann，*Rechtsphilosophie*，Freiburg i. Br.：K. Alber，1996，页 308；G. W. F. Hegel，*Principes de la philosophie du droit*，Jean-Francois Kervégan 译，Paris：Presses Universitaires de France，1998，页 180 - 181，注释；Arthur Ripstein，《平等、责任与法律》（*Equality，responsibility and the law*），Cambridge：Cambridge University Press，1999，页 93；Otfried Höffe，《"国王般的人民"：论康德的世界公民式法权论与和平论》（*"Königliche Völker"：zu Kants kosmopolitischer Rechts-und Friedenstheorie*），Frankfurt a. M.：Suhrkamp，2001，页 79。

是否有可能吸收了一般威慑和特殊威慑的元素，❶ 以及他是否处于相反的极端而只是一位纯粹的威慑理论家，这些问题都存在争议。❷

正如在康德研究中出现的一样，综合理论这时也主导了黑格尔研究。一些最优秀的解读者，如伍德（Allen W. Wood）和莫尔（Georg Mohr），将报应主义式的解读与威慑式的解读结合起来。在莫尔看来，黑格尔的惩罚理论宣告了"一种基础，它对当时而言、对于报应理论而言都是新的，但论证理由在当时却相当匮乏"。他认为，黑格尔可以通过分配给"惩罚以如同其内在目标一样的积极性的一般威慑任务"❸ 实现这一点。同样地，伍德首先认为［109］，"黑格尔是一位真正的报应论者。在他看来，一切想要通过从惩罚中获得的'好处'从而为惩罚提供证成的理论都是'肤浅的'。"在接下来的一页中，他指出："但国家在面对不正当行为时想要重新主张法权之有效性的意图就仿佛是如下意图，它不是直接地为正义之事，而是去促进善的目的，即促进对法权的有效性的公共承认。"他问道：

---

❶ 参见：Ted Honderich，《惩罚：所谓的正当性》（Punishment: the supposed justifications），New York：Harcourt，Brace and World，1969，第 1.6 部分；Wolfgang Schild，"国家法的终结与未来"（Ende und Zukunft des Staatsrechts），载《法权哲学与社会哲学档案》（Archiv für Rechts-und Sozialphilosophie），70，1984，页71 – 112；Allen W. Wood，《黑格尔的伦理思想》（Hegel's ethical thought），Cambridge：Cambridge University Press，1990，页110；Matthias Kaufmann，"强制法权（§§13 – 16）"（Zwangsrecht［§§13 – 16］），载 Jean-Christophe Merle 编，《费希特：自然法权基础》，页 125 – 137。

❷ Stanley Benn，"惩罚问题探究"（An approach to the problems of punishment），载《哲学》（Philosophy），33（1958），321 – 41；Anthony M. Quinton，"论惩罚"（On punishment），载 Harry Burrows Acton 编，《关于惩罚的哲学》（The philosophy of punishment），London：Macmillan，1969，页 55 – 64。

❸ Georg Mohr，"不法与惩罚"（Unrecht und Strafe），载 Ludwig Siep 编，G.《法哲学原理》（W. F. Hegel: Grundlinien der Philosophie des Rechts），Berlin：De Gruyter，1997，页 95 – 124。

为何国家主张法权的有效性，**表达对犯罪的否定评价**显得那么重要呢？除了能带来如下这些结果主义的目的之外（避免未来的犯罪，使人们放心他们的权利将会获得保障），还有这样做的其他理由吗……？❶

这些学者通过上述方式强调，黑格尔比康德更令人信服地主张报应主义。在莫尔看来，"与康德的报应理论相比……黑格尔的惩罚理论在这类理论中更具有实践基础。"❷ 伍德如此谈及黑格尔的惩罚理论："此种立场与康德的立场相吻合。康德的报应论立场十分明显，但他有关报应论的辩护却顶多处在萌芽阶段。"❸

正如针对康德的刑法［理论］所做的那样，对黑格尔刑法［理论］而言，假定存在一种综合的惩罚理论，是有道理的，它将进行部分正当化的工作归因于每一个论据。因而，莫尔希望发掘出黑格尔的刑法［理论］在建构"一种理论工具"方面的价值，这种价值体现在"做了对于构成当今综合理论这一主张的基础而言有益的预备工作"。❹ 正如当前有关康德理论的流行解读一样，莫尔在黑格尔那里也发现了一种综合的惩罚理论：

将《法哲学原理》中所有相关章节作为**解读**黑格尔惩罚理论的基础，会描绘出现代综合理论的多元图画。它区分了根源于**报应主义**理论的作为一种制度的惩罚中的正义和经由威慑理论所规定的惩罚力度中的正义。❺

根据莫尔的解读，黑格尔阐述的有关报应理论特定原理与威

---

❶ Allen W. Wood，《黑格尔的伦理思想》，页 109 – 110。

❷ Mohr，"不法与惩罚"，页 121。

❸ Wood，《黑格尔的伦理思想》，页 109。

❹ Mohr，"不法与惩罚"，页 122。

❺ Mohr，"不法与惩罚"，页 119。

慑理论特定原理之间的关系，与康德阐述的两者之间的关系是相反的。[110] 根据这一综合理论的解读，在康德那里，威慑理论证明了惩罚作为一种制度的正当性，报应理论成为了刑罚力度的根据。相反，莱施（Heikl H. Lesch）在黑格尔那里发现的综合理论各原理之间的关系与在康德那里发现的相同。❶

可是，将黑格尔的刑法［理论］解读为综合理论的这种解读进路，只是间接地与黑格尔文本中的论证过程相关。实际上，由这种综合理论所形成的威胁理论和报应理论各自提出的主张之间的联系，与以"抽象法权"为基础的论证和以"伦理生活"为基础的论法之间的联系并没有关联性。❷ 综合理论并没有探究以"抽象法权"为基础的单个主张间的本质关系。

5.2 惩罚的双重根据

黑格尔惩罚理论的各种解读之间存在的矛盾是如此之深，以至于解读者看起来在多种解读之间犹豫不决，这一点或许会令人感到惊讶。但各种不同的解读，差不多都来自黑格尔《法哲学原理》（1821）中的不同地方。

黑格尔的惩罚理论原理不仅能在"抽象法权"❸ 的题为"强制与犯罪"部分中找到，还可以在"伦理生活"的题为"司法"部分之下，尤其是在题为"法的定在"以及"法院"部分找到。❹ 对黑格尔进行的威慑理论式的解读经常将自身建立在"伦理生活"

---

❶ Heiko Hartmut Lesch，《犯罪的概念：有关一种有效修正的基本原理》（*Der Verbrechensbegriff: Grundlinien einer funktionalen Revision*），Cologne：Heymanns，1999，页 97。

❷ *GPhR*，分别是第 I 部分和第 III 部分。

❸ *GPhR* §90 - §103 部分。［中译者按］参见中译本，页 95 - 108。

❹ 分别见 *GPhR* §218、§220 部分。［中译者按］参见中译本，页 228，页 230。

的基础之上，而报应主义解读则要么将§218－§220予以简单忽略，要么声明这部分不重要。后一种解读主要将这些部分看作一种纯粹的暗示，即暗示惩罚必须与其社会环境相适应，而不考虑其基本原理和受§218－§220影响的规定惩罚力度的那些原则。

5.2.1　惩罚的客观根据和主观根据

[111] 与无视或忽视§218－§220的那些解读不同，有些解读过于强调《法哲学原理》第2部分（"道德"）。在这个部分中，有很多原理都是明确针对犯罪的，尤其是在题为"故意和责任"的部分。但在"道德"部分中，"惩罚"一词只被提到过3次，并且，在正文部分或"附释"部分都没有提到过，而只是在"补充"部分被提到，即便如此，也只是作为题外话被提及。惩罚只有在作为"普遍物"的法中或在"自在"之法的部分中，以及在"主观情绪，但又是自在地存在的法的情绪"部分中才得到探讨。❶ 惩罚显然属于法理念的客观方面。在出自"抽象法权"的段落中，许多解读者试图证明出现的两种主张都支持报应主义：一种是客观的主张，另一种是主观的主张。对这一双重主张最清晰的阐述是由弗莱希特海姆（Ossip K. Flechtheim）和普里莫拉茨（Igor Primorac），此外，还有泽尔曼（Kurt Seelmann）——以一种不同的方式——提出的。❷

---

❶ *GPhR* §141，"附释"。G. W. F. Hegel，《法哲学原理》，页186。[中译者按] 参见中译本，页162。

❷ Flechtheim，"黑格尔法权论当中刑罚的功能"（Die Funktion der Strafe），页9－20；Flechtheim，"黑格尔惩罚权理论批判"（Zur Kritik der Hegelschen Straftrechtstheorie），页539－548；以及 Flechtheim，《黑格尔的惩罚理论》（*Hegels Straftheorie*），Berlin：Duncker und Humblot，1975。Primorac，"Punishment as the criminal right"，页187－198；以及 Primoratz，"班柯的鬼魂：黑格尔惩罚理论"；Seellmann，"相互承认与不法：作为正义公设的惩罚？"，页228－236；Seelmann，"通过对犯罪人自相矛盾行动的论证所作的刑罚合法性研究"，页315－326。还有学者主张黑格尔惩罚理论中存在一种双重论据，例如，Bertrand Guillarme，*Penser la peine*，Paris：Presses Universitaires de France，2003，页63－64。

弗莱希特海姆从"主观根据"中区分出了"客观根据"，他指出，"在黑格尔看来，法定惩罚的客观进路……并不充分。他希望证明，罪犯基于其所为，主观上也同意惩罚。"❶

在客观根据中，有一种"根据犯罪的本质以及根据被其损害的法"❷ 得出的主张。弗莱希特海姆强调：

> 早在他青年时期的理论论著中，黑格尔的演绎就以如下原理为基础，即行为与惩罚之间存在不可分割的关系；行为自身就已经包含了 [112] 惩罚；行为的惩罚必然出自于行为。❸

我可以称这个命题为否定之否定命题。依据弗莱希特海姆，这个命题是在《法哲学原理》§93 中得到阐述的，在此，黑格尔谈道：

> 因为强制在它的概念中破坏了自身，❹ 它在强制被强制所摒弃这一事实中获得实在的表现；所以，强制不仅是附条件地合法的，而且也是必然的，它是作为扬弃第一种强制的第二种强制。❺

在 §99 中，黑格尔使"对犯罪的扬弃（否则会变成有效的了）"与"恢复法的原状"等同起来。❻ 弗莱希特海姆明确地认为，"恢复原状"（Wiederherstellung）等同于 §101 中讨论的有关报

---

❶ Flechtheim，《从黑格尔到凯尔森：法权论论文集》，页 17－18。
❷ Primoratz，"班柯的鬼魂：黑格尔惩罚理论"，页 39。
❸ Flechtheim，《从黑格尔到凯尔森：法权论论文集》，页 12。
❹ "强制"也可以被当作"强制力"。
❺ GPhR §93，《法哲学原理》，页 120。[中译者按] 参见中译本，页 96。
❻ GPhR §99，《法哲学原理》，页 124。[中译者按] 参见中译本，页 101。

复的传统命题（Wiedervergeltung）。❶

　　根据弗莱希特海姆的解读，传统报应主义命题构成了客观和主观根据之间的连接。之所以如此，是因为，不同于自在的法，报复原则依据的不是整个法律体系，而是个体及其行为。

　　在主观根据中，存在一种从惩罚与"罪犯的经验性意志"的关系而获得的论证。弗莱希特海姆发现，主观根据主要位于§100中，他以如下方式对这一根据进行了解读：

　　　　依其所述，犯罪是某种普遍物，并且放弃了法，这一点是犯罪固有的，而犯罪被视为理性存在者的行为。违法者通过他/她的行为而对将这种法适用于他/她的做法表示了认同，这样，违法者便服从他/她自身的法。罪犯通过他/她的以这种方式被看待的行为，即好像行为自己要求惩罚——基于它是他自身的法的缘故——一样，被视为一个理性存在者而受到尊敬。❷

弗莱希特海姆进而评论说：

　　　　根据法定犯罪这一概念，黑格尔发现，有罪答辩和陪审法庭十分重要。如果违法者［113］同意对他/她的惩罚，则不仅在违法者体现了客观理性意志的意义上，而且在他/她彰显了自身主观特殊意志的意义上，每一个法庭和每一种法律程序都会变成多余，因为罪犯可以对自己作出裁判。但是，甚至黑格尔都不敢根据这种"理念"来分析现实，而满足于要求"法官宣告的就是"违法者主观上的自我意识

---

❶　Flechtheim，《从黑格尔到凯尔森：法权论论文集》，页13。
❷　Flechtheim，《从黑格尔到凯尔森：法权论论文集》，页17。

"意识到的东西"。❶

　　弗莱希特海姆引用但并未注明页码的，是出自§227"补充"部分，这部分明显与对犯罪要素的承认有关，因而不像他说的那样与罪犯对刑法的同意有关。还有，根据弗莱希特海姆的看法，§101就被视为§100的限定条件。在他看来，罪犯应当认同报复法则。颇具意味的是，他随后认为罪犯应该认同他/她的"该当受罚"，并且认同"罪犯所犯下的应当发生在他身上"。❷ 这个命题在犯罪与惩罚之间的"等同"原则中得到了实现。反过来，这一原则并没有被确定为"种的等同"即特种性状上的等同，而是被确定为"价值"上的等同。❸

　　但并不清楚，为何惩罚应当要求双重根据。在弗莱希特海姆的语境中可以发现，双重根据意味着要使罪犯与社会达成和解。然而，显然有人会反对这种双重根据的理论依据。和解实际上存在于黑格尔青年时期的论著中，但当时惩罚被视为某种与作为有理性存在者的罪犯不相容的东西。因为它不是主观上的某物，而仅仅是客观上的某物。在题为"强制和犯罪"部分的开端，关注的是某种客观的东西：对犯罪的扬弃和法的恢复原状。黑格尔明显提到："加于罪犯之上的侵害不但是自在地正义的（客观方面）……它也是在犯罪自身中立定的法，也就是说，他的达到了定在的意志中的法［114］（主观方面）。"❹但这并不意味着主观方面是对客观根据的补充对惩罚的根据来说是必要的，也不意味着罪犯必须对刑法表示同意，以便惩罚成为正当的。黑格尔在

----

　　❶ Flechtheim，《从黑格尔到凯尔森：法权论论文集》，页17；《法哲学原理》，页257。［中译者按］参见中译本，页235。

　　❷ *GPhR* §101，"附释"，《法哲学原理》，页127。［中译者按］参见中译本，页104。

　　❸ *GPhR* §101，"附释"，《法哲学原理》，页128。［中译者按］参见中译本，页105。

　　❹ *GPhR* §100，《法哲学原理》，页126。［中译者按］参见中译本，页103。

§100 中的阐述完全允许如下情形，即在初次被判刑并服刑之后，罪犯领悟到，自身的行为中一定内含了惩罚，甚至早在犯下罪行的时候，行为就已包含了自在的惩罚。在此情况下，罪犯的同意有别于扬弃犯罪和恢复法的原状，它不是（规范上的）前提条件，而是犯罪的结果。

当然，这并不意味着，从罪犯的主观视角出发论述惩罚的根据在《法哲学原理》中没有体系性的位置。显然，罪犯获得刑法必然性的洞见所经过的程序，使"法向道德的过渡"成为可能。在有关道德的部分中，道德"真正构成了意志的内在概念规定的进一步推动力"，而在此并没有讨论惩罚，实际上，在这个部分中，就没有出现过"惩罚"一词。❶ 在"伦理生活"的部分，自在的普遍意志与自为的普遍意志之间的对立被取消了，惩罚被再度提上了议事日程。在那里，是根据如下观点进行讨论的，即社会危害性通常是惩罚的标准，尤其是法定惩罚的标准，也就是说，是与私人复仇相对立的标准。但§218 和§220 显然并非声称要提供惩罚存在的根据。在此意义上，惩罚的根据排他性地存在于自在的普遍意志的发展中；因而，[115] 也就是存在于客观方面。因此，我的结论是，惩罚的主观方面并没有将惩罚的根据视为一项法律制度的根据，哪怕在那一根据中偶然性地出现了法权概念的元素。

在"强制和犯罪"部分，黑格尔明确地阐明，惩罚根据从

---

❶ 参见：*GPhR* §104，《法哲学原理》，页 131。［中译者按］参见中译本，页 108。惩罚（Strafe）一词只出现在黑格尔对 *GPhR* §118 和 *GPhR* §132 "附释"这两部分的手写旁注之中，但 Allen W. Wood 却在§218 中将德文"Ahndung"视为英文的"惩罚"（punishment），尽管它也可以被当作"对错误的报复"。在这些段落中，"Strafe"只在如下文本上使用："作为行为的普遍后果的普遍痛苦——包括惩罚"，"惩罚，侵犯"，以及"仅仅就本身而言的不具有道德利益的不幸——正如不正义与惩罚都不只是祸害"（这里采用的是我的译文）；"考虑将这些情形作为减轻刑罚的理由，那是属于法以外的领域，即特赦的领域"，见《法哲学原理》，页 161。［中译者按］参见中译本，页 136。

属于法权概念的客观方面。在§99"附释"中，黑格尔谈到"对正义的客观考察，是考察犯罪时首要的和实体性的观点"。❶当被假定的主观根据处于题为"罪犯自身的法"的部分之中时，它的有效性明显取决于客观根据的有效性："加于罪犯之上的侵害不但是自在地正义的（并且由于它是正义的［强调为我所加］），这种侵害同时是他自在地存在的意志，是他的自由的定在，是他的法。"❷并且，当被宣称的主观根据出现在古典报复理论中时，它就明显取决于客观根据的有效性："对犯罪的扬弃是报应（Wiedervergeltung），因为从概念上来说，报应是对侵害的侵害。"❸黑格尔通过犯罪的虚无这一主张，批判了古典报复理论："概念本身还一定总是包含了基本原则，即使是针对特殊情况。"他还把这称为"事物（Sache）本身的实体性"。❹

此外，解读者也没有提出如下问题：是否仅有客观根据或者仅有主观根据就足够了。如果二者都不充分，就不得不问：它们相互补充、相互协调至何种程度才足够。对此，在二手文献中找到的结论似乎并不真正令人信服。普里莫拉茨试图以如下方式证实这种双重根据：

> 黑格尔渴望在客观和主观意义上将惩罚正当化，这决非偶然。这并不是说他对这个或那个根据的正确性或说服力表示怀疑，也不意味着他对随之发生的对补充性论证的需要表示怀疑……他提出的反对柏拉图的根本理由［116］是，柏拉图不认同主观性原则，也就是说，在他的共和政体中没有

---

❶ *GPhR* §99，"附释"，《法哲学原理》，页 125。［中译者按］参见中译本，页 101。

❷ *GPhR* §100，《法哲学原理》，页 126。［中译者按］参见中译本，页 103。

❸ *GPhR* §101，《法哲学原理》，页 127。［中译者按］参见中译本，页 104。

❹ *GPhR* §101，《法哲学原理》，页 128。［中译者按］参见中译本，页 105。

为个体留下空间。❶

5.2.2 法律论证以及以承认罪犯的人性为基础的论证

有待考察的是有关惩罚的双重根据的另一种解读，这种解读由泽尔曼所提出，他在黑格尔那里发现了"两种不同的有关法定惩罚和刑法的构造"：一种是"基于法的主张"，一种是"基于承认的主张"。❷ 二者都将客观方面和主观方面联系起来。

基于法的主张这一命题前面已经提及，它是关于"罪犯自身的法律"下的"涵摄物"或者"罪犯自身的法"的命题。❸ 稍后我将回到这一点上来。接下来，我将讨论黑格尔的基于法的（客观）主张是否在双重根据中与基于承认的（主观）主张联系在一起。

基于承认的主张依据的是《法哲学原理》的§97：

> 对作为法的法所加的侵害虽然是肯定的外在的实存，但是这种实存本身是虚无的。其虚无性的表现就在于同样出现于外在的实存中的对上述侵害的消除。这就是法的现实性，亦即法通过对侵害自己的东西的扬弃而自己与自己和解的必然性。❹

---

❶ Primoratz，"班柯的鬼魂：黑格尔惩罚理论"，页 40。

❷ Seelmann，"通过对犯罪人自相矛盾行动的论证所作的刑罚合法性研究"，319；参见：Seelmann，"相互承认与不法：作为正义公设的惩罚？"，页 228。

❸ 参见：*GPhR* §100，《法哲学原理》，页 126 – 127。［中译者按］参见中译本，页 103。

❹ *GPhR* §97，《法哲学原理》，页 123。［中译者按］参见中译本，页 100。

在泽尔曼看来，想要理解这种主张，"只有将黑格尔对于法权的理解作为出发点，即将法权理解为自由和平等人格的相互承认中的普遍关系，这种理解是黑格尔从费希特那里借鉴来的，并进行了一些修正。"❶ 泽尔曼对这种主张做了如下阐述：

> 鉴于……（根据黑格尔）承认是一种相互制约的关系，违法者本人就从他/她自己那里撤回了这种承认。因而，惩罚只不过是 [117] 表明了违法者他/她自身所引发的情状，借此，为了创造以平等为基础的法律关系，惩罚就降低了违法者的可在物理上可以观察到的法律地位。❷

因而，基于承认的主张也不能被理解为，惩罚好像能通过由罪犯作出的拒绝承认的犯罪行为而获得正当化，因为人们恰恰可以基于这种对承认的拒绝而射杀罪犯。这种罪犯就像是一个危险的动物，任何人都能不经特定程序——不经法律裁判而杀死他。这是费希特思想实验中的情形，黑格尔在另一段话中也隐约地提到这一点。❸ 然而，基于承认的主张意味着，惩罚的目标是强迫违法者将受害者作为平等主体予以承认：惩罚的目标是确立（用泽尔曼的话）"以平等为基础的法律关系"❹。这就意味着伴随惩罚而来的对罪犯的羞辱，应当只是短暂的。因而，惩罚不能自在地正当，而只能基于其目标而正当。如果报复想要在此起作用的话，也只能作为矫正的手段起作用。

---

❶ Seelmann，"相互承认与不法：作为正义公设的惩罚？"，页 230。

❷ Seelmann，"相互承认与不法：作为正义公设的惩罚？"，页 320。

❸ 费希特的思想实验可见于 GNR I/4 59。Fichte，《自然法权基础》，页 226。[中译者按] 参见中译本，页 260。更多关于费希特思想实验的论述，可参见：Lazzari，"Eine Fessel"，页 173–186。黑格尔隐约地提到了它，参见：GPhR §100，《法哲学原理》，页 126。[中译者按] 参见中译本，页 103。

❹ Seelmann，"通过对犯罪人自相矛盾行动的论证所作的刑罚合法性研究"，页 320。

在人们接受以这种方式重构的基于承认的主张之前，必须注意到，这种基于承认的主张在这段话中没有任何基础；泽尔曼并未证实这种主张同《法哲学原理》§97 之间的关系。❶基于承认的主张在对法的侵害的虚无中，看到了"相互制约的关系"的瓦解。❷至少，对法而言，在"伦理生活"部分对其作出规定的论述中，不可能出现这种情况。在§218 中，黑格尔写道：

> 因为在市民社会中所有权和人格都得到法律上的承认，并具有法律上的效力，所以犯罪不再只是侵犯了主观的无限的东西，而是侵犯了*普遍事物*，这一普遍事物自身是具有固定而坚强的实存的。❸

[118] 在这段论述中，法所获得的法律上的效力，不再取决于个人作出的承认。如果犯罪不被"第二种强制"（second coercion）取消，就会成为一种可能质疑法的效力的先例。❹在此情形下，不仅罪犯的法律地位——如费希特所言——会有危险，所有人之间的法律关系——如费希特所言——也会有危险。此外，犯罪并不必然意味着罪犯拒绝承认法律人格。在§95 的"附释"部分，黑格尔提醒我们，对人格的法律能力的否定仅仅表明了犯罪的"种种形态"。他提到了"进一步的发展……和……进一步的形态"，例举了"伪证罪"和"仿造，伪造，等等"，还例举了其他并不是直接反对个人而是反对国家的犯罪。此外：

---

❶ 它既没有在"通过对犯罪人自相矛盾行动的论证所作的刑罚合法性研究"一文中得到证实，也没有在"相互承认与不法：作为正义公设的惩罚？"一文中得到证实。

❷ Seelmann，"通过对犯罪人自相矛盾行动的论证所作的刑罚合法性研究"，页 320。

❸ *GPhR* §218，《法哲学原理》，页 250。［中译者按］参见中译本，页 228。

❹ *GPhR* §93，《法哲学原理》，页 120。［中译者按］参见中译本，页 96。

这些形式中的实体性东西就是普遍物，在它进一步的发展和形态中也依然如此，因而对它的违反在概念上也仍然是犯罪。❶

在此，首要的是，犯罪的"虚无"能以另外一种方式得到解释。在黑格尔看来，"暴力或者强制在它的概念中就直接破坏了自己，因为作为意志的表示，它扬弃了……意志的表示或定在。"❷犯罪的虚无取决于意志自身在犯罪中遭到破坏。因而，根据黑格尔，犯罪存在于自我否定之中，而不是存在于对相互性的破坏之中。

5.2.3　一种综合的惩罚理论

另一种双重的客观和主观的惩罚根据也是以康德刑法［理论］为原型提出的：即一种综合理论（见本章5.2.1部分）。这种综合惩罚理论包含报应主义和一般威慑理论，它们组成了惩罚的根据。以这种方式，莫尔希望找到"一种理论工具，它做了对于当今综合理论这一主张之基础而言十分有益的预备工作"。❸在莫尔看来，《法哲学原理》将［119］惩罚——作为一种制度——的报应主义原理与关于惩罚力度的一般威慑的规定结合起来。❹

这种解读在"伦理生活"（尤其是§218）中发现了威慑理论的元素，而报应主义因素则位于"抽象法权"中。因而，它颠转了那种将康德刑法［理论］视为综合理论的解读，而根据

---

❶　*GPhR* §95，"附释"，《法哲学原理》，页122。［中译者按］参见中译本，页98。

❷　*GPhR* §92，"附释"，《法哲学原理》，页120。［中译者按］参见中译本，页96。

❸　Mohr，《不法与惩罚》，页122。

❹　Mohr，《不法与惩罚》，页122；亦参见本章5.1部分。

这一解读，威慑理论将会使作为一种制度的惩罚正当化，而报应理论则为惩罚的力度提供根据。如果康德和黑格尔都是真正的综合理论论者，那么，黑格尔就是他们中唯一为惩罚自身的存在提供报应主义根据的学者。

但综合式的解读不得不自问如下问题，这就是，其理论的各部分是否能够做到相容。在此不妨回忆本书第 2 章中的结论：对康德的观念，众所周知，人们无法避免如下两个方面之间存在的矛盾，这就是，一方面要依据一般威慑执行惩罚；另一方面，绝对命令的适用又要求我们，不能仅仅将罪犯中的人性当作手段而只能当作目的。与报应主义综合在一起的一般威胁并不只是关注于惩罚的威胁。康德所隐含的（有争议的）假设提出，单凭惩罚的威胁不会只将人当作手段，因为，如果仅仅是威胁，则只要人们没有犯罪，他就不会受伤害。无论谁犯了罪，他也不会依据一般威慑要求的力度受到惩罚，而是按照报应主义所要求的力度受到惩罚。因此，只有惩罚的威胁，而非惩罚本身，才能通过一般威慑获得正当化。这样，惩罚的存在及其力度就是以纯粹的报应主义方式为基础的。这是因为，康德不允许用报应主义之外的方式规定惩罚的力度。在他的笔下，非报应主义力度的惩罚威胁不允许在执行惩罚时导致一种非报应主义的惩罚力度，否则便与绝对命令相矛盾。因此，综合理论的解读，只是表面上看起来是一种综合理论，实际上依然是一种报应主义的惩罚根据。

那么，在黑格尔的被宣称是综合的理论中，这一切又会怎样？对莫尔来说，§218——连同它的一般威慑的特征——是"关于惩罚分配的进一步的关联立场，它是由［120］黑格尔首先在其市民社会理论中添附于他的惩罚观念之上"。[1] 综合理论的可能性假定，这种立场与所谓的基于"抽象法权"的报复是相容的。至于康德意指的报复，显然不属于这样的情况。

---

[1]　Mohr，《不法与惩罚》，页 118。

在黑格尔看来，危险与法律应当具有的"内在的……固定而坚强的""实存"相关，即与对法律的服从相关。❶犯罪越是危及对法律的普遍服从，遭受的惩罚就越严厉。如果没有国家，按照定义，危险就会是"无限的"，并且，复仇也就必定与危险一样，同样是无限的。❷ 如果"社会的权力变得对自身有信心"，惩罚就能也应当变得温和。这种关于惩罚的定义，将威慑再次犯罪视为惩罚的目标。按照黑格尔的观点，人们无法发现任何报应主义，除非将报应主义的定义想象地如此宽泛，以至于犯罪与惩罚之间的均衡性或等同将会达至危险与惩罚之间的等同。但这样的话，报应主义实际上就会无法与威慑命题区分开来了。

因此结论就是：正如被认为是假定的康德的综合理论那样，黑格尔的综合惩罚理论也不太可能是一种真正的综合理论。康德式综合理论在根本上是报应主义的；黑格尔的综合理论最终也只是一种威慑理论。

5.3　对报应主义解释的异议

如果人们能发现，在黑格尔的惩罚理论中，既没有双重根据，也没有综合理论，而只有一种要么是依据报应主义、要么是依据威慑理论的客观解释，则报应主义理解看起来就是可能的。这是一种传统的，并且最受支持的理解。但现在，古典报复原则与黑格尔的法权概念之间的相容性证明，这种理解至少在两方面存在问题。

---

❶　*GPhR* §218，《法哲学原理》，页 250。［中译者按］参见中译本，页 228。

❷　*GPhR* §218，"附释"，《法哲学原理》，页 250 – 251。［中译者按］参见中译本，页 228 – 229。

5.3.1 黑格尔对报复法则的批判不只是关注它 在字面上的适用

[121] 黑格尔在第 1 段话提及了报复理论，它的出现只涉及否定之否定的主张，❶ 以及只涉及在判断否定之否定时所考虑到的犯罪的质和量：

> 对犯罪的扬弃是**报应**，因为从概念上来说，报应是对侵害的侵害，又按照定在说，犯罪具有在质和量上的一定范围，从而犯罪的否定，作为定在，也同样具有在质和量上的一定范围。❷

随后黑格尔立即表达了对古典报复的反对，认为它是"侵害行为特种性状上的等同"。黑格尔写道："这一基于概念上的同一性（犯罪与报应），并不是侵害行为特种性状的等同，而是侵害行为自在地存在的性状的等同，即价值的等同。"❸黑格尔在"附释"中阐明了"这一基于概念上的同一性"或者"侵害行为特种性状的等同"可能具有的意思：

> 单从这种外在的种的形态（种的等同）看来，一方面盗窃和抢劫，他方面罚金和监禁刑等之间存在显著的不等同，可是从它们的价值即作为侵害的它们普遍的性质看来，

---

❶ *GPhR* §93、§97，《法哲学原理》，页 120 – 121，页 123。[中译者按] 参见中译本，页 96，页 100。

❷ *GPhR* §96，《法哲学原理》，页 122 – 123。[中译者按] 参见中译本，页 99。

❸ *GPhR* §101，《法哲学原理》，页 127。[中译者按] 参见中译本，页 104。

彼此之间是可以比较的。❶

因而，黑格尔声称用来作为支撑的单纯的"报复"（Wieder-vergeltung），只是对侵害的侵害。

有解读者认为，黑格尔的批判只是针对古典报复理论的字面上的适用。在这些解读者看来，可对黑格尔的批判做如下归纳："在外在性的领域中，不可能有什么绝对规定"；"在有限性的天地中，绝对规定不过是一种要求，必须由理智经常对它设定更多的界限……但只是永远接近满足而已。"这方面的批判无疑解释了在规定刑罚的"种的等同"方面［122］的"不可克服的困难"（尤其是心理学还要援引感性冲动的强度以及与之相关的、或是恶的意志在比例上的更大强度，或是一般意志的自由在比例上的更小强度——就看你喜欢哪一种）。❷

但如果完整地理解黑格尔针对古典报复主义的批判，就一定要特别考虑他的主张的后半部分：

> 如果我们不仅忽略有限性的本性，而且完全停留在抽象的种的等同性上，那么，当规定惩罚的时候，不仅会遇到不可克服的困难……而且，根据这种观点，很容易指出惩罚的报应方面的荒诞不经（例如，以窃还窃、以盗还盗、以眼还眼、以牙还牙，同时我们还可以想象到行为人是个独眼龙或者全口牙齿都已脱落等情况）。但是，概念与这种荒诞不经根本无关，它应完全归咎于上述那种犯罪和刑罚之间种的等

---

❶ *GPhR* §101，"附释"，《法哲学原理》，页 129。［中译者按］参见中译本，页 106。

❷ *GPhR* §101，"附释"，《法哲学原理》，页 128。［中译者按］参见中译本，页 105。"在有限性的天地中"一句在该中译本中被翻译为"在无限性的天地中"。

同性的主张。❶

荒诞不经不在于一种错误的、字面上的规定，而在于"以其人之道还治其人之身"这一格言，因而在于这一种的等同或报复法则，它与黑格尔的否定之否定原则形成了对比。❷

应当注意的是，在此语境中，黑格尔一开始并没有将对法权概念的哲学规定归咎于这一古典报应主义的格言。他在§101中写下了如下"附释"：

> 在普通科学中的某一规定的定义，这里是惩罚的定义，应求之于意识的心理经验中的一般观念。如果这里也采用这种方法，就会显得民族和个人对犯罪的一般感情现在和过去都主张应对犯罪处以惩罚，即以其人之道还治其人之身。❸

普里莫拉茨坚持认为，这种"对等"的"态度"正是"关于惩罚"的对等。他评论说："在这一点上，黑格尔相信，常识是正确的，哲学不得不［123］遵循常识的判断。"❹ 然而，这一点遭到了如下事实的反驳，这就是，黑格尔一次又一次地或者将常识哲学与纯粹的知性科学严格区别开来，或者明确表示要对二者进行区分。在他对常识和知性科学的批判中，有一点认为，它们已经陷入到矛盾之中，并且，想要化解这种矛盾是徒劳的，因为它们在哲学上无法消除。在有关犯罪的段落中，黑格尔又谈道：

---

❶ *GPhR* §101，"附释"，《法哲学原理》，页128。［中译者按］参见中译本，页105。

❷❸ *GPhR* §101，"附释"，《法哲学原理》，页127。［中译者按］参见中译本，页105。

❹ Primoratz，"班柯的鬼魂：黑格尔惩罚理论"，页37。

不可思议的是，把一般观念作为从中取得它们各种规定的来源的那些科学，怎么会在其他场合接受与这种所谓普遍的意识事实相矛盾的命题。❶

黑格尔有可能想要借此指代"如预防说、威慑说、威胁说，矫正说等各种不同的惩罚理论"，这些理论在有关惩罚原理的阐述中以"祸害的这种浅近性格"为前提。❷对于这些理论，黑格尔进行了严厉批判：

> 如果采取了上述肤浅的观点，就会把对正义的客观考察搁置一边，然而这正是在考察犯罪时首要的和实体性的观点。这就自然而然地产生下面的结果：道德上的观点即犯罪的主观方面变成了本质的东西，而这种犯罪的主观方面是跟一些庸俗的心理学上的观点相混杂的。❸

我的讨论是在如下假定下展开的，即黑格尔在 §101 "附释"中批判的矛盾"主张"正是我之前描述的那些理论，因为它们和报应主义在当时已经成为惩罚理论中两种占主导地位的理论：惩罚或者因为已然之罪（报应主义）被施加，或者是为了什么而被施加（矫正，抑或一般或特殊的威慑；都遵循一种结果主义的意图）。有时，它们被作为"回顾性"理论和"前瞻性"理论而被分别加以提及。

黑格尔提出了与他反对各种结果主义的惩罚理论相一致的观

---

❶　GPhR §101，"附释"，《法哲学原理》，页 127。［中译者按］参见中译本，页 105。

❷　GPhR §99，"附释"，《法哲学原理》，页 124 – 125。［中译者按］参见中译本，页 101。

❸　GPhR §99，"附释"，《法哲学原理》，页 125。［中译者按］参见中译本，页 101。

点，借此反对报应主义，这就是，认为它们都依赖于常识，都是主观的基础原理，并且彼此矛盾。

[124] 众所周知，每当知性理论（theory of understanding）彼此矛盾，争议看似无法化解之时，黑格尔的"理性科学"就存在于对这些矛盾的扬弃（aufheben）之中。❶在这种扬弃中，这些对立的理论证明自身只是部分洞见了相关概念。在惩罚问题中同样如此，黑格尔在《法哲学原理》中正是依据这种方法展开的。报应主义与结果主义都被他明确归类为对惩罚概念的部分洞见，因此，基于它们都宣称自身为惩罚提供了根据，它们也就曲解了惩罚的概念。黑格尔如此谈及结果主义的惩罚理论，

> 关于作为现象的惩罚、惩罚与特种意识的关系，以及惩罚对人的表象所产生的结果（威慑、矫正，等等）的种种考虑，固然应当在适当的场合，尤其在考虑到刑罚方式时，作为本质问题来考虑，但是所有这些考虑，都以假定以刑罚是自在自为地正义的这一点为其基础。在讨论这一问题的时候，唯一重要的是：首先犯罪应予扬弃，不是因为犯罪制造了祸害，而是因为它侵害了作为法的法；其次，犯罪所具有的这样一种实存，也应该予以铲除。❷

关于报应主义，黑格尔论述道："正是这种内在同一性在外界的反映，对理智来说显得是等同的。"❸ 然而，在此，"内在同一性"意指对侵害的侵害；"等同"意指古典报复。

---

❶ 参见：例如黑格尔的《哲学百科全书》（*Encyclopedia of the philosophical sciences*）§36 的"补充"部分。

❷ *GPhR* §99，"附释"，《法哲学原理》，页125。［中译者按］参见中译本，页102。

❸ *GPhR* §101，"附释"，《法哲学原理》，页128。［中译者按］参见中译本，页105。

在转而探究黑格尔是如何化解关于惩罚概念的理论对立之前，我发现有一种与某些解读者的假定相矛盾的论点，这就是认为，古典报复理论和黑格尔的刑法理论是相容的，这一点引起了我的关注。

5.3.2　否定之否定并非报复

前述"否定之否定"并不被理解为对立元素的否定，也就是说，不被理解为如同 A 是¬ A 的否定，并因此是¬ ¬ A 一样。对黑格尔而言，否定之否定乃是否定之扬弃［125］，即对强制的扬弃。并非¬ A，而是 A。然而，A 不是绝对的，而通过对否定的扬弃获得效力。

自然地，通过否定之否定，¬ A 被否定了。但对¬ A 的否定并不意味着是对否定在整体上的否定。如此一来，法要求否定否定自身，并因此要求惩罚不能导致暴力。惩罚是一种特别的否定，实际上在一般意义上使这种否定行为终止。

这与古典报应——依据它，以其人之道还治其人之身——有何关联呢?❶ 罪犯已经否定了他/她的受害者的人格（A）：¬ A。使罪犯对受害者犯下的发生在罪犯自己身上，这意味着对罪犯人格（B）的否定：¬ B。¬ A 与¬ B 之间的关系自然是，B 实施了行为¬ A。经由¬ B，¬ A 实际上被否定，但 B 也被否定了。因而，¬ B 也就被否定了。换言之，谁都有责任确保，［因为］罪犯所犯下的［罪行］而发生在他/她自己身上的，也就是罪犯所犯下的。因而，罪犯犯下的也应当发生在他/她自己身上（无论是谁都有责任）。报复只是复制了否定，而不是扬弃了它。黑格尔以如下方式表达了这一点：

---

❶　*GPhR* §101，"附释"，《法哲学原理》，页 127。［中译者按］参见中译本，页 105。

> 在法的直接性这一领域中，对犯罪的扬弃首先是复仇，由于复仇就是报应，所以从内容上来说它是正义的……复仇由于是特殊意志的肯定行为，所以是一种新的侵害。作为这种矛盾，它陷于无限进程，世代相传以致无穷。❶

很显然，黑格尔从否定之否定与古典报复理论之间的对立中，得出了如下结论：

> 要求解决这种矛盾（存在于对犯罪的否定与犯罪的增加之间），就是要求惩罚的正义而非复仇的正义。首先，这里存在这样一种对意志的要求，即虽然是特殊的主观意志，可是它希求着普遍物本身。❷

[126] 对这段话进行一般意义上的解读包含着将此理解为一种单纯的要求，即要求裁判的公正，避免有私心的——并因而是不公正的——私人正义的危险。但这意味着一种不可接受的剥夺。因为即便这种私人正义致力于公正，黑格尔提出的问题也依然存在。问题在于，受害者"将［他/她］的无限性置于任何侵害之中，侵害的发生以及他们的正义因而不是偶然的。"在这句话中，黑格尔并没有否认复仇行为的正义性。他写道，复仇的"内容"在"构成报应的限度之内"，并且他谈到了"［它的］正义"。❸因而，这句话就与滥用惩罚的危险无关，而与要被恢复原状的法有关。

不论复仇中双方立场如何对立，他们都被视为意志的定在

---

❶ *GPhR* §102，《法哲学原理》，页130。［中译者按］参见中译本，页107。复仇的进程在 §102 的"补充"部分得到说明，它受到责难："永恒的""复仇"存在于"野蛮人"之中，作为复仇以及对复仇的复仇而自我繁殖，世代相传。

❷ *GPhR* §103，《法哲学原理》，页131。［中译者按］参见中译本，页108。

❸ *GPhR* §103，《法哲学原理》，页130。［中译者按］参见中译本，页108。

（Dasein），因而被允许要求人格权，国家中的每个人都服从于法律，国家内在地包含关于普遍物的客观的法。在法律面前，人只拥有人格的主观上的法，这意味着——例如——国家不被允许任意地处置他/她。结果便是，作为法被恢复原状的，在复仇的情形中是罪犯的人格，而在惩罚的情形中则是法律的有效性。❶

受害者的人格没有直接包含罪犯的人格，但无论如何，根据定义，法律都承认共同体中所有成员的人格。黑格尔谈及国家惩罚的正义："不是受害方，而是受到侵害的普遍物使得它显现出来。"他将主观的并且是偶然的复仇同惩罚进行了对照：

> 从客观的方面说，这种调和适用于法律，由于犯罪的扬弃，法律本身恢复了原状，从而有效地获得实现。从主观的方面说，这种调和适用于罪犯，即跟他所知道的、保护他的和对他有效的法律的调和。因此，当法律对他如此执行时，他本身就在这一过程中找到正义的满足，并且看到这只是他自己的行为。❷

[127] 黑格尔所称的"报应"（Wiedervergeltung）是"对侵害的侵害"，因而，不应将它与古典报应主义中的报复（Wiedervergeltung）相混淆。❸

那么，在惩罚力度上，个体人格（或个人团体的人格）的恢复原状与法的恢复原状之间也会出现不同。法的恢复原状是对它的有效性的再确认，这是完全可行的。相反，个体意志的定在先于犯罪而存在，它的恢复原状只在某些场合才有可能。这些情

---

❶ 如下文献中缺乏这种区分：Axel Honneth，《为承认而斗争：社会冲突的道德语法》（*The struggle for recognition: the moral grammar of social conflicts*），Joel Anderson 译，Cambridge, Mass.: MIT Press, 1996，页 21。

❷ *GPhR* §220，《法哲学原理》，页 252。［中译者按］参见中译本，页 230。

❸ *GPhR* §101，《法哲学原理》，页 127。［中译者按］参见中译本，页 104。

形在《法哲学原理》的§98中得到了讨论："扬弃造成损害的侵害便是给被害人以民事上的满足，即损害赔偿，如果可以找到这种补偿的话。"❶ 但在大多数场合，根本找不到补偿。并且，即便是在有可能找到补偿的场合，"侵害的肯定的实存"，亦即"罪犯的特殊意志"也依旧没有受到影响：罪犯能提供全部的补偿，而同时仍然保有他/她的犯罪意图。❷

有些作者不仅通过一般性地援引相互性，而且还通过其他方式来为古典报复原则提供辩解。例如，汉普顿（Jean Hampton）就提出了一种解释，在他看来，复仇法的目标是，永久性地破坏了罪犯要求获得超越于受害者之上的至上地位的主张。根据这一观念，受罪犯侵害而成为独眼的受害者就可以挖出罪犯的眼睛，因为只有这样才能消除罪犯通过不法所获得的优先性。对于这种以及类似解释的合法性，我们还需要给出回答（汉普顿则拒绝这样做）。应当牢记的是，黑格尔并没有提出这样一种关于古典报复理论的解读。❸ 在这方面，他采用了一种具有象征意义的解读："正是这一种内在同一性在外界的反映，对理智来说显得是等同的。"在复仇中，法的恢复原状不可能真正的发生，因而只是象征性地发生，亦即，作为一种复仇法则，作为种的等同："以盗还盗，以眼还眼，以牙还牙。"❹

[128] 上述"惩罚"的"荒谬"在于，它们无关乎法的恢复原状，无关乎强制的终止，更无关乎妥协——包括与罪犯的妥协。相反，这些惩罚并未将罪犯作为自由的实存而对待。只有罪犯成为共同体的成员，保留罪犯人身中的意志实存这一点才会成

---

❶ *GPhR* §98，《法哲学原理》，页124。[中译者按] 参见中译本，页100。

❷ *GPhR* §99，《法哲学原理》，页124。[中译者按] 参见中译本，页101。

❸ 参见：John Kleinig，"惩罚与道德严肃性"（Punishment and moral seriousness），载《以色列法律评论》（*Israel Law Review*），25，no.3，1991，页416。

❹ *GPhR* §101，"附释"部分，《法哲学原理》，页128。[中译者按] 参见中译本，页105。

为必要，并成为恢复他/她所从属的共同体——他/她的权利也在其中受到保护——原状的必要条件。强迫罪犯截肢对恢复法律的有效性来说并不必要，截肢还与自由民的共同体这一理念冲突。基于这种理由，截肢是"荒谬的"。❶

5.4 重构黑格尔关于惩罚的法律根据

在黑格尔那里，惩罚的根基在于确认惩罚是法的必然性。在规范上对惩罚进行重构的基础，就是"第二种强制"或"对原始强制的扬弃"（之后我们会揭示如何理解这一点），"不只是附条件地合法的，而且是必然的。"❷因而，惩罚不但自身符合法，而且，没有惩罚就没有法。与之相对，原始强制是"违反法"的。黑格尔关于惩罚的根基［理论］，并没有将惩罚的权威从惩罚的义务中分离出来。一开始，它就没有试图首先表明惩罚有可能会发生，并接着表明在此之后惩罚应该发生，而是同时完成了这两项任务。

黑格尔以如下方式证实了这种必然性："由于强制在它的概念中自己破坏自己，它在强制被强制扬弃中获得其实在的表现。"❸强制在概念上的自我破坏这一命题，并未被视为一项物理命题。例如，它并不涉及强制在物理上的自我破坏，而涉及强制"是不法的"。❹ 对法的反对就如同法律上［129］的不可能性这

---

❶ GPhR §101，"附释"，《法哲学原理》，页 128。［中译者按］参见中译本，页 105。

❷❸ GPhR §93，"附释"，《法哲学原理》，页 120。［中译者按］参见中译本，页 97。

❹ GPhR §92，"附释"，《法哲学原理》，页 120。［中译者按］参见中译本，页 96。

一概念。❶ 强制破坏自己，意味着强制"理所应当"是不可能的，或者无法与法的概念相容。在自我破坏中，必须区分两种要素：（1）强制遭到破坏；（2）它通过自我遭到破坏的方式实施这种破坏。第一强制被第二强制扬弃；在此重要的是认识到，它只是被强制所扬弃，而不是被别的东西所扬弃。

另一方面，对不法的强制也将自己与自己造成的侵害区分开来，即与"恶"或"损害"区分开来，因为，"当对法所施加的侵害发生时，这种侵害具有肯定的外在的实存，但是这种实存在本身中是虚无的。"❷ 即便这种侵害作为强制的结果有物理上的实存（作为损害），但在法中根本不具有任何实存。这种侵害并非遭到自己的破坏。

强制的自我破坏与损害的外在破坏的区别，以强制（在法之中的）"扬弃"与损害（在法之中的）"虚无"这种区别的形式显示出来。❸ 众所周知，矛盾之扬弃（Aufhebung）是黑格尔辩证法的核心概念，它不仅意味着破坏可能包含矛盾的东西，还同时从中保存了某些东西。因而，某些东西从强制那里通过它的破坏而得到保存。接下来，我们务必注意这一点。

许多解读者不知道应当如何理解强制的自我破坏，因而将之视为无意义。这种理解力的缺乏是因为忽略了自我破坏这一命题赖以存在的前提。为了观察德文原文中的语法结构——这也是我强调的，我将会给出黑格尔《法哲学原理》的原始文本：

---

❶ 这一点比法律体系的公信力和世俗政权的诚实更为关键。David Cooper 认为，这是黑格尔的核心论据。David Cooper，"黑格尔的惩罚理论"（Hegel's theory of punishment），载 Zbigniew A. Pelczynski 编，《黑格尔的政治哲学》（Hegel's political philosophy），Cambridge：Cambridge University Press，1971，页 151–167。

❷ GPhR §97，"附释"，《法哲学原理》，页 123。［中译者按］参见中译本，页 100。

❸ GPhR §93、§97，《法哲学原理》，页 120，页 123。［中译者按］参见中译本，页 97，页 100。

由于意志只有达到定在的时候才是理念，才是现实地自由的，又由于意志体现于其中的定在是自由的存在，所以，暴力或强制在它的概念中就自己直接破坏了自己。

[130] *Weil* der Wille, nur insofern er Dasein hat, Idee oder wirklich frei und das Dasein, in welches er sich gelegt hat, Sein der Freiheit ist, *so* zerstört Gewalt oder Zwang in ihrem Begriff sich unmittelbar selbst. ❶

在此——实际上整部《法哲学原理》——的基础性前提是，自由意志一定要得到发展，并且这种发展就是黑格尔所谓的"法"。在此，记住《法哲学原理》"导论"段落中的一些核心论述就够了："法哲学这门科学以法的理念，即法的概念及其现实化为对象。"❷

法的基地一般来说是精神的东西，它的确定的地位和出发点是意志。意志是自由的，所以自由就构成法的实体和规定性。至于法的体系，就是实现了自由的王国。❸

还有，"一般而言，任何定在只要是自由意志的定在，就叫做法。所以法一般就是作为理念的自由。"❹在黑格尔那里，法扮演的角色就如同绝对命令在康德那里扮演的角色：法治状态的建立是一种必然。

法理念所要求的自由的定在存在于个体身体、生命以及财产

---

❶ *GPhR* §92。原始文本见于 Hegel,《法哲学原理》(*Grundlinien der Philosophie des Rechts*)。《法哲学原理》，页 120。[中译者按] 参见中译本，页 96。

❷ *GPhR* §1,《法哲学原理》，页 25。[中译者] 参见中译本，页 1。

❸ *GPhR* §4,《法哲学原理》，页 35。[中译者按] 参见中译本，页 10。

❹ *GPhR* §29,《法哲学原理》，页 58。[中译者按] 参见中译本，页 36。

的"抽象法权"之中。黑格尔注意到：

> 自由意志自在自为地无法被强制，除非**它本身不从其所**
> **受拘束的外在性**或不从其对这种外在性的表象撤退出来。只
> 有**自愿被强制**的意志才能被强制成为某种东西。❶

应当注意到，"自由意志"一定想要允许自身受到罪犯的强
制，因为根据法的理念，它必定有一种定在：依据法，它无法从
外在物中撤退出来。法禁止受害者为了躲避罪犯的强制而从斯多
葛主义者退回到内在性中。

在"伦理生活"部分，不是个体而是国家展示了自由意志
的最高定在。但刑法在抽象法权中的基础不仅适用于直接受害者
[131] 是个体的罪犯，也适用于直接受害者是国家的罪犯。❷ 个
体的身体、生命以及财产都是自由意志的定在。因而，罪犯的身
体、生命和财产正如受害者的身体和生命一样，是自由意志的定
在。因而，§92 中的自我破坏应当这样来理解：

(1) 人们必须将自我破坏理解为与法相抵触的东西的必然
破坏这一命题。由于法的实现是一种必然，并且伴随
法的实现，受害者的人身、生命和财产中的自由意志
的定在也是一种必然，因此，作为侵害这种定在的尝
试，犯罪只能走向失败，并导致强制的实施以反对
罪犯。

(2) 自我破坏必须被理解为罪犯的自由意志与受害者的自

---

❶ *GPhR* §91，《法哲学原理》，页 119 – 120。[中译者按] 参见中译本，页
95 – 96。关于财产，参见：*GPhR* §90（"财产"）（页 119）以及 §91（"他的身体以
及其他外在方面"）。

❷ *GPhR* §95，"附释"，《法哲学原理》，页 122："下节所考察的规定也与特
殊的被进一步规定了的内容有关，这种内容见于例如伪证罪，国事罪，伪造和仿造
等。"[中译者按] 参见中译本，页98。

由意志具有同一性这一命题。罪犯强制或破坏存在于受害者身上的自由意志的定在，并由此强制或破坏他/她自己，因为罪犯自身的定在也是自由意志的定在。

上述两种方式相互联系，因为法必须使它的定在存在于每个人身上，这样，对法而言，罪犯的人格和受害者的人格便是平等的。在黑格尔看来，拒绝承认所有其他人的人格，意味着对这种承认予以否定的人表现出了一种不一致：一方面，一个人意志中的普遍原理与其他人意志中的普遍原理是同一的；另一方面，这种普遍性又与它不相容。它的特殊意志与它的普遍意志将会彼此分离。这意味着，不承认他人人格地位的人，缺乏一种基础——在此基础上，他/她能确立自身作为人的地位。根据黑格尔，如果在一个社会，只有一部分人的人格得到承认（例如，埃及或古希腊），则在这个社会中，人格就只是一种偶然的东西。

因而，法的必然性要求强制的自我破坏。只要这种要求没有得到实现，它就仍然会"被抽象地对待"（被抽象地理解）："暴力或者强制在它的概念中就直接破坏了自己。"［132］在黑格尔看来，惩罚是强制在概念上的遭到破坏的"实在表现"。❶法的必然性，意味着要求法实现自身，因为它必须实现自身。法的必然性要求"通过强制扬弃强制"。❷ 黑格尔也将法的要求的实现或实施称为这一要求的"显现"；"惩罚……是犯罪的显现"。❸

强制怎么能扬弃强制呢？黑格尔针对强制给出了如下定义：在外在物中，意志"可能无条件地受到暴力的支配或者被强迫作出某种牺牲、某种行为，以作为保持某种占有或肯定存在的条件。这就是对它实施强制"。❹ 强制具有三个方面：

---

❶ *GPhR* §93，《法哲学原理》，页 120。［中译者按］参见中译本，页 97。
❷ *GPhR* §92，《法哲学原理》，页 120。［中译者按］参见中译本，页 96。
❸ *GPhR* §97，《法哲学原理》，页 123；§101，"补充"部分，《法哲学原理》，页 129。［中译者按］参见中译本，页 100，页 106。
❹ *GPhR* §90，《法哲学原理》，页 119。［中译者按］参见中译本，页 95。

（1）是施加于人身上的暴力；

（2）是为了使人作出不同的行为或作出某种牺牲；

（3）通过作出这种行为或作出牺牲，而成为保存他/她的人身、生命或财产的先决条件。

无论如何，§92 中的自我破坏都与强制和纯粹的暴力有关，并且，"原始的"强制，即不法的强制（犯罪），既可以是强制，也可以是暴力。❶ 在§93 中黑格尔仅仅提到通过强制扬弃强制，并且，由于§93 的"附释"中提到强制，强制便扬弃了暴力。他既没有提及通过暴力扬弃强制，也没有提及通过暴力扬弃暴力。按照只是作为痛苦的暴力的定义，经由暴力的扬弃明确地被黑格尔通过对克莱因（Ernst Ferdinand Klein）的批判排除在外。克莱因将惩罚的概念视为祸害对祸害的任意性扬弃：

> 如果把犯罪及其扬弃（随后被规定为惩罚）视为仅仅是一般祸害，于是单单因为已有另一个祸害存在，就要采用这一祸害，人们或许会认为这种说法是相当不合理的。❷

［133］从中至少可以推出三个结论：

（1）如果罪犯不允许他/她自己遭到强迫，那么，通过施加于罪犯之上的强制来扬弃强制的可适用性依然存在疑问。我们之后再回到这一问题上来。

（2）死刑显然不是"强制"罪犯，也就是说，没有使罪犯作出某种行为或某种牺牲，而只是施加暴力以反对他/

---

❶ 参见：*GPhR* §93，"附释"部分，《法哲学原理》，页 120 中的"第一种强制，或者至少是暴力"。［中译者按］参见中译本，页 96。

❷ *GPhR* §99，《法哲学原理》，页 124。［中译者按］参见中译本，页 101。关于克莱因，黑格尔参阅了 Ernst Ferfinand Klein，《德国与普鲁士所有刑法的基本原理》（*Grundlinien des gemeinen deutschen und preußischen peinlichen Rechts*），Halle：Hemmerde und Schwetschkt，1796，§9 - §10 部分。

她。黑格尔在死刑问题上的立场看起来并不一致。一方面，他坚称谋杀犯"必须要被处死。"❶ 不可否认，他认为，死刑应当适用于最严重的犯罪——这使贝卡利亚得到了他的称赞。黑格尔一直记得特定情形中——尤其是谋杀——中的死刑：

即使约瑟夫二世和法国人没有能够把死刑完全废掉，但是人们已经开始探究哪些犯罪应处死刑，哪些不应处死刑。因此，死刑变得越来越少了；作为极刑，它理当如此。❷

另一方面，他也的确发现了死刑的替代措施。惩罚必须强制罪犯，并且，死刑也完美地满足了某些希望被判处死刑之人的愿望，但黑格尔实际上也肯定允许一些替代性惩罚，哪怕对于谋杀罪也如此。在有关《法哲学原理》§99 的抄本中，有一段手写的评注提及："惩罚必须具有敏感性……即便是为了失去生命而犯谋杀罪——因而他们对死刑并不敏感；——那么惩罚还是会发生，只是被转变为监禁。"在《法哲学讲演》（*Lecture on the philosophy of right*）（1824～1825）中，他以某种更详细的方式谈道：

有些情况下，谋杀的发生是为了被判处死刑。谋杀犯这么做是出于厌世、对生命的蔑视，甚至是在一种宗教意义上……因而，死刑并不能够影响他，因为他已决意抛弃

---

❶　*GPhR* §101，"补充"，《法哲学原理》，页 129。［中译者按］参见中译本，页 106。

❷　*GPhR* §100，"补充"，《法哲学原理》，页 127。［中译者按］参见中译本，页 104。

生命，结果便是，监禁刑取代生命刑以影响罪犯的意志。❶

[134] 在《法哲学原理》中，找不到任何理由来反对为实施替代死刑的惩罚提供辩解。相反，固守死刑会产生另一种关于惩罚的定义，即导致（仅仅）通过暴力扬弃强制或（例如，在谋杀情形中）暴力。此外，这种新的定义将在某些方面与黑格尔的理论相冲突。我已提到他对克莱因的批判，他还批判了费希特考察过的一种刑罚理论。在他看来，通过暴力扬弃强制或暴力，相当于如下这一惩罚观念，即罪犯"只被视为危险的动物，而必须使之变成不危险的"。❷ 依据黑格尔，这种为费希特仔细思考过并予以拒绝的惩罚理论，不会把罪犯当作理性存在者来看待。基于此种理由，他就摈弃了它。

（3）强制在概念中的自我破坏以及通过强制而实在地扬弃强制，暗含着相同概念中的自我破坏以及实在的自我扬弃。这显然很容易使人得出如下结论，即自我扬弃或强制可能会成为支持报应主义的理由。但黑格尔实际上并没有这么做，相反，他提到暴力在概念中的自我破坏。❸ 此外，我们也看到，通过纯粹的暴力实现纯粹暴力的自我扬弃是不可能的，只有通过强制来实现对纯粹暴力的扬弃才可以想象。

尽管针对犯罪究竟是采取强制还是采取纯粹的暴力，仍然是一个问题，但重要的是通过强制实现对犯罪的扬弃。如我们所

---

❶ *PhR*，《法哲学讲演录》，页285。

❷ *GPhR* §100，"附释"部分，《法哲学原理》，页126。［中译者按］参见中译本，页105–106。

❸ 参见：*GPhR* §92，《法哲学原理》，页129："结果是，暴力或者强制在它的概念中就马上破坏了自身。"［中译者按］参见中译本，页96。

见，强制：（1）是施加于人身上的暴力；（2）是为了使人作出不同的行为或作出某种牺牲；（3）通过作出这种行为或作出牺牲，而成为保存他/她的人身、生命或财产的先决条件。如果这种定义适用于"第二强制"这一针对罪犯的强制，那么从上述 3 个原理中就可以得出 3 层含义。对犯罪的扬弃：（1）是一种祸害或暴力，它是针对罪犯进行的；（2）如此，罪犯便作出了某种不同的行为或作出了某种牺牲；（3）通过作出这种改变了的行为或作出这种牺牲，而成为保存他/她的人身、生命或财产的先决条件。

5.5　其他刑罚理论的整合

[135] 针对这种解读可能出现如下三种异议：首先，黑格尔对克莱因的惩罚观——认为惩罚是祸害的施加——的批判；其次，他对刑罚改造理论的批判；❶ 再次，他并没有就罪犯的矫正大做文章，至少在"抽象法权"中是如此。

前两种异议误解了黑格尔对克莱因的理论和对改造理论的批判。他的批判只针对那种将祸害和改造绝对化的做法。他说道：

> 如果把犯罪及其扬弃（随后被规定为惩罚）视为仅仅是一般祸害，于是单单因为已有另一个祸害存在，就要采用这一祸害，人们或许认为这种说法是相当不合理的。❷

---

❶　关于第 1 点和第 2 点，可参见：*GPhR* §99 和 §100 的"附释"部分。[中译者按] 参见中译本，页 101 – 103。

❷　*GPhR* §99，"附释"，《法哲学原理》，页 124。[中译者按] 参见中译本，页 101。

黑格尔的批判只是声称，作为惩罚根据的惩罚的目标，不是在罪犯身上施加一种祸害，尽管罪犯事实上已经在受害者身上施加了一种祸害。因为，他提到了"祸害的浅近性格"：祸害不是惩罚的主要目标，至多是其派生目标。至于改造理论，遭到抛弃的同样只是一种绝对化的改造。黑格尔写道：

> 关于作为现象的刑罚、刑罚与特种意识的关系，以及刑罚对人的表象所产生的结果（威慑、矫正，等等）的种种考虑，固然应当在适当场合，尤其是在考虑到刑罚方式时，作为本质问题来考察。但是，所有这些考虑，都以假定刑罚是自在自为地正义的这一点为基础。❶

至于矫正理论，它可以在"伦理生活"中明确地找到。黑格尔将"经由复仇的报应"与"真正的法的调和"对照起来："从主观的方面说，这种调和适用于罪犯，即跟他所知道的、保护他的和对他有效的法律的调和。"❷ 早在"抽象法权"中就谈到了对犯罪的扬弃："它同时是他自在地存在的意志，[136] 是他的自由的定在，是他的法。"❸ 作为正义的惩罚，是法——罪犯的自由意志的定在——的保证。因而，惩罚是罪犯拥有完整成员资格的先决条件。应当再度注意的是，对作为共同体之完全成员的罪犯的矫正，是以惩罚的正义性为前提的。因而，从这方面来讲，矫正也是惩罚的次级的、派生性的目标。

黑格尔的理论不属于绝对主义，他并未支持如下命题：惩罚是一种自在的善，并且因罪犯应受的惩罚而获得了正当化。在绝

---

❶ *GPhR* §99，"附释"，《法哲学原理》，页 125。[中译者按] 参见中译本，页 102。

❷ *GPhR* §220，《法哲学原理》，页 252。[中译者按] 参见中译本，页 230。

❸ *GPhR* §220，《法哲学原理》，页 126。[中译者按] 参见中译本，页 103，中译本中引文出现在《法哲学原理》§100 中，而非 §220 中。

对主义的惩罚理论中，惩罚仅仅根基于罪犯及其该当之中；如此一来，惩罚就只能被视为一种应得的痛苦。我们在康德的岛上民族的案例中发现了更好的证据，在该案中援用的惩罚的唯一根据是："这样一来，对他做的每一件事都是他的行为应得的。"❶在此我们不讨论这个例子在康德的权利理论中起到的作用。❷而仅仅满足于关注如下事实，即在黑格尔那里找不到类似例子。

黑格尔的惩罚理论完全地为惩罚指定了一个目标：扬弃犯罪。通过强制来扬弃犯罪有两种不同维度：历史的维度和未来的维度。

历史维度的扬弃犯罪显然不意味着可以挽回犯罪，即并不意味着好像什么都没有发生一样。在最大限度上，犯罪的某些结果能通过"以补偿为形式的民事上的满足（如果可以找到这种补偿的话）"而得到消除。在"损害达到毁坏和根本无法恢复原状"的程度时，"损害的普遍性状，即价值，就必须取代损害在质的方面的特殊性状。"❸在罪犯被强制进行民事上的改善的程度上，改善可以发生在通过强制扬弃犯罪的范畴之内。但黑格尔发现这方面的对犯罪的扬弃并不重要。民事上的改善对犯罪来讲是不特定的。在"权利冲突"中或在产生于民事法律的法律争议的情形中——假如没有任何刑罚元素——也经常［137］有补偿。❹刑法的形态并不存在于祸害或伤害之中。如我之前所言，黑格尔实际上断言了在伤害中有一种"肯定的外在实存"；但"这种实存本身是虚无的"，因为这种肯定的实存不包含自由的定在，而"只是其产物"。❺罪犯的主要目的不是伤害。他的主

---

❶ *RL* Ak Ⅵ：333。《实践哲学》，页474。［中译者按］参见中译本，页165。

❷ 参见：第1章1.3部分。

❸ *GPhR* §220及"附释"，《法哲学原理》，页124。［中译者按］参见中译本，页100。

❹ *GPhR* §84-86，《法哲学原理》，页117。［中译者按］参见中译本，页93。

❺ *GPhR* §97，§99；《法哲学原理》，页123，页124。［中译者按］参见中译本，页100-101。

要意图是在特殊的定在中——在外在的物中，在通过剥夺其他人而获得的更大自由中，等等——通过向另一种意志施加强制实现自身的自由。充其量罪犯会鲁莽地无视他可能造成的伤害。此处的补偿不能够与例如将所窃之物归还原主相混淆。因此就产生了如下问题，即如何评价故意破坏公物的行为以及其他仅仅想要实施破坏行为的犯罪。对这一异议的可能的回应，就是在这些情形中会发现罪犯的失望的意志，即没有达致他所设计的定在。不管它多么支持这种异议，对黑格尔而言，在任何情况下犯罪必定属于历史：侵害，既不是要回应受害者——他不再受到罪犯的强制——意志中的某些东西，也不是要回应罪犯——他具有其他的重要意图——身上的某些东西。

扬弃犯罪的未来维度是属于犯罪的特定维度。黑格尔注意到："侵害唯有作为犯人的特殊意志才具有肯定的实存。"[1] 于是，通过强制扬弃犯罪既能发生在犯罪实施期间，也能发生在它实施之后。

在犯罪实施期间发生的对犯罪的扬弃隶属于古典严格法（"抽象法权或严格意义上的法权"）中的强制法权。[2]首要的是，自我防卫属于这种在犯罪实施期间的对犯罪的直接扬弃。通过自我防卫，罪犯受到了强制。黑格尔提到了这种强制——尽管只是简略地提及，严格来说，这种强制既非（国家发动的）惩罚，也非（私人）复仇。[3] 这一点几乎没有争议。

犯罪的实存不仅是犯罪实施过程中的犯罪的目的或意图，也 [138] 是罪犯当下的和过去的意志。黑格尔给出了如下推断，即"罪犯的特殊意志"如果并未受到惩罚，便一直是犯罪意志。

---

❶ *GPhR* §99，《法哲学原理》，页124。［中译者按］参见中译本，页101。
❷ *GPhR* §94，"附释"，《法哲学原理》，页121。［中译者按］参见中译本，页98。
❸ 参见：*GPhR* §94，《法哲学原理》，页121。［中译者按］参见中译本，页97。

在 1818～1819 年《自然法与国家法讲义》（*Naturrecht and Staat-swissenschaft*）中，他明确写道：

> 根据表象，意志是单一物，也是普遍物——是暂存之物也是永恒之物。因而，行为的结果依旧存在，即便行为自己把自己隐藏起来。因而，无论谁，只要他行窃，他就永远是一个小偷，不仅在记忆中是如此，事实上也如此。❶

在随后的一段话中，他做了如下补充："罪犯的行为不仅是瞬间的、单一的东西，还是普遍的东西，是一种法律主张——侵害某人是被允许的。"❷ 因而，如果惩罚没有发生，罪犯就等于又犯了罪。据此，为了使法不再引发伤害，罪犯就必须被强制：

> 侵害唯有作为罪犯的特殊意志才具有肯定的实存。所以，破坏这一作为定在着的意志的犯人的特殊意志，就是扬弃犯罪（否则会变成有效的），并恢复法的原状。❸

　　因而，特殊威慑是一种必须从属于扬弃犯罪这一主要目标的惩罚目标。但一般威慑不仅是以这种方式为基础的惩罚的一种间接副作用（indirect side effect），并且本身必定是惩罚的目标。这就意味着："如果社会自身动荡不安，就必须通过惩罚树立榜样，因为惩罚本身是反对犯罪的榜样的榜样。"❹

　　在黑格尔的惩罚理论中，一般威慑的目标也间接源于扬弃犯罪这一主要目标。由于行为，罪犯接受他/她能预见到的所有结

---

❶　*NRSW*，《自然法与国家法讲义》，页 275－276。
❷　*NRSW*，《自然法与国家法讲义》，页 276－277。
❸　*GPhR* §99，《法哲学原理》，页 124。［中译者按］参见中译本，页 101。
❹　*GPhR* §218，"补充"，《法哲学原理》，页 251。［中译者按］参见中译本，页 229。

果。这些结果内在于罪犯的从属于其意图的行为，在这些行为下存在如下风险，即罪犯的所做所为会诱使其他公民犯罪。因而，罪犯的意志与这些结果之间的关系，[139] 较之罪犯的意志与他应对之负责的伤害行为之间的关系，要更为密切。伤害不是罪犯必然能够预见到的：它部分从属于对犯罪行为来说是外在的结果。如果罪犯不仅对其导致的伤害负有责任，而且因为内在于犯罪行为的结果而受到惩罚，结果就会是，人们必须强制罪犯，对他而言，能够归结给他的，就只有内在于犯罪行为的结果，而非外在于犯罪行为的结果。内在于行为的结果并不一定会发生，但却造成了罪犯接受的风险（黑格尔说的是"危险"）。❶ 对此，在《法哲学讲演录》中他通过如下例子进行了阐释：

> 犯罪是危险的，也就是说，它首先是一种犯罪，但它还会进一步产生影响，具有更深远的背景。单一行为，根据它的外在现实性，自在地比它的表象更深远、更有普遍性。如果我点燃一块木头，那么火焰只会接触到表面的一小部分。因而，如果纵火者这么做并且离开，他的犯罪就只是处在一种轻微的程度上。但木头与其他木头相连，并共同组成了一座房子，这座房子又与其他房子共同组成一个城市，因此，火可以毁坏一个城市。这种普遍性是犯罪的危险所在。❷

如果想要避免对黑格尔进行结果主义的误读，则这种内在于犯罪行为的危险，就必须严格地与外在于犯罪行为的危险区分开来：

> 有关犯罪的许多质的规定，例如危害公共安全，在被进一步规定的各种情况中有其根据，但也往往通过间接地考虑

---

❶ *GPhR* §218，"附释"，《法哲学原理》，页 251。[中译者按] 参见中译本，页 228。亦可参见：Ripstein，《平等、责任与法律》，页 228 – 229。

❷ *PhR*，《法哲学讲演录》，页 279。

到其他结果而不是根据事物的概念而被理解……因而，单从其直接性状上看起来是更危险的犯罪，从它的范围和性质上来说也是更严重的侵害。❶

罪犯的特殊意志具有如下风险，即犯罪会成为一种示例，因而会成为第三方的先例。通过惩罚施加的对罪犯意志的强制，消除这种具有一般威慑效果的先例，尽管这种一般威慑的效果只是次一级的效果。

［140］在所犯罪行所处的特定的历史时期，罪犯不顾一切地无视［不同行为具有的］不同的危险程度，解释了惩罚的不同程度的严厉性。惩罚的严厉性取决于共同体的安全程度，或者取决于仿效犯罪对共同体的不稳定会造成何种风险。在国家形成之前的社会中，对犯罪的惩罚只是私人问题，或者较为弱势的共同体必须采取严酷的惩罚以保存自己。安全的共同体则不必这么做：它应当更温和地施加惩罚。但黑格尔相信，共同体永远不会认为犯罪可以不受惩罚。他说：

> 但是社会不可能放纵犯罪而不罚，因为那样会使它被肯定为合法的；可是社会既然对自己有信心，犯罪就始终是对抗社会的个别情形，它是不稳定的和孤立的。❷

这是因为，即便没有其他公民仿效，罪犯只要不受强制，他就仍然有可能继续犯罪。

让我们将注意力转向如下事实，即特殊威慑的目标不是某种不确定的（undetermined）特殊威慑。黑格尔经常否定性地对特

---

❶　*GPhR* §96，"附释"，《法哲学原理》，页 122–123。［中译者按］参见中译本，页 99。

❷　*GPhR* §218，"补充"，《法哲学原理》，页 251。［中译者按］参见中译本，页 229。

殊威慑进行阐释："扬弃犯罪，否则犯罪会被认为是有效的"；"社会不可能放纵罪犯而不罚，因为那样会使它被肯定为合法的。"❶ 另一种特殊威慑观念是，假定惩罚越严厉，威慑就越有效，因而就要求尽可能实行严厉的惩罚，以使公共的安全最大化。这种观念遭到了黑格尔的特殊威慑的否定。相反，罪犯应当被判处更温和的惩罚；惩罚的严厉性必须严格地做到不与共同体的凝聚力冲突，或者不直接给共同体造成危险。因此，在我看来，黑格尔的惩罚理论［141］首先是一种最低限度上的特殊威慑，其次也是最低限度上的一般威慑。

这就告诉我们，尽管黑格尔批判各种理论是肤浅的，但却没有批判特殊威慑："预防说、威慑说、威胁说、矫正说，等等"，"种的等同性［说］"等，都一一被提及，只有特殊威慑没有被提及。❷

罪犯是惩罚唯一的、重要的承受者，这是特殊威慑的特点。但在经由威胁惩罚或通过将罪犯树立为示例而进行一般威慑的理论中，所有人都是惩罚的受领者，包括罪犯自己，罪犯只是众人中的一员。这种特殊威慑的自反结构（reflexive structure）解释了，为何黑格尔在§101中会谈及"报应"（wiedervergeltung）（更确切地说，谈及"报复"）。但在上述5.3部分中我们看到，这种报应，不应与报复理论也就是黑格尔尖锐批判的报应主义相混淆。

但问题在于，《法哲学原理》§100是如何与我在此提出的解读相容的，在报应主义解读中，这一节被视为报应主义的主观

---

❶ *GPhR* §99，§218，"补充"，《法哲学原理》，页124，页251。黑格尔在其手稿中有一处评注对于"扬弃犯罪，否则犯罪便会被认为是有效的"进行了解释："亦即，犯罪将会获得普遍的定在，因为此处*唯一*的存在是普遍物——对任何人而言。"（原译注）。［中译者按］参见中译本，页101，页229。

❷ *GPhR* §99，§101，"附释"，《法哲学原理》，页124，页128。［中译者按］参见中译本，页101，页105。

根据，并且，又被泽尔曼称为"一种出自法律的论证"。●

在 §100 中，黑格尔关注的实际上是犯罪的主观方面。这一点很好理解，但需要根据一种特殊威慑的解读方式来理解。《法哲学讲演录》（1824～1825）根据在罪犯的特殊意志中扬弃犯罪从而明确推导出了主观的观点：

> 罪犯的定在的意志……必须受到影响。这一点与如下事实有关，即惩罚一定要给罪犯留下印象。如果不能给罪犯留下印象，他的定在的意志就不会受到它的侵害。●

因此，主观方面并没有作为主观根据而出现，没有这种主观根据，惩罚就会缺乏合理性。相反，根据是从惩罚的特殊威慑目标中推出来的，它以对错误的扬弃为基础。根据其定义，强制必须是能够被感知的。

[142] 不同于费尔巴哈，黑格尔理解的敏感性，不仅会改变例如欲望和恐惧，还会改变罪犯的道德判断。

于是，在黑格尔看来，报复法则就是所有人因而包括罪犯最敏感的："对等报复法（Jus talionis）是一种感知中的自然概念，并且从无法追忆的古老年代开始就是惩罚的一种要素。"● 犯罪的这一属于主观上的道德有效性的方面，没有与欲望心理或黑格尔有关惩罚权的根据混淆起来。他在 §99 中的注释清楚地说明了这一点。在那里，黑格尔明确谈到了三个方面：

(1) 强制通过"祸害"或"祸害之源"的形式反对欲望。
    （这与为黑格尔批判的克莱因的惩罚理论相关联；在
    §99"补充"部分，黑格尔也反对费尔巴哈提出的经

● 参见：本章 5.2.1 部分和 5.2.2 部分，以及 Seelmann 的"相互承认与不法：作为正义公设的惩罚？"和"通过对犯罪人自相矛盾行动的论证所作的刑罚合法性研究"。

● *PhR*，《法哲学讲演录》，页 285。

● *NRSW*，《自然法与国家法讲义》，页 277。

由祸害之"威胁"来进行惩罚的基本原理)

（2）惩罚的根据（"事关不法与正义"；"对正义的客观考察，是考察犯罪时首要和实体性的观点"；"［以］惩罚是自在自为地正义的［这一点为基础］"；"唯一重要的是：扬弃犯罪，不是因为犯罪制造了一种祸害，而是它侵害作为法的法"）。

（3）罪犯的道德感情（"道德的观点即犯罪的主观方面"）。

克莱因的惩罚理论认为惩罚是一种祸害，通过批判这种理论的后果，黑格尔将（1）与（3）区分来开：

> 这就自然而然地产生下面的结果：道德观点即犯罪的主观方面变成了本质的东西，而这种犯罪的主观方面是跟一些庸俗的心理学上观念相混杂的，认为刺激和感性冲动与理性相比是太强烈了。此外，又跟一些心理强制和影响人们观念的心理上的因素相混杂（似乎自由没有同样的可能把人们这种观念贬低为某种单纯偶然的东西）。❶

惩罚的这一从属于主观道德的方面，通过理性和自由得到了规定。严格来讲，后两点共同构成了§100中的两个基础要素。这就可以解释，为何黑格尔要说：

> [143] 问题既不仅仅在于祸害（它应该改变欲望），也不仅仅在于这个或者那个善；而肯定地在于**不法和正义**（亦即在于扬弃犯罪）。如果采取了上述肤浅的观点，就会把对**正义的客观考察**搁置一边，然而这正是在考察犯罪时首要和实体的观点。这就自然而然地产生下面的结果：道德观点即犯罪的主观方面变成了本质的东西，而这种犯罪的主观方面

---

❶ *GPhR* §99,《法哲学原理》，页125。［中译者按］参见中译本，页101。

是跟一些庸俗的心理学观念相混杂的。❶

实际上，黑格尔并未承认报应主义的作为"首要和实体的观点"的维度，换言之，并未承认它是惩罚的主要根据。但他在其中发现了实现惩罚目的的必要手段：这一维度是"犯罪的主观方面"和惩罚的主观方面，但不是主观上的根据。

即便客观上的根据会要求一种主观上的根据，但这种根据肯定无法在报复原则中找到。我们已经看到，黑格尔是如何将它归结给陷入矛盾中的常识的："犯罪应该受到惩罚，并且以其人之道还治其人之身。"❷ 这不仅适用于抽象法权：道德也将报复原则视为直接的或者"浅近的"并且是矛盾的。❸ 因而，黑格尔在"抽象法权"中结合报复原则写道：

> 无法理解的是，把一般观念作为从中取得它们各自规定的来源的那些科学，怎么会在其他场合接受与这种所谓普遍的意识事实相矛盾的命题。❹

在"道德"部分的"故意与责任"第 1 段中，我们发现了直接导致行动或外部事件同行为或"故意和对各种情况的认识"之间产生区别的例子。依据黑格尔，内在于行为的结果只能模糊地与外在于行为的结果区分开来，因为"有限的东西的内在必然性

---

❶ *GPhR* §99，"附释"，《法哲学原理》，页 125。［中译者按］参见中译本，页 101。

❷ *GPhR* §101，"附释"，《法哲学原理》，页 127。［中译者按］参见中译本，页 105。

❸ 关于道德：*GPhR* §105 及以下，《法哲学原理》，页 135 及以下。［中译者按］参见中译本，页 110 及以下。参见：黑格尔关于 *GPhR* §118 的手写评注："浅近的：它应当是以善待善，以暴制恶。"（原译注）。

❹ *GPhR* §101，"附释"，《法哲学原理》，页 127。［中译者按］参见中译本，页 105。

（内在于行为的结果）是作为外在必然性［144］而达到定在的”，❶ 也就是说，内在必然性是作为外在于行为的结果出现的。对此，黑格尔写道：

> 论行为而不问其后果这样一种原则，以及另外一个原则，即应按其后果来论行为并把后果当做什么是正义的和善的一种标准，二者都属于抽象理智。❷

他的结论是：

> 正是根据这个道理，所以，如果犯罪行为所发生的后果危害不大，这对罪犯是有利的（正如善的行为不会有什么后果或者后果很少，那也只好算了），如果犯罪使其后果得到比较完全的发展，就得对这些后果负责。❸

如果抽象地区分行动（deed）和行为（action），就会导致“［刑法上的］结果不断”被分解（Zersplitterung）。❹ 于是，对犯罪行为进行报复的可能性就会消解于常识判断中，只有行动可以基于如下原因而受到报复：“罪责或无辜——与祸害有关——以及从祸害到罪责。——一般是痛苦，——惩罚也在其中，——整体上是作为行为之后果——或者不是。”❺ 如果报复原则只与行动有关，就无法理解主观方面，罪犯的意志也就抽象化了，而没有这些便没有犯罪，只有祸害。

因而，报复原则不能被视为惩罚的根据，而只是——如费希

---

❶ *GPhR* §118，“附释”。［中译者按］参见中译本，页121。

❷❸ *GPhR* §118，“附释”。［中译者按］参见中译本，页120。

❹ *GPhR* §118，“附释”，《法哲学原理》，页145–146。［中译者按］参见中译本，页120。

❺ *GPhR* §118的评论手稿（原译注）。

特那样——作为达至刑罚目的之手段而获得正当化。❶作为一种外在的、浅近的原则，报复原则尤其适合于为罪犯所理解：报复在犯罪与惩罚之间提供了外在的、直接的同一性；这种同一性是直接的，它无须通过法权和法律的概念，并且无须通过它们的必然有效性进入实践。相反，这种直接的同一性只与祸害——对受害者而言是罪犯的行动造成的物质性结果，对罪犯而言是物质结果——有关［145］。但报复原则向罪犯提出了在其行动和惩罚之间的一种固定的非物理性的同一。因而，达至意识进程的第一阶段，便会导致矫正。

黑格尔的惩罚根据不能被降低为只是一种威慑理论，因为他主要不是通过特殊威慑或一般威慑或矫正或报复原则为刑法提供根据的，而是通过强制的、必然的自我破坏或根据强制的自我扬弃而使刑法得到正当化的。但人们在一般范畴上进行思考，就必定会发现，黑格尔将特殊威慑连同矫正一起视为惩罚的主要目标和主要根据，而一般威慑则是次级的尽管并非不重要的目标。相反，报应主义则既非惩罚的目标，也非惩罚的根据。

在对黑格尔的惩罚根据［的理论］进行的这一探讨结束之际，我必须注意到，如同对康德和费希特的理论根据的探讨一样，如果不从罪犯的意图或行为出发，而是从三位作家所共享的法权（法的）概念出发，就得不出报应主义。因为在三位作家那里，法权概念的位阶比刑法的位阶要高（这是正确的），并且任何倡导这种法权概念的学者都不得不抛弃报应主义。

---

❶　*GNR* I/4 61.《自然法权基础》，页 228。参见：第 4 章 4.3 部分。［中译者按］参见中译本，页 262。

第Ⅲ部分

报应主义的非人道性

［147］报复理论不仅不能与康德哲学的权利概念（见第 I 部分）相容，也无法与德国观念论的权利概念相容（见第 II 部分）。与康德的主张相反，它甚至表明自身在尊重罪犯尊严的方面不如威慑理论。最为彻底的是，尼采将对公民和罪犯之人类尊严的关怀排除在报应性惩罚的动机和可行性目标之外。在尼采看来，报复的理念并没有为必要的内在化和反省留下空间——而正是出于内在化和反省，罪犯身上的邪恶良心和忏悔以及与社会之间的人道性互动才能产生（见第 6 章）。

在有意地偏离报应主义的过程中，我根据第 II 部分中的将特殊威慑与矫正相结合的观点提出了一种诉求，即诉诸尊重人类尊严的互动，哪怕是与最顽固和残忍的罪犯——实施了危害人类罪行的罪犯进行互动。罗克辛相信，他提出了反对"特殊威慑观念"的一种决定性的意见，这就是指责它不希望接受它的最终后果：

> 决定性的例子是，当年集中营的刽子手基于虐待的动机杀死了不计其数的无辜者，而现在这些刽子手都过着不起眼的生活，并且融入了社会之中。因而，他们不需要"矫正"，也没有再犯的危险——否则他们就必须受到威慑，因为我们的安全必须得到保障。但是，他们难道就真的因此不应受到惩罚吗？❶

［148］罗克辛在这种假定之下暗示，没有人会对这个问题作出肯定回答。但严格地说，肯定回答在我看来是正确的，正如我试图通过惩罚危害人类罪表明的那样（见第 7 章）。

---

❶ Claus Roxin，《刑法的基本问题》，页 7。

第6章　尼采与不含良心谴责的惩罚

[149] 康德并不认为惩罚的目标是唤起罪犯的内疚和良心谴责。如果施加惩罚是为了达到这种目标，它的发生就不会如康德要求的只是因为罪犯违反了法律，而是为了可能发生的特定情状。由于唤起内疚和良心谴责看起来是最低纲领主义者的目标，此外这种目标还明确提及罪犯的尊严，这就使一些康德的解读者从这个目标出发发展出了报应性惩罚的观念。❶如果承认如下假定，即报应性惩罚不但特别尊重罪犯的人格尊严，而且能如黑格尔所指出的（见第5章5.5部分），甚至在最简单的头脑中都能产生出犯罪和惩罚之间的结合，那么，人们就能期待通过报应性惩罚使罪犯产生良心上的谴责。

尼采告诉我们的是，这种根据并非不证自明，而

---

❶　Thomas E. Hill，《人类福利与道德价值：康德的观点》（*Human welfare and moral worth：Kantian perspectives*），Oxford：Clarendon Press，2002。

是极成问题的。他的"论争性"著作《论道德的谱系》（1887）
反对一种道德化的报复观念和惩罚观念。在他看来，报复并非源
于对罪犯人格尊严的关切，而是源于对存在于受害者和其他人的
积极的幸灾乐祸（schadenfreude）之中的人格尊严的关切。赎罪
也不可能导致一种道德转变，相反，会加强罪犯的罪恶意志。与
威慑直接相关的惩罚是刑法的更具人道性的选择。

　　[150] 在《论道德的谱系》中，第二章第 8~15 小节属于
第二论的文本背景，该论的目标在于探究罪责感的谱系。第二章
第 8 小节始于对一些段落所涉及的内容的考察，这些段落与《论
道德的谱系》第二章第 1~3 小节中关于许诺的起源有关，也关
涉"Schuld"［罪责和债务］❶和通过使破产的债务人产生痛苦的
方式解除罪责这两方面的起源史：

　　　　现在继续进行我们的研究。正如我们业已看到的那样，
　　罪责感和个人责任感起源于最古老的最原始的人际关系，起
　　源于买主和卖主、债权人和债务人的关系，这方面首先是人
　　与人的关系，是人与人相比较的关系。❷

贯穿这些箴言始终的深入研究进程包括三个步骤。首先，尼采根
据"关乎正义的道德标准"❸ 描述了公共惩罚的起源。其次，他
反对杜林（Karl Eugen Dühring）关于正义与惩罚的观念，认为其

---

　　❶ 在德语中，罪责（Schuld）一词的含义有时是模糊的。既可以指经济债务，
也包含道德罪责的含义。尼采敏锐地意识到了它的多义性。
　　❷ *GdM* II 8。Friedrich Nietzsche，《论道德的谱系》（*On the genealogy of morali-ty*），Keith Ansell-Pearson 编，Carol Diethe 译，Cambridge：Cambridge University Press，2007，页49。［中译者按］参见中译本，页44。
　　❸ *GdM* II 8 - 10，此处引用的是第 8 部分。《论道德的谱系》，页50。［中译者按］参见中译本，页45。

是怨恨或者复仇，在此过程中，他勾勒了公共惩罚的起源。❶最后，他更深入地向前推进了一步：彻底地将公共惩罚——他所解释的惩罚起源尚不涉及罪犯的罪责感——从罪犯的罪责感中分离出来。❷接下来我将主要致力于第一部分，即箴言第 8～10 小节，因为这个部分表述了尼采惩罚观念的核心［内容］。

6.1　公共惩罚的谱系

人与人之间的最古老的关系，（根据尼采）也就是买主和卖主的关系，导致了"比较、衡量和计算权力的习惯"的产生。❸按照尼采在《哲学家之书》（*The philosophers' book*）❹ 中阐释的生理进程［151］，这种习惯具有一种普遍性。通过这种方式，"普遍化"就产生了，它构成了正义的"最初阶段"或是它的"最古老、最纯朴的道德标准"："任何事物都有价格：一切东西都能够被补偿。"❺

为何道德标准是"纯朴"的，理由之一是它还没有被内在化（internalized），用尼采自己的词来说就是还没用被"理智化"（vergeistigt）。此外，在以前述正义原则为基础的那段话中，有关罪责和惩罚的研究都还没有在它们的内在化维度中进行，而只

---

❶　*GdM* II 11 - 13。《论道德的谱系》，页 52 - 58。［中译者按］参见中译本，页 47 - 52。

❷　*GdM* II 14 - 15。《论道德的谱系》，页 58 - 60。［中译者按］参见中译本，页 52 - 54。

❸　*GdM* II 8。《论道德的谱系》，页 49。［中译者按］参见中译本，页 44。

❹　*WuL* I, 880。Daniel Breazeale，《哲学与真理：尼采 1870 年代早期笔记节选》（*Philosophy and NJ*，*truth*：*selections from Nietzsche's Notebooks of the early* 1870*s*），Atlantic Highlands NJ：Humanities Press，1979，页 79 - 97。

❺　*GdM* II 8。《论道德的谱系》，页 50。［中译者按］参见中译本，页 45。

是在有关伤害和惩罚造成伤害者这一外在维度中进行。不仅是罪责感，而且包括内在的罪责，都还没有在有关公共惩罚制度的建立的阐释中得到考察。

因为这种道德标准仍然没有被内在化，它在如下意义上也是纯朴的，即它公开地"在权力与权力"之间做比较，并通过权力关系界定自身：

> 最初阶段的正义，就是在力量大致均等者中间通行的善的意志，他们相互容忍，通过协调又相互"理解"；而在涉及弱者时，他们之间则会在**强迫弱者**方面达到协调。❶

简而言之，正义只能在实证主义的意义上得到理解。通过权力关系被决定的，不是由交换物之间的等价所定义的正当交换，而是由物的实际交换所定义的等价，后者又是受权力关系决定的。❷关于这一点，尼采是在追随霍布斯，霍布斯反对将公平交换视为一种几何比率，他提出：

> 我们所卖的比所买的价高，或者我们给予一个人的东西比他所应得的要多，这都好像是不正义的。商定过的全部东西的价值，是由合同双方的欲望来衡量的：因而，正当的价值就是他们所乐意给予的价值。❸

由此得出结论的是，不公正是不可能存在的。对此，我们稍后回过头再讨论。

[152] 正如在霍布斯的《利维坦》中，正义被利维坦单独

---

❶ *GdM* II 8。《论道德的谱系》，页50。[中译者按] 参见中译本，页45。

❷ 参见：Henning Ottmann，《尼采理论中的哲学与政治学》（*Philosophie und Politik bei Nietzsche*），Berlin：De Gruyter，1987，页131。

❸ Thoms Hobbes，《利维坦》，第1部分第15章，页102。

界定的一样，就尼采而言，共同体的任务被限定于维护和平和确保社会信用。据此，罪犯是一个袭击者（他"实际上也攻击了债权人"）、一个"不安分守纪的人"、一个"毁约者和不守诺言的人"——因而，也就是一个不被允许向任何人许诺的人。❶

尼采在《论道德的谱系》第二章第 9 ~ 11 节中有关惩罚起源的阐释，初步揭示了公共惩罚的四个阶段：

（1）惩罚作为战争；❷

（2）当"社团实力增强"时，惩罚作为"对愤怒的缓和"；

（3）惩罚的缓和（随着社团的实力和自信的增长，其刑法变得更为温和）；

（4）在"社会的实力意识"得到特别发展时，即"并非不可思议"的时代的赦免。❸

当我们仔细审视这四个阶段时，很显然，公共惩罚只存在于第二阶段和第三阶段，并且，法律秩序和市民秩序也只能存在于这两个阶段。接下来我将尝试揭示：为什么会如此，这种事实会对公共惩罚产生何种作用。

在第一阶段，《论道德的谱系》第二章第 9 节的逻辑结论是从如下判定中得出的，即罪犯是一个肇事者，是一个不安分守纪的人，是一个毁约和不守诺言的人。惩罚至少是"立即的危险"；与之不同，受惩罚的不守诺言的行为，其逻辑结果应是罪犯不应被允许允诺。也就是说，罪犯不仅仅只是一个破产的债务人：他/她攻击了债权人，因而不承认自身的欠债。因而，问题就在于，尽管如此，债权人能否与他/她在补偿方面达到一致，就象在与完全破产的债务人的关系中存在的情形一样：债权人可以向完全破产的债务人施加痛苦——因为这给他/她带来了快乐。在后面的部分中，我还将回过来审视这一问题。

---

❶ *GdM* II 9.《论道德的谱系》，页 50。[中译者按] 参见中译本，页 45。

❷ *GdM* II 9.《论道德的谱系》，页 50 – 51。[中译者按] 参见中译本，页 46。

❸ *GdM* II 10.《论道德的谱系》，页 51。[中译者按] 参见中译本，页 46。

但初步看来，尼采更喜欢另一种思考方式。他认为，共同体中的每个人都是债务人，他们不得不清偿债务：必须致力于[153] 国内和平，致力于互相保护和信任。罪犯不能这么做，因此他/她就不能成为共同体的成员。罪犯被"êlend"，即被驱逐、被流放、被置于法外。我们已经得出了与之相同的暂时性结论，例如——如我以前提到的（见第 4 章 4.3 部分）——费希特就认为：罪犯将会被驱逐至"荒漠"之中，可以允许人们像射杀危险的野生动物一样射杀他。罪犯的死以及流放的所有后果，不再是共同体关心的事。

同时，在同一节中，还可以发现另一种逻辑，它的各要素分别是：

（1）赔偿的要素："共同体如果是受骗的债权人，它将尽自己的可能要求偿还"；❶

（2）记忆的要素：罪犯"从现在起，不仅理所当然……被剥夺了所有有价值的好处，而且还应该记住这些好处是多么重要"；❷

（3）施加痛苦的要素，这一点在《论道德的谱系》第二章第 6 节中被视是对于未偿还之债务的赔偿。

尼采做了如下概括：

> 受到伤害的债权人，即共同体，将会恼怒地把他推到荒蛮的、不受法律保护的状态中……"惩罚"在这种文明阶段只是反映和表现了对遭憎恨的、被打败而被解除武装的敌人的正常态度……事实上，这就是适用于不幸的被征服者和

---

❶ *GdM* II 9。《论道德的谱系》，页 50。同时参见：*GdM* II 5 – 6（页 43 – 46）。[中译者按] 参见中译本，页 40 – 41，页 44。

❷ *GdM* II 9。《论道德的谱系》，页 50。同时参见：*GdM* II 3（页 41 – 42）。[中译者按] 参见中译本，页 37 – 38，页 45。

胜利庆贺！它是极其无情和残酷的。❶

对完全破产的债务人而言，痛苦实际上是一种赔偿。如果痛苦对罪犯来说也是赔偿，则破产的债务人和罪犯就会被同等地对待，即便罪犯的债务在根本上有更严重的性质。这将表明共同体和政体对罪犯的相对的无能为力，还表明，补偿和施加痛苦并不构成惩罚，而是——如果会如此的话——记忆。❷"共同体的恼怒"与其反应间的对比十分明显：首先，共同体将［154］罪犯"清除出去"；唯有在此之后，"任何敌视行为"才能"针对他"。❸

到底谁的恼怒残酷地指向了罪犯，这一点仍不明确。尼采只是写道："受到伤害的债权人，即共同体，将会恼怒地把他推到荒蛮的、不受法律保护的状态中"（这是驱逐的必然结果），并且说，"那么，任何敌视行为都能针对他"（这是施加痛苦的必然结果）。后一阐述是模糊的，就像《论道德的谱系》第二章第9节中接下来的和最后几行的内容一样。它究竟是关乎公共惩罚的两个合逻辑的环节（moments），还是关乎惩罚的两个执行者？

或者，共同体首先驱逐罪犯（第一个环节），接着残酷地对待他/她，就像对待没有防备的敌人，于是人们就可以想象"任何的羞辱和折磨"（第二个环节）。或者，国家（第一个执行者）驱逐罪犯，而公民个人（第二个执行者）对罪犯实施各种残忍行为——人们可称为暴徒"正义"的现代等价物。

更可行的答案存在于它们中间。共同体实施残酷的行为，这是因为罪犯已经被排斥在外，因为公民个人的恼怒要求［共同体实施］残酷的行为。

---

❶ *GdM* II 9。《论道德的谱系》，页 50 - 51。［中译者按］参见中译本，页 45 - 46。

❷ 尤其是参见：*GdM* II 3。《论道德的谱系》，页 41 - 42。［中译者按］参见中译本，页 37 - 38。

❸ *GdM* II 9。《论道德的谱系》，页 50。［中译者按］参见中译本，页 45。

这样的在共同体与其成员的总和之间所存在的区别，首先在惩罚的第二段阶段明确表现出来。在此，尼采写道："肇事者不再被当做'不安分分子'而被驱逐，公众的愤怒不允许像从前那样肆无忌惮地倾泻于他。"❶ 罪犯是应当被驱逐出共同体还是应当留下来，取决于共同体的愤怒，即取决于统治者而不取决于平民的公愤。在第一阶段，由统治者决定驱逐。但究竟是统治者亲自实施残酷的行为，还是他只是对此表示允准，以致这些残酷行为到时会被群众所实施，这个问题实际上并非争议的核心：在两种情况中，公愤都要求惩罚——并非统治者以及某个人的愤怒。但公愤具有反作用：无能为力会导致怨恨。❷ 在这种情形中，无能为力多半源于［155］无法扭转罪犯产生的影响。愤怒并不同于实施补偿的意愿。尽管尼采完全将施加惩罚带来的乐趣视为补偿，❸ 但愤怒的个人还是有可能对罪犯遭受的痛苦感到不满。对受害者而言，痛苦带来的乐趣只是一种替代品。

群众与罪犯之间存在战争，这一事实指明了该趋势。由于这种战争不是发生在国家之间，而且由于国家无法与个人之间进行战争，因而，只有在人们与罪犯之间才存在战争。但战争可能只发生在两个共同体之间；基于此，它只关心好战态度的"反映"和"表现"❹：对罗马人来说，表现只是一出闹剧。实际上，在第二阶段，尼采只谈到避免"造成更大范围的乃至全面的［愤怒］和骚乱"。❺ 因为在第二阶段的文本语境中，蕴含着与第一阶段的对比，人们或许会断言，第一阶段典型地弥漫着骚乱。

---

❶ *GdM* II 10。《论道德的谱系》，页51。［中译者按］参见中译本，页46。

❷ 参见：*GdM* II 5。《论道德的谱系》，页43及以下。［中译者按］参见中译本，页40及以下。

❸ *GdM* II 5及其以下。《论道德的谱系》，页43－49。［中译者按］参见中译本，页40－45。

❹ *GdM* II 9。《论道德的谱系》，页50－51。［中译者按］参见中译本，页45－46。

❺ *GdM* II 10。《论道德的谱系》，页51。［中译者按］参见中译本，页46。

因而，第一段阶段属于私人正义的阶段。在第二阶段，惩罚不再由群众决定，而是由前述的共同体和政体决定。只有在此时，才能在恰当意义上讨论公共惩罚问题；与之不同的是，连同第一阶段在内，尼采写下"惩罚"二字时都用引号标出。

在《论道德的谱系》第二章第 10 节，尼采从使用如下语句开始：

> 随着实力的增强，共同体不再把个人的违法行为看得那么严重，因为对共同体来说，违法行为不再像从前那样对整体的存在形成危险和颠覆。❶

基于此——尼采在此赞同黑格尔——惩罚就变得更温和。当今人们基本上都理解［共同体］瓦解的危险和风险，如同黑格尔在《法哲学原理》§218 中做过的那样：国家越稳定，罪犯引发进一步犯罪的风险就越小，采取更严厉的一般威慑的必要性也越小。但与黑格尔不同，这不是 ［156］ 尼采关心的问题，他关心的是罪犯可能激怒全社会或可能引发内战的风险。哪种情形下的风险更小？如果犯罪的数量和严重性如此之低，或者公民的安全感和信任感如此之高，以至于犯罪不被多大数人视为直接的威胁，那么或许这种情形下的风险更低。然而，如果国家以稳定的方式拥有对暴力的真正垄断，而这种垄断使国家能够成功地抵制公民的愤怒，则 ［风险］ 便有可能 ［更低］。这或许就是国家"实力增强"的定义所指。

之所以国家保护罪犯不受公愤伤害，为的是使犯罪成为完全可抵偿的和能够真正地得到抵偿。对敌人来说，即便在他/她被打败和死去后，人们也仍然没有与之和解。不同于敌人，对于罪犯欠的债，公共惩罚要么可以完全消除它，要么能够提供完全的

---

❶ *GdM* II 10.《论道德的谱系》，页51。［中译者按］参见中译本，页46。

抵偿。对此，涉及三方面的问题。

首先，国家必须确保"肇事者从其行动中摆脱出来"。**❶** 不同于敌人，由此带来的结果是，罪犯不会遭到毁灭。如此，罪犯不会被迫去犯罪，并且可以在之后重新成为共同体中的一员。我们不应忘记，尼采并不认同这种发展。因为他在《论道德的谱系》第一章第 13 节中写道，"行动背后没有'存在'……'行动者'是臆造出来的——行动就是一切。"如果像福柯那样，引用法国哲学家和政治家马布利（Gabriel de Mably）的用语——"惩罚……应当震撼灵魂而不是身体"，将其作为现代刑法的标准（与前现代的刑法相对立），那么尼采就显得更明显地站在前现代刑法一边。**❷**

其次，必须为通过这种方式解脱出来的行动找到等价物，或者更准确地说，必须要找到多种"等价物"**❸** ——每一种都可能受行动的严重性所决定。因而，等价物只能是一种假象；（公共）惩罚只能 [157] 以假象为基础。惩罚并非一种等价物，而是对等价物的放弃（waiving）。

最后，这应当导致"缓和受到违法行为直接伤害的人的愤怒"。尼采并未进一步明确这种缓和的内容。但或许会有人猜测，缓和在于向罪犯施加痛苦，宣告他/她低等于受害者。实际上，在绝大多数刑法理论中，惩罚被定义为祸害（Übel）的施加，**❹** 而不只是被定义为对犯罪作出的某种回应。但也有可能，惩罚的定义在本质上不包含痛苦的施加；例如，矫正确实超出了补偿的

---

❶ *GdM* II 10.《论道德的谱系》，页 51。［中译者按］参见中译本，页 46。

❷ Michel Foucault，《规训与惩罚：监狱的诞生》，页 16。原始引文出自 Gabriel de Mably, "De la législation"，载《全集》，12 vols., London，1789，vol. 9，页 326，并说："Que le châtiment…… frappe l'âme plutôt que le corps"。

❸ *GdM* II 10.《论道德的谱系》，页 51－52。［中译者按］参见中译本，页 46。亦参见：本书第 1~3 章。

❹ 参见：如 Ak VI: 331 及以下，*RL* § 49E 部分。《实践哲学》，页 472－475。［中译者按］参见中译本，页 163－165。

范围，却不被认为是一种祸害。在第二章第 5 节中，尼采写道，在"真正的惩罚权、执刑权被转交给'上级部门'"这一情形中，受害者获得了"蔑视和虐待一个'低于自己'的存在者而产生的崇高感觉"。❶ 人们不应忽略，在对罪犯施加痛苦中或在他/她的耻辱中，国家并没有从中获得快乐。但是，折中（compromise）能部分地意味着国家要确保相对的或不断增加的安全。

关于惩罚的力度，抵偿的原则（Prinzip der Abzahlbarkeit）并没有说出任何东西。罪犯可以通过一种温和的惩罚提供补偿，也可以通过长时间的种种折磨后的死刑提供补偿。抵偿的原则只要求，每一犯罪都可以被赎罪，或者，任何债务都能被抵偿，而不论它有多么严重。因此，折中最终必定会伴随罪犯的死亡。

在惩罚的第三阶段这一前提之下，尼采首次论述了惩罚的力度问题：

> 共同体的实力和自信越增长，刑法就会变得越温和；而如果前者被削弱或者处于危险之中，那么更严厉的刑法就会重新出台。"债权人"越是富有，他一般会变得越人性化；最终，他拥有的财富使他能够承受任何伤害而不受损失。❷

[158] 令人惊讶的是，在这个问题上，尼采似乎引入了另一种刑法原则以及另一种心理学基础。刑法原则不再表现为一种与权力关系成比例的补偿，取代它的是威慑。同样，统治者的心理动机也不再表现为权力意志，相反，它只表现为安全，即只是反应性的（reactive）自我保存意志。

第三阶段在第四阶段达到了顶峰：

---

❶ *GdM* II 5.《论道德的谱系》，页 45。［中译者按］参见中译本，页 40。
❷ *GdM* II 10.《论道德的谱系》，页 51 – 52。［中译者按］参见中译本，页 46。中译文为"社团的实力和自我意识越增长，刑法就变得温和；任何削弱和严重破坏刑法的行为，都会招致更加严厉的刑罚重新出台。'债权人'越是……"。

> 这并非不可思议，即社会如此地意识到自身的实力，以至于它可以允许自己去享受最高贵的奢华——它可以不惩罚它的伤害者。"我身体内的寄生虫与我究竟有什么关系？"它能够说，"让他们生活和繁殖吧！我依然是很强壮的！"❶

在这一阶段，甚至威慑都不再需要了："寄生虫"被允许去削弱共同体。与之相应的心理学假设不再是权力意志，甚至也不是寻求自我保存和安全，而只是对世界或对挥霍奢华的漠不关心。

心理学假定中发生的这种更替，与尼采有关部署和消耗能量的生物学进程的观念一致。根据他的想法，积极的能量不会保持不变，相反会去试图主张自身：它们为权力而奋斗。但它们将消耗自身，只会趋向于单纯反应性的自我保存或甚至于消亡——趋向于虚无主义的虚无。《论道德的谱系》第二章第11节中给出结论性判断，可以适用于这种生物学的发展的最后阶段：

> 把法律秩序设想为至上的和普遍的，不是把它当做力量综合体之间斗争的手段，而是视为反对一切斗争的手段……这将会成为一种**敌视生命**的原则，是试图谋杀人的未来，是疲惫的标志，是通往虚无的秘密途径。❷

赦免在当代关于刑法的争论中，不仅不被认为是一种严肃的选择，❸ 而且，那些不支持将一般威慑最大化作为惩罚目标的学者［159］，也认为完全的赦免将会有力地刺激犯罪。因此，至少基于最低限度的一般威慑的理由，没有哪个共同体可以不用冒着自身能否存在的危险而免除惩罚。国家的真实权力永远不可能如此强大，以致能免除任何一种惩罚。在国家享受日益增长的权

---

❶ *GdM* II 10.《论道德的谱系》，页51。［中译者按］参见中译本，页46。

❷ *GdM* II 11.《论道德的谱系》，页54。［中译者按］参见中译本，页49。

❸ 至于例外情形，参见：Hermann Bianchi，"废除：承认与庇护"，页336–351。

力，却不希望完全不顾自身安全的情形中，惩罚的力度或许会削减，但不管怎样，赦免都是这种减轻（惩罚）可望而不可及的：赦免指向的是乌托邦。实际上，尼采写的不是"社会的实力增强到如此不可思议的程度"，而是"不可思议的是，社会会如此地意识到自身的实力"。这种实力意识与一种不切实际的感知有关；它应当被理解为一种生物学或心理学情形——即精疲力竭的情形——的征兆。

债务的抵偿不会发生在赦免的时期；在这方面，赦免超出了由普遍可抵偿性和可比性之原则所界定的正义范围。缺少比较和等价，这一点符合"奢华"的定义。奢华意味着不关心价格。但在罪犯像敌人一样遭到斗争的时期，同样不存在正义，因为那时处于战争状态，并且罪犯完全受人们的愤怒所摆布：一般不存在可抵偿性的体系。

在尼采看来，"债权人的社会地位"越是低下和卑贱，债权人将施加痛苦视为偿还债务的欲望就会越强烈，因为"通过对债务人的惩罚，债权人就分享了主人的权利"。❶罪犯的受害者以及其他仅仅抱有公愤的公民，也享受这种"主人的权利"。那些确保自己是很有权力并决定支持绝对赦免（普遍化的宽恕）的统治者，也享受"作为最有权力之人的特权"；但他/她这么做只因为一种权利的假象。普通的、愤怒的公民，以及冷漠的、宽恕一切的统治者，他们一方面是软弱的，另一方面则屈从于权力的假象。❷ 相较而言，真正的权力在于"强迫""相对的弱者[160]（在此情形中，'相对的弱者'是罪犯及其受害者）……在他们中间达至协调"。❸ 实际上，只有在第二阶段和第三阶段，罪犯的利益（免除惩罚）与受害者的利益（一种好战的非正规的残忍）才能达成协调。

---

❶ *GdM* II 5。《论道德的谱系》，页44 – 45。[中译者按] 参见中译本，页40。
❷ *GdM* II 10。《论道德的谱系》，页51 – 52。[中译者按] 参见中译本，页46。
❸ *GdM* II 8。《论道德的谱系》，页50。[中译者按] 参见中译本，页46。

6.2　尼采对正义的评价

初看起来，尼采有关惩罚的解释最后所得出的结论——几乎是一种告诫，与我的说法直接相悖。他说：

> "一切都是可以偿还的，一切都必须得到偿还"的正义，以对无力偿还的熟视无睹和放行的方式而结束了。它的结束，如同地球上的一切善的事物一样，是一种自我扬弃。人们知道，这种自我扬弃为自己美其名曰：宽宥。❶

鉴于上述文字，尼采似乎将赦免视为有关正义或可抵偿性的逻辑结论，并因此没有将其视为对严格正义的背离。因为他没有明确提到升华，而是提到了"正义的［自我扬弃］"。有人更希望将宽宥理解为对正义的外在扬弃，它超越了正义，并因此根据尼采所言，"超越了法律"（Jensents des Rechts）。❷

尼采对正义的控诉是，它寻求债务的抵偿但却允许不能偿还债务的人逃脱惩罚。对此，至少可以通过两种方式来理解。要么人们认为对破产者的熟视无睹只属于第四阶段即绝对赦免阶段。但那样的话，对自我扬弃的控诉就变得无法理解。要么就以如下方式来理解它，即这种熟视无睹在第四阶段才完全显现出来，尽

---

❶　*GdM* II 10。《论道德的谱系》，页 51－52。译者注释：翻译中，德语"Aufuebung"表达为"升华"，但在尼采的意义上，如同在黑格尔的文本中一样，将该词表达为"抑制"、"扬弃"或"否定"或许会避免误读。［中译者按］该"译者注释"为《论道德的谱系》（*On the genealogy of morality*，Keith Ansell-Pearson 编）一书中的注释，而非本书英译者的注释。

❷　*GdM* II 10。《论道德的谱系》，页 52。［中译者按］参见中译本，页 46。

管它——因而，从一开始就——在第二阶段和第三阶段就已经呈现出来了。在此方面，甚至［161］作为债务抵偿的公共惩罚，都意味着熟视无睹；简而言之，它意味着不是真正地抵偿债务。在这一语境中，人们应该牢记两点：

（1）罪犯违背了诺言，而不只是一个肇事者，这也是为何他/她会失去"所有的权利和保护"以及，进一步讲，"失去一切宽宥"的原因。❶

（2）尼采的如下强调，即"你生活在共同体之中，享受共同体的优越性（啊，这是怎样的优越性！我们今天还常常低估它）"。❷

根据上述两点可以推出，首先，从定性上来讲，罪犯的债务很庞大；其次，从定性上来讲，债权人的财产也同样很庞大。尼采决不会采取"任何事物都可用补偿来抵偿"这一正义原则。❸相反，高贵的东西是无法得到抵偿的；国家的制度及其设立的机构就属于这些高贵的事物，恰如尼采的感叹表达的"啊，这是怎样的优越性！"。因而，我们被允许在如下假定下展开论述，即对尼采而言，抵偿并非（至少并不总是）轻而易举。在第二阶段，补偿是作为公共惩罚，因而它意味着债务依然未得到偿还——至少部分是如此：债务人被免于受罚相对来说是容易的。

对这种悖论进行的如下阐述看起来很明显：导致对真实的等价物的拒绝的正义源于受害者的怨恨。尼采构建了与杜林的理论对立的替代性理论。杜林是如此看待犯罪与怨恨以及犯罪与复仇之间的关系：

> 在我们的道德沉思中，已经将每一种起初是有敌意地造成痛苦的行为，视为一种必然性反应的对象。这种反应首先

---

❶ *GdM* II 9。《论道德的谱系》，页51。［中译者按］参见中译本，页45。
❷ *GdM* II 9。《论道德的谱系》，页50。［中译者按］参见中译本，页45。
❸ *GdM* II 8。《论道德的谱系》，页50。［中译者按］参见中译本，页45。

是在一种**逆反情感**（Rückempfindung）——亦可称为"怨恨"和"对报应的需求"，或者更确切地说，"复仇"——之中，内在地表达自身的。❶

[162] 杜林将正义理解为报应（Vergeltung）。因此，正义就取决于对复仇的需求。但为何这种需求还是一种怨恨或一种逆反情感，而不导致复仇行为呢？杜林通过如下论述阐述了对"家族仇杀"的反对理由，即它"被迫放弃受到煽动的、一再地继续进行的私人战争"。❷ 为避免内战，人们"通过赎罪和赔偿寻求平息复仇，凭借这种方式"，建立起"冲突解决机制"❸。作为对放弃复仇的回报，受害者获得的除了公共和平，还有如下保证，即祸害会被强加于罪犯，并且罪犯会感到罪责和悔恨：

> 但在事实发生后，人们往往允许自身肉体上遭受的伤害以及家属的死亡被收买，这不应导致忽略如下事实：这种愿意作出诚挚的物质上牺牲的意愿，能够证实改变后的意志的高尚，从而证实良心上的谴责以及平和的性情。然而，复仇的需求并未消失，只是是通过制服和伤害加害者来实现，但如果肇事者自己通过变得谦卑，通过坦诚罪责，以及通过道歉和惩罚的实现，来真诚地承担起他的惩罚，它也可以被抵消。❹

尼采分两步对这种阐释进行了反驳。首先，他表明，正义与公共惩罚有不同的起源；其次，在他看来，惩罚并未在罪犯中产生罪责感或任何良心谴责，而是走向了反面。

---

❶ Eugen Dühring，《作为严谨的科学世界观与生活方式的哲学课》（*Cursus der Philosophie als streng wissenschaftlicher Weltanschauung und Lebensgestaltung*），Leipzig：O. R. Reisland，页224。

❷❸❹ Dühring，《作为严谨的科学世界观与生活方式的哲学课》，页225。

在这个问题上，立马会产生一种新的悖论。难道惩罚应当与正义保持一致，不源于"情绪上的反应"而源于"积极主动的情绪"吗？❶ 又如何能以"积极主动的情绪"为基础来阐释对真正的等价物的拒绝呢？答案存在于前述两个执行者之间的区别中，亦即民众与掌控权力之人的区别中。一般而言，尼采总是通过对导致制度产生的权力关系进行反向研究，来回应对制度的特征和目标进行的研究。有权力的人"努力缩小事态，防止造成更大范围的乃至 [163] 全面的参与和骚乱"，这种努力是通过惩罚实现的。❷ 这种为国内和平作出的努力是公共惩罚的基础，却被杜林视为折中和对报应的放弃。但它在尼采看来——不同于在杜林的观念中，并非最终的目标。在尼采看来，法治和国内和平，并非因为公民个人安全而构建，而是作为确保当权者的权力的手段。尼采强调了这种区别：

> 把法律秩序设想为至上的和普遍的，不是把它当做力量综合体之间斗争的手段，而是视为反对一切斗争的手段……要求每一种意志都应将其他意志视为同等的，这将会成为一种敌视生命的原则，是试图谋杀人的未来，是疲惫的标志，是通往虚无的秘密途径。❸

因而，国家构建国内和平的努力——包括通过公共惩罚的方式——应当被视为一种武器。权力的盛行既可以是内在的，也可以是外在的。内在权力盛行，存在于如下情形中，即作为个体性的人，如受害者，不再施加"惩罚"，而由国家单独实施；因而，国家实施的是在日后被普遍称为"暴力垄断"的东西。外在权力盛行存在于如下事实中，即在与其他国家的争战中，国内

---

❶ *GdM* II 11。《论道德的谱系》页 52。[中译者按] 参见中译本，页 47。

❷ *GdM* II 10。《论道德的谱系》，页 51。[中译者按] 参见中译本，页 46。

❸ *GdM* II 11。《论道德的谱系》，页 54。[中译者按] 参见中译本，页 49。

和平意味着一种重要优势。尼采将战争评价为一种受生命欢迎的原则，这种评价经常在他的作品中得到表达。❶

然而，初看起来，从私人复仇演变到公共惩罚的结果是消极的，尤其对一般人和受害者而言是如此。这是因为，"（可怕的）惩罚有如此强烈的喜庆一面！"，并且"目睹别人受苦令人快乐，给别人制造痛苦更加令人快乐——这是一个严酷的命题，却又是一个古老的、有权威的、人性的——太人性的主题"。❷ 此时，随着国家变得越来越有权力，痛苦也变得越来越温和、越来越抽象，人们便失去了"给某人制造痛苦"（Leidenmachen）的能力，而仅仅获得作为安慰的"目睹某人受苦"的能力（Leiden-sehn）。人们［164］遭受了明显的挫败，因为"肇事者得到共同体的谨慎保护，以免受这种愤怒伤害，尤其是直接受害方造成的伤害"。❸ 先前意味着"享受主人权力"的私人惩罚这时却消失了。❹虚构的等价物或正义，作为对这种挫折的补偿，作为一种"折中"或作为"对真正的生命意志的限制"而被提出。但首要的是，对罪犯的内疚和良心谴责进行的虚构，给怨恨提供了安慰。对尼采而言，被杜林确认为既是某种真实的东西又是惩罚目标的良心谴责，被证明只是使（国家）权力盛行的手段。

尼采强调，观点的改变，一方面是在法权哲学与刑法哲学之间发挥作用，另一方面则是在法权哲学与他自身的观念之间起作用。在他看来，惩罚没有"目的"（Zweck）；相反，惩罚的概念凸显了"'多种意义'的全部综合。"❺ 惩罚既不涉及民众的目的（失去"给某人制造痛苦"的能力），也不涉及权力的目的（限

---

❶ 例如，在《人性的，太人性的》（*Human, all too human*）的 I §224 部分；《查拉图斯特拉如是说》（*Thus spoke Zarathustra*）的 IV 312 部分；以及《偶像的黄昏》（*Twilight of the idols*）的 §38 部分。

❷ *GdM* II 6。《论道德的谱系》，页46。［中译者按］参见中译本，页42。

❸ *GdM* II 10。《论道德的谱系》，页51。［中译者按］参见中译本，页46。

❹ *GdM* II 5。《论道德的谱系》，页45。［中译者按］参见中译本，页40。

❺ *GdM* II 13。《论道德的谱系》，页57。［中译者按］参见中译本，页51。

制自身），它也不会对罪犯的悔改产生影响，这一点稍后可以发现。《论道德的谱系》（1887）问世后不久，在最具影响力的刑法理论家中，有两位将惩罚的目的置于刑法的核心位置：耶林（Rudolf von Jhering）和李斯特（Franz von Liszt）。❶ 所有传统理论的要点，从柏拉图的《高尔吉亚》到黑格尔的《法哲学原理》，再到贝卡利亚的《论犯罪与刑罚》和边沁的《立法理论》，都努力地想为惩罚制度的目的提供根据。在这方面，在刑法理论中，尼采代表了根本性的转折；尼采与传统之间只有一座狭窄的桥：它们都支持惩罚制度。但是，尼采的观念反对正义的每一个方面，反对惩罚的根据，认为它只不过是假象。

　　无疑，当尼采说："如果正义的人［165］对伤害他的人采取了正义的态度……这就是地球上一件最完美的杰作"，❷ 人们或许容易产生假象，认为他是在称赞正义。但在此不应忽视三个基本方面。首先，他绝没有提及正义，提到的只是"正义的人"。其次，这句话是用假设的形式阐述的（"如果……确实……"），并且它的条件没有得到满足，因为"它甚至是连聪明的人也不敢奢望的东西，人们无论如何也不应轻信于它"。❸ 此外，尼采从不会采取那种观念论的立场：他绝对不赞成任何形式的理念。最后，最接近正义之人的正义品性，并不源于他/她对正义的感激。离正义很近的人，"比反应性行为之人虽然更加靠近正义，但也近不了多少。"只有在他/她属于"主动的、进攻性的、侵犯性的人"❹时，他/她才靠近正义。因而，他/她首先是有权力的和具有侵攻击性的，其次才是正义的。

　　对此，我们已经作出了解释。对尼采而言，正义只是权力的

---

❶　Rudolf von Jhering，《作为手段的法律》（*Law as a means to an end*），Joseph H. Drake 编，Isaac Husik 译，Union，NJ：Lawbrook Exchange，1999；Franz von Liszt，*Der Zweckgedanke im Strafrecht*，Berlin，1883。

❷　*GdM* II 11。《论道德的谱系》，页 52 – 53。［中译者按］参见中译本，页 47。

❸❹　*GdM* II 11。《论道德的谱系》，页 53。［中译者按］参见中译本，页 47。

一种手段。作为自律性目的的或作为一种价值的正义，完全没有存在于他的思想之中。

6.3 罪责感出现在普通公民而不是犯人之中

我们已经知道，在尼采看来，悔改只是一种虚构。根据尼采，或者犯人以后会成为惯犯，只会更精于犯罪（惩罚"加强了反抗能力"；"毫无疑问，我们必须首先在这种智慧的扩大化中，寻找惩罚的真正效用"），❶ 或者他们的意志将会遭到破坏，他们将变得愚钝（"如果发生了如下的事情，即惩罚损耗了精力、引发了可怜的软弱和自卑"）。❷ 第三种可能性实际上被排除了，因为"这些犯人和囚徒很少会感到真正的良心谴责"。❸

为了理解这一点，必须简要提及罪责感实际上会出现在哪里，会出现在哪些人之中。尼采［166］在《论道德的谱系》第二章第22节谈到"为了驯服而被禁锢在'国家'之中的男人和女人，在其制造疼痛的意愿之自然出路被堵塞之后，为了给自身制造疼痛而发明了坏的良心"，❹ 这时他就对这种阐释进行了高度概括。我们已经看到，国家是如何通过公共惩罚来独占痛苦的施加。现在，国家也运用权力垄断来对付罪犯。罪犯实际上不是债权人，而是债务人和"违背诺言的人"。他/她因此无法援引正义来应对惩罚。但他/她还是像其他人那样受到权力意志的影响，

---

❶ *GdM* II 14，15。《论道德的谱系》，页59，页60。［中译者按］参见中译本，页52，页54。

❷ *GdM* II 14。《论道德的谱系》，页59。［中译者按］参见中译本，页52－53。

❸ *GdM* II 14。《论道德的谱系》，页58。［中译者按］参见中译本，页52。

❹ 译文将"erfunden"译成了"发现"，但它应当被译为"发明"。*GdM* II 22。《论道德的谱系》，页68。［中译者按］参见中译本，页61。

并觉得施加惩罚就像是一种乐趣。而且犯人也只是像普通公民一般地被关起来了，如果不是更加如此的话！那么，为何犯人不能像普通公民一样，产生一种罪责感呢？

对此，尼采给出了如下解释：

> 我们不可轻视，罪犯在何种程度上恰恰是在目睹司法程序以后不再感到他的行为和他的行为方式是耻辱的，因为他在司法机构的工作中看到了同样的勾当，只不过冠以美名，让人心安理得地去干。❶

这种解释初看起来令人困惑，因为它将罪责和惩罚的问题与歧视的问题混淆了。因为犯了罪，犯人被其他公民有意地歧视；对一般公民则不是如此。这种规范性解释在尼采的观念中是不恰当的，因为规范性原理不会提供任何解释，相反，它们自身必须被描述性地获得阐释。

尼采的解释包含了两个重要原理。首先，不同于普通公民，犯人看到他/她的"反抗力量"在很多时候得到了加强，因为他比普通公民受到更严厉的镇压。与他们不同，罪犯必须与国家的权力作斗争，这样他/她便没有必要将尼采称为"Leiden - lassen"（字面意思是"给某人制造痛苦"）的东西内在化。其次，不同于普通公民，尤其不同于受害者——受害者被要求［167］接受一种并非真正等价物的东西（安慰性的等价只是"折中"），罪犯感到了他/她自认为是等价物的东西。罪犯受到了与他/她行为的方式相同的对待；由于惩罚，"债务"被扬弃了。犯人没有看到受害者的痛苦，因为国家将犯人与受害者并进而将其与受害者的复仇相隔离。因而，也就没有给"债务"留下空间。

弗莱彻（George P. Fletcher）认为："比较高的再犯率表明，

---

❶ *GdM* II 14.《论道德的谱系》，页 59。［中译者按］参见中译本，页 53。

与矫正的理想相反，监狱加强了罪犯的反社会倾向，而不是使其转变到能过一种守法的生活。"❶ 像弗莱彻这样的刑法专家进行的观察，无疑强化了尼采有关监狱的评价。即便犯人被改造只是一种极端的现象，但还是要感谢惩罚，至少多数罪犯的意志会被它破坏。至少有些罪犯会因此而不会成为再犯，也就是说，要感谢在他们服刑结束之后以特殊威慑为目标的惩罚，因为它使他们变得不具危害或得到矫正。

6.4 尼采提出了一种惩罚理论吗？

那么，尼采本人对此有何建议？债务的清偿（Abzahlung）是基于一种假象。我不相信尼采的回答会是逐出社会。宽恕和主人的权利，都不能成为一种选择。尽管尼采没有宣称反对酷刑和反对因施加痛苦带来的乐趣，但愤怒，作为一种逆反情绪，作为怨恨，在其观点中也是不可取的。替代方案依然是："无情和残酷地"对付"已被打败的、受到憎恨的、被解除武装的敌人"，❷但当然不要带着愤怒：而是带着欢乐，不要带着反应性情绪、怨恨去对付违背诺言的人。罪犯只是试图通过他/她对诺言的违背而去获取胜利。尼采并没有在道德上反对他们，因为只有权力关系才能被视为基准。罪犯所犯之罪被令人高兴地通过可怕的死刑而得到制裁，这只能说是罪犯碰上了坏运气。只有 [168] 怨恨的内在化，即将无权力之人对罪犯的愤怒内在化，才对整个权力盛行的进程有害，是无权力取得胜利的征兆。

事实上，尼采谈到的违背诺言的人，不是一个卑鄙的、糟透

---

❶ George P. Fletcher，《刑法的基本概念》，页31。

❷ *GdM* II 9。《论道德的谱系》，页51。[中译者按] 参见中译本，页45。

了的人，而像是一名战士，是一种象征，大多数时候在尼采的作品中都有一种言外之意，涉及某些高贵的东西。罪犯拒绝等价体系，并因此认为他/她自己是不可比较的。如果罪犯失利，人们或许真的会因为战胜而欢乐，但却不会在道德上评判他/她。在《论道德的谱系》第二章中，尼采已经更广泛地提到了这种选择：

> 人们都明白，在庆祝王侯的婚礼和大规模民间节日时不考虑处决、行刑或火刑，是并非遥远的往事……目睹别人受苦令人快乐，给别人制造痛苦更加令人快乐——这是一个严酷的命题，又是一个古老的、有权威的、人性的——太人性的主题……没有残酷性就没有节日，这就是最古老、最长久的人类史给出的教诲——就是在惩罚方面也有如此之多的喜庆！❶

仍然没有明确的是，人们是否还要在这些情形下谈论公共惩罚。假如罪犯没有遭到公民们的私下惩罚——例如，通过私刑而被处死，顺便说一句，这种私刑体现更多的是愤怒而非欢乐——而是遭受国家的惩罚，人们就最终可以在谈及公共惩罚时无须赞成尼采的观点。

尼采有关公共惩罚是一头残忍的野兽这一无关乎道德的观点，究竟告诉了我们什么？他的主张是二分的和双重的。一方面，他诉诸可罚性的古典根据：罪犯没有遵照作为共同体基础的互惠原则，并且他/她攻击了共同体；因而，他就不再是共同体的一员。另一方面，在他的观念中缺乏更深层次的古典假设——罪犯作为人，能清偿他/她犯的罪，即能在赎罪后重新成为社会中的一员（如前所述，不仅矫正理论［169］认同矫正的可能

---

❶ *GdM* II 6。《论道德的谱系》，页 46。［中译者按］参见中译本，页 41 – 42。

性，威慑理论和各种形式的报应主义也如此——但死刑这种成问题和有争议的情形除外）。它的领地由权力和残酷统治着。我的结论是：尼采有关最令人满意的惩罚的理念，呈现了一种正义与残酷相综合的形式。这种综合理论就其本身而言无疑令人难以置信。

在现实中，问题看起来稍微不同。尼采的主要假定不是这种互惠性，即不是一种非实证的、自然法正义的形式；而是如下这种互惠性，它是"社会生活的各种要求"中包含的一种形式。❶在他看来，首先为记忆法提供必要而有力的帮助的，❷ 不是惩罚的严厉性，相反，从一开始就是驱逐出社会或犯罪的不可清偿性。尼采只是介绍了伴随折磨的死刑，将之作为加强记忆的方法：石刑、车刑、向罪犯投掷梭镖、让马匹拉裂或踏碎犯人、投向油锅或酒桶、剥皮、割肉、还有给罪犯抹上蜂蜜置于烈日之下。❸这些惩罚作为死刑，意味着将罪犯驱逐出共同体。死刑是一种排斥，而肉刑是一种残忍；简单地说，疼痛是"记忆法的最有效的辅助"，❹它告诫人们：要严格服从。

尼采的观念——将惩罚作为一种记忆法，只与共同体权力的盛行有关，并且将正义和法治留给各自的权利关系——无论以何种方式，它们最终都可能会发现自身。惩罚的谱系就是尼采所作的阐释；出于同样的原因，它也是一种对惩罚的立场坚定的建议。在此无疑不会有关于以正义为导向的争议的启发，这种争议同在上述建议中发现的惩罚有关。此外，在我们这个时代，实现尼采的建议也并非一种潜在的辅助记忆的有效手段。相反，它还会引发——很有可能——大量的抵制以及较大的社会动荡。如果我们的法律体系及其结构性的和功能性的难题，较之尼采的观念要更为稳定，则他那仅有的核心主张就［170］会失败。因而，

---

❶❸ *GdM* Ⅱ 3。《论道德的谱系》，页42。［中译者按］参见中译本，页38。
❷❹ *GdM* Ⅱ 3。《论道德的谱系》，页41。［中译者按］参见中译本，页38。

我们这个时代就会将自身与尼采的观念区分开来，正如区分如下两种情形一样，这就是伏尔泰（Voltaire）颇具讽刺意味地描述的有关报复性惩罚的两种不同情形：

> 所有的浴血政治的法律，在历史中都有属于自己的时刻。人们可以清楚看到，它们不是真正的法律，因为它们是短暂存在的。它们近似于在极端饥饿的状态下，你有时需要吃掉其他人，而一旦你有了面包，你就不会再吃人。❶

❶ Voltaire，"评《论犯罪与刑罚》一书"（Commentary on the book *On crimes and punishments*，by a provincial lawyer），载 Voltaire，《政治学论著》（*Political writtings*），David Williams 编译，Cambridge：Cambridge University Press，1994，页 244－279。

第 7 章　惩罚危害人类罪的目的是什么？

7.1　危害人类罪的特征

[171] 危害人类罪的概念扮演了两种角色。一方面，它试图弥补国际法律体系的漏洞；另一方面，它构成了一种全新的犯罪，这种犯罪的特征是任何其他种类的犯罪没有的。

在实证的国际法律体系之下，危害人类罪试图弥补的第一个漏洞是，不仅无法针对敌方战斗人员及其平民犯下的罪行提起诉讼，而且针对自己的平民犯下的罪行也无法起诉。这样，危害人类罪的概念就扩展了战争罪这一概念的范围，囊括了全新类型的受害者。该罪弥补的第二个漏洞是，无法将国际人道主义法扩展到适用于已犯下的罪行。纽伦堡法庭和东京法庭承担了对由德国人和日本人在第二次世界大战时期所犯下的战争罪和危害人类罪的指控。这些法庭所指控的犯罪发生在它们成立之前，即发生在危害人类罪的概念先于这些法庭沟通出现之前，因而，违背了法无明文规定不处罚（nulla poena sine lege）这一基本法律规戒，而支持在国际问题中实施最低限度上的自然法法律框架。有趣的是，虽然国家刑事立法包含了这种溯及既往，［172］但国际刑事法院（简称"ICC"）没有将其包含在规约中。❶ 该罪对第三个漏洞的弥补作用最近才逐渐凸显出来，据此，ICC 的司法管辖权既没有受时效制度的限制，也没有受犯罪行为地的限制，至少在批准法规生效以使之成立的国家中是这样。但这种司法管辖权具有附属性质，因为 ICC 仅负责对或者属于国家内部司法当局没有起诉的案件进行起诉，或者对于作出明显不适当判决的案件进行起诉。

危害人类罪的定义之所以看起来可以完全弥补这些漏洞，至少有三个原因。首先，类似于 ICC 这样的国际性刑事法院，并不是最高法院，只具有十分狭窄的管辖权。这种法院审判的案件没有上诉可能性，也就是说，作为最后的救济手段，它不能负责审理已由国内法院审理过的涉及最高罪行，并且没有作出明显不公平判决的案件。不同国家之间，对最严重罪行（在大多数国家中，谋杀是最严重的形式）的定义和惩治方式存在不同，（例如，美国的一级谋杀罪，德国的"Mord"和法国的"meurtre avec préméditation"，是完全不同的概念，对此的处理方式也不相同）；即使它们的一致性跨越了国界，受到处理的案件数量——即使仅在上诉中——也会大大超过单一法院的承受能力。其次，因为危害人类罪根据定义被认为是"系统性的攻击"，这意味着它们是系列犯罪，从定量角度看，它们是最重要的犯罪。再次，

---

❶ 溯及既往一直是对纽伦堡法庭提出的主要责难；参见：Larry May，《危害人类罪的规范性解释》（*Crimes against humanity：a normative account*），Cambridge：Cambridge University Press，2006，页 211。

这种"系统性的攻击"往往出现在一个失败的国家或犯罪的国家，在前一种情形中国家无法阻止这种攻击，在后一种情形中国家本身就在犯罪。由此，就存在对国际机构的补充干预的特殊需要。总之，危害人类罪的概念作为一种标准，对如下情形是起作用的：只有在最严重罪行未被审理时，才允许国际法庭受理。仅仅基于这些原因，就有必要并且已经在每个国家的刑事司法体系中设立这种新型犯罪，[173] 将之作为——以纽伦堡法庭和东京法庭宣告的裁判形式——其存在在实证国际法中的纯粹后果。

通过为刑事控诉确立一个全球性标准和设定一种恰当的优先规则，就可以使刑事控诉的全球协调成为可能，而危害人类罪的概念，作为一项实用标准，似乎是为此而迈出的必要的第一步。虽然这些事实上的原因足以证明，危害人类罪这种国际法中的特定犯罪有存在的必要，但我认为，这种新型犯罪中的某些特点以及给予其处罚的理由，会经常遭到误解或者说并非恰当。

前面提及的特征可做如下陈述：

1. 根据《国际刑事法院罗马规约》，危害人类罪是"广泛和系统性的攻击"❶，这种攻击是指"根据一国或组织实施此种攻击的政策或为推行该种政策"而采取的攻击行动。❷ 基于个人原因摧毁整个村庄的个人犯罪行为，不构成任何形式的危害人类罪。危害人类罪不像叛国罪、滥用职权、贿赂等属于直接针对制度的犯罪。它涉及的不只是违反法治的行为，而是攻击政治体制本身的行为。此外，还因为它明确意图将整个团体从政治代表权的获取中以及从政治商议的进程中排除出去，以及有可能计划剥夺他们依据正当程序诉诸公正法庭的权利。我不同意加拉邦（Antoine Garapon）的观点，他认为，危害人类罪违背了"享有

---

❶ 《国际刑事法院罗马规约》第 7.1 条（以下简称《罗马规约》）：www. icc - cpi. int/NR/rdonlyres/EA9AEFF7 - 5752 - 4F84 - BE94 - oA655EB30E16/o/Rome_ Statute_ English. pdf。

❷ 《罗马规约》第 7 条。

权利的权利"（droit d'avoir des droits）❶ 这一原则。因为任何普通谋杀案的受害者都会明确地失去这种"享有权利的权利"，但他/她不一定是危害人类罪的受害者，危害人类罪是对基本政治体制的犯罪。

2. 危害人类罪并未采用能在刑法中发现的存在于个体犯罪之间和个体惩罚之间的基本制裁结构。不同于每个国家的国内刑法，[174] 诸如谋杀、绑架、酷刑和强奸之类的罪行都纳入到了《罗马规约》第 7 条规定之中。根据 26.3 条之规定，实施、引诱实施以及帮助实施该罪，甚至包括为此提供犯罪手段，都被认为触犯了危害人类罪。第 77 条规定的"可适用的刑罚"，也与上述规定相符。尽管根据所犯行为的不同，国内法规定的惩罚力度会有很大的差别。但无论如何，两种关于配刑的选择（无论是一定时期的监禁还是终身监禁）都与单个国家的基本刑法典处理的犯罪分类没有特别的关系。我们可以分析 A 在 B 的煽动下实施犯罪后所产生的后果。B 实施的煽动行为的性质，并不等同于给 A 创造了强迫的环境。普通刑法不会总是惩罚煽动犯罪的行为；在此情形下，它只会惩罚煽动最严重的犯罪行为，并且由此遭致的惩罚总是比实施该犯罪行为本身遭致的惩罚要轻。《罗马规约》没有提到针对煽动犯罪者的惩罚要比针对实行犯的惩罚轻。相反，《罗马规约》不包含任何对反向制裁结构的禁止（如，惩罚罪犯但较少基于罪犯的参与程度，而这违反了大多数国家的基本制裁结构）。实际上，下达大规模屠杀命令但并未亲自杀害任何人的政治领导人，与执行命令并被法院认定在没有受胁迫的状态下实施该行为的士兵相比，前者所受的惩罚或许会更严厉。

3. 危害人类罪不适用时效原则，但在大多数国家，即使最

❶ Antoine Garapon, *Des crimes qu'on ne peut ni punir ni pardonner*, Paris: Editions Odile Jacob, 2002, 页 134。

严厉的犯罪都有时效限制。即便在德国这个谋杀罪不受时效限制的国家，对于《罗马规约》第 7 条规定的大多数犯罪行为（如强奸、绑架等），只要这些行为不是在危害人类罪这一背景下实施，它们都受诉讼时效限制。首要的是，德国决定将谋杀罪排除在时效限制之外，其目的是使对当时并未成为刑法典一部分的危害人类罪的控诉成为可能。[175] 如果当时不是出于这种考虑，谋杀罪很有可能会受到时效限制。在奥地利，谋杀罪不受时效限制，但对犯罪实施 20 年后发现的案件，刑罚的力度会有明显减轻。❶

4. 由于危害人类罪十分残暴，因此该罪不适用时效原则在道义上就被视为正当。这种残暴通常意味着两种后果：首先，它意味着触犯危害人类罪的人都是应受特别惩罚的凶恶之人。其次，它也意味着危害人类罪代表的残暴仍然不能被人类遗忘，因为罪责在此被认为是无法衡量的。因此，惩罚应当具有表达的功能，即表达人类不可磨灭的、根深蒂固的憎恶。这样看来，当所犯之罪是危害人类罪时，没有刑罚完全适合应对此一犯罪，但特别的惩罚至少被认为能表现出罪犯的无法消除的罪责。一些危害人类的犯罪的残暴——并且，找不到任何与其犯罪的严重性相称之惩罚——经常被用来作为危害人类罪这一法律范畴存在的根据，而且，它暗含着不仅要排除时效规定的限制（对此在第 1 点中已有提及），也意味着要以特别方式来诠释第 1 点和第 2 点中提到的原理。实际上，在该文本中，基本而严谨的法典化制裁结构（第 2 点）的缺失，被认为彰显了如下事实，即犯罪是如此残暴，以至于超越了普通刑法中制裁手段的范围，并且，超越了可量化的罪责和惩罚力度的范围。那么，第 1 点又如何呢？有观点认为，犯罪的残暴使超越于普通犯罪之上的制裁成为正当，在这

---

❶ 《奥地利刑法典》（*Austrian Penal Code*），载 *Strafgesetzbuch*，第 6 部分，第 57 (1) 条。参见：May，《危害人类罪的规范解释》，页 216。

一主张看来，危害人类罪的政治重要性又怎样？有人将危害人类罪的特殊性解释为其残暴性导致的结果，这些人并未强调实施犯罪给公共制度造成的危害［176］；而是强调实施犯罪在道德上产生的恶，即罪犯被认为不能重新归属于法治下的政治共同体。

7.2　危害人类罪的一个替换性概念

在大多数关于危害人类罪的观念中，前述四种特征构成了一种我想要挑战的复合体。我认为，第 1 个特征和第 2 个特征都是真实的，但我将以完全不同的方式来为第 2 个特征提供根据，我将全盘否定第 3 个特征和第 4 个特征。我将从第 1 个特征开始展开对这四个特征的研究。

危害人类罪侵犯的是法治国家的基本政治体制。我将引入一种区分，它对确定关于该犯罪的适当惩罚力度而言，有着十分重要的作用：即区分了（A）正在实施犯罪的期间与（B）犯罪实施完毕之后的期间。

（A）我们发现，传统自然法中有两种权利，即诛杀暴君的权利和抵抗的权利，都想要为针对合法政治共同体中机构实施的犯罪的情形提供救济。根据定义，在这种情形下，法治并未得到实施，因而任何法庭面前的行动都是不可能的。因此，诛杀暴君和抵抗权都不会进入实定法的法典之中。《德国基本法》宣称："在穷尽其他救济措施时，所有德国人都有权反抗任何破坏此种宪法秩序的人。"❶ 但基于前述理由，法律不能部署这种抵抗权的行使；它属于宪法而非刑法范畴。诛杀暴君的权利和抵抗的权利不是对暴君的惩罚，但它为诛杀暴君的行为提供法律上的借

---

❶ 《德国基本法》第 20 条第 4 款。

口，以便实施这种在一般情形下应受惩罚的违法行为。但在此，我想要探讨的是对有关危害人类罪的惩罚。

惩罚一个在特定时期内拥有权力并且在任职期间实施了危害人类罪的人，其目标究竟是什么呢？在我看来，惩罚的目的要么是——最重要的——剥夺罪犯的犯罪能力，[177]即撤销实施了危害人类罪的人的权力，要么是一般预防，即威慑外国政府的成员，使其不敢实施危害人类罪。但因为危害人类罪在国际法和国内法上已为前述特征所界定，对危害人类罪的指控便成了一种多余的或无用的手段。当能根据普通刑法来控告和罢免政府内阁成员或整个政府内阁，并且议会不会腐败到容忍或支持政府内阁犯下的罪行时，它便是多余的。当宪法并未预先规定这种剥夺或弹劾程序，或犯罪的政府内阁成员如此行使权力或以暴力相威胁而没有人敢提出指控时，它便是无用的。不仅国内体制的障碍可能使指控无法实现，而且国内或国际上的豁免权，也可能导致这一结局。政府内阁成员、议员、外交官等，都基于国际法享受豁免权。豁免权可以提供保护，甚至使其免于危害人类罪的控诉。由于除侵略和经联合国安理会授权的情形外，任何武力形式的人道主义干涉都被禁止，因此，当罪犯仍担任公职时，在指控危害人类罪这方面，国际法明显起不到牵头作用。根据当今人权法来理解的危害人类罪概念，并没有为清除如下法律上障碍而提供必要的帮助：阻止政府大规模地侵犯其公民基本权利。

事实上，如果有观点支持一种针对危害人类罪的非常规惩罚，进而在根本上强调威慑效果，那么在犯罪的政治领导人离职之后对其课刑，就会被认为能产生一般威慑的效果。对政治领导人进行有效的起诉和定罪，被认为能威慑其他政治领导人实施危害人类罪。然而，首先，当政治领导人认为实施危害人类罪是实现其政治目标——他们或许真正认可该目标的正当性——或只是保留自身职位的唯一可行的方式时，就没有证据证明，他们能因国外同僚遭到惩罚这一影响而改变主意。他们的精心致力于促进

政治目标获得实现的动机或他们的保留自身职位的动机无疑非常
强烈。❶ [178] 其次，如果惩罚的目标是威慑，惩罚的施加就应
直接针对犯罪行为的实施，即当违法者依然在职时就要施加惩
罚，而不是等到被罢免之后。

　　（B）接下来我们探讨一下罪犯遭到罢免后的情形。一旦罪
犯的权力遭到剥夺，惩罚的预防性目标要么就是一般威慑——我
在前面已对此表示了怀疑；要么就是特殊威慑，它意味着防止罪
犯重新获得权力。根据惯例，当领导人实施了反对本国体制的犯
罪（例如，阴谋、叛国罪、滥用职权等情形）并遭到罢免之后，
有三种可行的选择，每种选择都符合对前领导人作为领导人具有
的特点的描述，并且符合其当前所处的情况。我们不妨假定，前
领导人给体制造成了立即的严重威胁，因为他有许多支持者、许
多设备、许多武器等可供调遣和支配，一旦时机成熟便有机会重
夺政权。第一种可能存在的描述是，如果前领导人不再出现在该
国领土范围内，他就将失去重夺政权的能力。前述情形的经典解
决方案是：驱逐。该方案与菲希特尔伯格（Aaron Fichtelberg）
提出的将罪犯驱逐出整个人类社会的建议并无关系。❷事实上，
驱逐出整个人类社会，最终相当于迫使其处于极有可能造成其死
亡的情形中，就像费希特说的对待那种危险的野兽的方式一样。
第二种描述是，即便流放，罪犯对国家构成的威胁，就仍然可以
像他实际存在于国家之内一样。这一情形的传统解决方案是：死
刑。最后，对前领导人的第三种描述是，被罢免后，前领导人不
再对国家机构造成威胁。前领导人会受到责难，这是为了断绝前
领导人与民众之间的联系，是为了表明后继政府不会怀有前领导

---

　　❶　参见：Aaron Fichtelberg，"超越正义的犯罪？报应主义与战争犯罪"（Crimes
beyond justice? Retributivism and war crimes），载《刑事正义伦理学》（*Criminal Justice
Ethics*），24，no. 1，2005，页 31 – 46。在第 35 页，他恰当地谈到，惩罚的威胁或许
会产生不良后果。

　　❷　Fichtelberg，"超越正义的犯罪？报应主义与战争犯罪"。

人那样的意图，而会使前任政府犯下的罪行得到严格的禁止，前领导人会受到责难。[179] 但一般而言，责难是短暂的，宽恕很快就能获得。❶ 必要的话，或许可以附加惩罚，禁止其在一段时间内担任公职。一句古老的谚语说得好，对政治犯的惩罚，大多数时候不是死刑（第二种描述），就是短期监禁（第三种描述）。

有趣的是，在实定的国际法中，这三种选择都不适用于如前南斯拉夫法庭、卢旺达法庭或 ICC。死刑在联合国大多数成员国中都已经被废止，在海牙的 ICC 中亦如此，就连危害人类罪也不适用死刑——这不同于时效原则遇到的例外。最严重的危害人类罪受到的惩罚也不比最严重情形下的一级谋杀罪受的惩罚更严厉。纽伦堡审判和东京审判后，国际性的刑事审判不再通过死刑判决。如果死刑判决被通过，大多数西方民主国家就不会参与这些审判，因为他们中的大多数都明确禁止向能判处死刑的法院引渡罪犯，即便所犯之罪是危害人类罪。放逐也不能成为一项选择，因为《世界人权宣言》（第 9 条）、《欧洲人权公约》（第 7 条第 1 款）和《欧洲安全与合作会议最后议定书》（1975 年赫尔辛基文本，第 10 条"原则"）都保证个人有权随时回到自己的国家。无疑，犯罪的领导人与其受到国际法庭的审判，还不如由其所属国的国内司法系统来审判，否则，制裁很有可能会在其所属国之外执行，这便被视为一种事实上的驱逐。最后，对危害人类罪的领导人进行的制裁不能是短期的刑罚，而必须是终身监禁或长期监禁。当将上述全部观点作为整体来考虑时，会得出如下两个令人震惊的观点：

---

❶ 为了确保正义的和平，赦免或许是一种必要手段；参见：Michael P. Scharf，"正义与和平之争"（Justice vs. Peace），见 Sarah B. Sewall and Carl Kaysen 编，《美国和国际刑事法庭：国家安全和国际法》（*The United States and the International Criminal Court: national security and international law*），Lanham, MD.: Rowman and Littlefield, 2000，页 213 - 236。

  （1）对危害人类罪的惩罚根本不同于对侵害法律和政治制度之犯罪的惩罚，［180］即便它们在性质方面有密切的关联。

  （2）制裁危害人类罪的严厉性，不超过对现有其他犯罪的惩罚的严厉性，而在大多数国家，其他犯罪都受时效限制。

我稍后再来讨论上述观点。眼下，我将考虑对仅仅是执行政客下达之指令的人的惩罚。我将再次区分正在实施犯罪的期间与犯罪实施完毕后的期间。

  很显然，在犯罪实施的期间内，如果碰巧有一种系统的"国家的或组织上的政策"，并且这些执行指令的人发现自己在实施犯罪行为，则即便有人遭到控诉，这样的人也不会有很多。而在犯罪实施完毕后，必须采取的最重要的特殊预防措施是解散所有策划、操纵并最终实施危害人类罪的犯罪性政治组织。对大量的作为个人的执行者进行惩罚的目标是什么呢？如前所述，危害人类罪的特征之一——也是战争罪的特征之一——是，一方面命令不能作为犯罪的正当化事由，另一方面，实施犯罪并不被认为比单纯的教唆犯罪更严重，简而言之，这意味着领导人和执行者都应对危害人类罪负责。

  然而，仅仅在理论上是如此，因为只有很小一部分执行者受到起诉并定罪，并且他们受到的惩罚通常要比领导人受的惩罚轻。此外，与普通犯罪相比，他们受到的惩罚不会更严厉，而且时常要更轻缓（不妨回想一下，国际刑事法院在 1996 年审理前南斯拉夫问题的案件中，对多次犯下谋杀罪的谋杀犯埃德莫维奇（Drazen Erdemvić），因存在减轻情节，只判了 5 年监禁）。❶ 甚至被纽伦堡法庭官方认定为"犯罪"组织中的自愿加入的成员，

---

  ❶　参见：*Prosecutor v. Drazen Erdemvić* 案中的量刑裁判，见 www. un. org/icty/erde-movic/trialc/judgement/erd‑tsj980305e. htm。

诸如党卫军（SS）或［181］盖世太保，都没有被系统性地判处刑罚，而只有最严重的案件才被起诉。无论是根据特殊威慑的观点（孤立的个人不能独自重建他们所属的犯罪组织），还是根据一般威慑的观点（如果被判刑的概率极低，威慑效果就不足以使这些措施正当化），强制制裁一小部分执行者并不具有真正的效果。根据一般威慑，更为有效的解决方案将会是对所有执行者进行大规模的惩罚，如果完全有可能的话。如果这种大规模的惩罚遭到被起诉和判刑的罪犯的抵抗，将危及法治国家的存在和稳定。如果我描述的受到限制的温和惩罚，能使国家恢复到法治状态，则所有的惩罚理论，不论是威慑理论，还是报应主义理论，都将倾向于后一种选择。关于这种解决方案，威慑理论与报应理论之间存在典型差异。报应主义的惩罚理论将之视为法律的例外，这么做只是为了确保法律的存在，否则，法律的实施便不可能。在《法权学说》中，康德描绘了这样一种情形，即谋杀案的"同伙数量如此之多，以至于国家考虑处死这些犯人时，感到丧失这么多的臣民会使国家很快解体……国家不愿意因此而解体，更不愿意回到情况坏得多的自然状态之下，在那里连外在的正义也没有"。❶ 此时的康德无疑属于报应主义学派，在他看来，作恶者在此种情形下应获得减轻处罚，但这种减轻处罚是通过君主签发赦免令，而不是通过法律条文实现的。就威慑理论而言，这些更轻缓的惩罚并未造就刑事正义法律的例外，而属于刑事正义法律的一部分，因为刑法的唯一目标是确保法治尽快得到实现。如此，一旦实施危害人类罪的作恶者在正常法治下重获权力的危险不复存在，再犯的可能性也就会消失。再犯可能性比其他犯罪的可能性低得多，［182］也正因如此，其惩罚也就同样的应当比通常由普通刑法典规定的惩罚轻得多。

稍后我将回过头来分析报应主义的立场。我从这些观点中推

---

❶ *RL* Ak VI：334。《实践哲学》，页475。［中译者按］参见中译本，页166。

出来的首个结论，表面上看或许会令人反感。因为，危害人类罪的典型特征，是由该罪的政治维度和由该罪缺乏一般的制裁结构形成的，它们应当使该罪的惩罚力度较普通个人犯罪的惩罚力度更轻缓。在涉及危害人类罪的情形中，一般威慑和特殊威慑根本不会要求相同的手段，就像在那些于更为个人化的层面上犯普遍罪行的案件中一样。

如果我们进行如下思维实验，这一结论或许会更加令人反感。但在进一步讨论之前，我想强调，我绝不赞同接下来提及的那些人或他们的想法。相反，他们的政策，尤其是主张对一些种族、政治性团体和宗教团体进行大规模灭绝的政策，应当受到最严厉的道德谴责和最强烈的理性反对。在此，我想参考一下法国辩护律师巴丹泰（Robert Badinter）使用过的推理。在他成为法国司法部长之后，在他在无数法庭面前为当事人抗争死刑之后，他最终选择废除了死刑。他解释说，刑事案件越是激起人们的厌恶，就越要明确地以法律原则为依据进行辩护。❶ 现在我们开始这一思维实验。设想一下，第二次世界大战结束 40 多年后，《纽约时报》发现，希特勒并未在 1945 年 4 月死在柏林的碉堡里，而是逃了出来，一直生活在爱尔兰乡村的某个不起眼的地方。除了报应主义理论外，我发现没有刑事正义理论会认为 40 年后他仍应受到惩罚，因为此时他不再对任何政治体制构成威胁。为了绝对确保他不再构成威胁，人们充其量只会去剥夺他的言论自由权。这一令人厌恶的结论——即为对时效规定的利用进行辩护，即便在牵涉最可鄙的罪犯的案件中依然如此——会与前述危害人类罪的特征矛盾。［183］但它并不必然意味着是在请求免除对罪责的认定，这就如同真相与和解委员会（Commission for Truth and Reconciliation）这个以构建事实而非进行谴责为目的的机构

---

❶　Robert Badinter，《为废除死刑而战》（*L'Abolition*），Paris：Fayard，2000。

宣称的那样。❶ 但我推测，对于矫正某些在种族隔离时代所犯罪行十分严重的罪犯来说，一定期限的监禁是必要的，因为这些罪犯拥有最根深蒂固的信念。在此，我仅提出如下命题，即在危害人类罪的情形中，绝不能超过传统的时效期，相反，这个期限甚至应该被缩短。

7.3　我们的道德直觉界限

如前所述，对这种令人厌恶的结论的拒绝只能基于报应主义的惩罚理论。这种理论典型地涉及我在本章 7.1 部分中提及的有关危害人类罪的第四项特征。报应主义拒绝我的令人厌恶的结论，因为惩罚永远无法与犯罪的严重性对等；例如，阿伦特（Hannah Arendt）就提出了这种观点。显然，所有危害人类的犯罪都是可恶的，但罪行的可恶不能界定一种全新的犯罪类型。

在我看来，吃掉一个表示了同意的受害者的食人者，比为了盗窃一百万美金而杀人的人要更可恶。然而，后者将会被判更严厉的刑罚。在母亲面前折磨并杀死其婴儿，面临的刑罚也是终身监禁（例如，在德国），而该罪行在大多数人看来更可恶。并且，还有许多行为可恶但不受惩罚。可能有人会戏谑地宣称，当他在豪华餐厅吃饭时想到这么多"无用"的人在非洲某个地方死于饥饿，会使他更享受这顿饭。或者有人向她的即将在医院死去的生命伴侣表明，她从来没有爱过他，甚至背叛过他，并且在离开时都没有说声再见。这两种行为都可恶，虽然它们完全合法，是受保护的权利。杀人、强奸、绑架、误杀等行为是否可恶，不是其符合危害人类罪的标准，也不是该罪本身的构成要

---

❶ 参见：May，《危害人类罪的规范解释》，页 239。

件。刑法的目的，如同全部法律体系的目的，不是报复道德上的罪恶和堕落，［184］而是防卫社会，即保护公民的权利。这就意味着，刑法相当于一种尽快并且尽可能有效地恢复所有人（包括罪犯）之间的法治状态的手段。

如果我们阐述报应主义在古典批判主义的伪装之下所持的对我的令人厌恶的结论的异议，那么就可以说，报应主义会要求危害人类罪应受的惩罚要比如下类似犯罪应受的惩罚更严厉，后面这些犯罪并不排除"广泛而系统的攻击"❶ ——这种攻击是"根据国家或组织的实施此种攻击的政策，或为了推行这种政策"❷而实施的。然而，我发现，如果将这种观点用作无视时效规定的根据，就会出现严重的困难。

（1）如果将危害人类罪的框架范围内实施的杀人行为，与个人层面所犯的"普通"杀人进行对比，就很难推断前者应当被处以更严厉的惩罚。但难道一场带有歧视的强迫绝育运动应当比一起普通的一级谋杀要受到更严厉的惩罚吗？答案并不明确。

（2）利用工业手段大规模消灭人类的危害人类罪，是否要比通常的一级谋杀罪受到更严厉的惩罚？如果后者已被判处终身监禁，那么，我发现能作为更严重刑罚的，就只有死刑或更具可能性的长期而公开的肉刑。但那本身不就构成了危害人类罪吗？国际法的惩罚危害人类罪的条文和精神，显然不是要引导趋向于如此极端的刑罚进程。（正是因为这一点，我不同意梅［Larry May］的看法，她将均衡性理解为要求限制涉及"感情因素"的惩罚：相反，我认为，它在相同的方面起到引领作用。）❸

---

❶ 《罗马规约》第 7.1 条。

❷ 《罗马规约》第 7.2 条。

❸ May，《危害人类罪的规范解释》，页 215。

> (3)《罗马规约》第 7 条和第 25 条缺乏传统制裁结构的纲
> 　要，报应主义无法与之相协调。

或许会有人反对我的令人反感的结论，认为刑法不应违背民众的感情。允许希特勒躲避于时效规定这一避难所，［185］将会严重冒犯民众的感情，至少，不惩罚危害人类的犯罪对民众感情的冒犯要比不惩罚普通犯罪对民众感情的冒犯更大。对这种说法，人们可以根据下列两种方式中的任意一种来理解，或者认为该说法推定，只要违背了民众的感情，一切道德判断在道德上就是不真实的；或者认为，该说法假定，此种令人反感的结论将会导致人们推翻司法权，并且，甚至有可能推翻法治。

然而，不能用民众的感情作为衡量惩罚的道德判断标准，因为在很多方面它是不一致的。民众的感情混合着报应、一般威慑和特殊威慑的元素。它可以对过于轻缓的惩罚表示抗议和反对，也允许车祸中的受害者拿到的补偿数额比由破产的罪犯实施的强奸行为或严重伤害身体行为中的受害者拿到的补偿数额更多。此外，公众感情更倾向于非道德判断。数百年来，它既准许针对动物或巫婆的刑事审判与判刑，也准许将严刑拷打作为一种刑罚方式或作为一种审讯犯罪嫌疑人的方式，还准许因一人之罪而惩罚他的整个家庭（家族）。所有这一切乃至更多，都完全合乎公众感情。现今，有数以百万计的人被饿死，这种死亡从公众情感出发并没有侵犯基本人权，尽管诸如《世界人权宣言》（1948）这样的国际法律文件正确地将生存权视为一种根本性人权。此外，在许多国家，大多数公民仍然赞同死刑，赞同对庇护权进行更多限制。

考虑到存在可能推翻司法制度和政治体制的风险，如果危害人类罪受到了时效规定的保护，就不会有证据来支持这种观点。❶ 南非的国家体制没有因不惩罚种族隔离罪犯而损害自身的

---

　❶ ［中译者按］"这种观点"应当是指前述所提及的"刑法不应违背民众感情"这一观点。

威信，❶ 反对豁免实施危害人类罪的独裁者的示威运动 ［186］
也从来没有使民主法治受到威胁。

　　基于这些理由，我发现，缺乏可以用来反对适用时效规定和
减轻惩罚的有效的道德并议。虽然危害人类罪这一概念的存在是
判断最严重犯罪的实用标准，虽然它是为了达至如下目的必须迈
出的第一步，这就是想要通过建立一个全球性标准和确立一种恰
当的优先规则的方式实现全球刑事控诉的协调，但在我看来，这
些实用性理由不是危害人类罪作为一种新型犯罪——它要求新型
的惩罚和确立新的惩罚目标——的存在根据，也无法证明特别严
格的控诉规则的正当性。

　　然而，务实地对待危害人类罪，并不意味着 ［认为］ 它们
造成的危害要比普通犯罪小。实际上，真相正好相反：危害人类
罪十分可恶。这一悖论提醒我们，刑法扮演的角色不是因为我们
过去的无能为力而报复罪犯，而是防范未然之罪和在法治范围内
保护受害者和犯罪人的权利。如果政府因为创建了 ICC 这个在我
看来无疑是最有用的全球性正义机构而自满地自我庆贺，从而真
正地发展了庇护权而不是消减它，那么危害人类罪的受害者或许
会更加幸运。问题关键不在于米洛舍维奇 （Milosevic） 是否应该
被判处终身监禁或者是否仅应判处 4 年监禁，而在于如何才能更
好地消除地球上的酷刑。❷

---

　　❶　其对立面是真实的：在南非，若不是新政府赦免一部分种族隔离犯，将会产
生引发军事动乱的威胁。参见：Amy Gutmann, Dennis Thompson，《为何要慎议民
主？》（*Why deliberative democracy*？），Princeton：Princeton University Press，2004，第 6
章。

　　❷　在这方面，Andrew Altman 和 Christopher H. Wellman 在 "为国际刑法辩护"
（A defense of international criminal law，载《伦理学》［*Ethics*］，115，no. 1，2004，页
35 – 67） 一文中，混淆了惩罚危害人类罪扮演的角色与军事性人道主义干涉应扮演的
角色。

结　　论

[187] 在本书第Ⅰ部分，我们审视了康德的报应主义命题，根据这一命题，罪犯之所以被惩罚是因为他/她该当受罚。针对康德的权利概念而提出的两种解读方式都是可能的（见第 1 章）。一方面，根据无涉人的内在性情的自由主义解读，权利仅仅被定义为，所有人根据权利平等原则享有的行为自由的共存；另一方面，根据关涉人的内在性情的道德主义解读，权利应当尽可能地通过强制的适用来落实绝对命令的内容。与这些解读一致，康德的报应主义命题可以分为两种维度：一种是真正的法律伦理维度，这一维度不依赖于个体的内在意向（见第 2 章）；另一种是个人伦理的维度（见第 3 章）。康德报应主义命题的法律伦理维度与所有自由要共存的要求矛盾，因为，罪犯的自由也是属于需要共存的所有自由中的一部分，并且它应该能——至少以一种最直接的方式——再次成为其部分。康德报应主义命题的个人伦

理维度与至善的悬设相矛盾，因为至善要求宽恕罪犯——只要这种宽恕与对其他公民安全的关怀相容。因而，康德的权利概念和其德行概念一样，都要求矫正而非报应，矫正应当发生在可能的最短的特殊威慑期间之后，也就是在剥夺犯罪能力期间之后。

我在第Ⅱ部分表明，惩罚的根据，即作为在特殊威慑期间之后发生的矫正，受到了费希特（见第 4 章）和黑格尔（见第 5 章）提出的以对康德权利概念的自由主义解读为基础［的理论］［188］的支持：惩罚罪犯，以使其可能再度成为共同体中的一员。费希特从如何对待罪犯这一问题开始研究，并且通过思维实验开始推导有关犯罪的逻辑结论。其逻辑上一致的结果不是报复，而是驱逐出共同体和恢复罪犯的法律地位。源于法权本身、作为此种命运的替代物出现的公共惩罚，更有益于罪犯，只要这种作为替代物的惩罚不是死刑、肉刑，而是监禁刑。因而，这样的赎罪并非祸害，而是机会，它通过罪犯能被改造并最终重新融入共同体的方式而为费希特构建起来。但黑格尔并没有以如何对待罪犯为线索，而是选择了通过否定之否定来恢复法［法权］，在此，犯罪是否定，惩罚是对否定的否定。如此，对否定的"否定"，并不是像平时误认为的那般与单纯的"否定"属于同一类，因而也就不应被视为通过第二次祸害来回应祸害。与很多阐释相反，黑格尔并非报应主义者，即便他——也像费希特那样——在将惩罚的意义传达给已决犯的过程中，赋予报应主义一种（纯粹的）工具性的心理学上的角色。

本书第Ⅲ部分最终证明了，报应主义要求的惩罚往往可能丝毫不尊重罪犯身上的人性。尼采给出了一种似乎可行的有关报复性惩罚之起源的解释（见第 6 章），在此，惩罚制度的动机不是源于对人类尊严的尊重，而是源于针对罪犯的普遍的人的残忍——它阻碍而非唤醒了罪犯身上的内疚和良心谴责的产生。当国家垄断了暴力并确保了公共安全，人们便被剥夺了对这种残忍的实施，惩罚也就变得相对温和，例如我们知道的 18 世纪末以降的那些惩罚就是如此。为了遵守我在绪论中的承诺，即从矫正主义取代报应主义中推导出结论，［189］我最终要为对待甚至是罪行最严重、最不人道的罪犯辩护，即为实施了危害人类罪的罪犯辩护（见第7章），我认为，对待他们的方式不比对待其他罪犯的方式更严酷。甚至在应该适用时效规定的案件中，惩罚的力度也应当不会更严厉，也就是说应当不与犯罪相称，相反，应当趋向于更轻缓。应当摒弃如下观点：犯罪的残暴将为惩罚（实际上可能是最严厉的惩罚）提供理由。

从我对报应主义的批判中以及从我的替代性建议中，可以得出进一步结论。接下来，我将简要概述一下，如何根据我的替代性建议来进行刑法体系改革。

1. 不应有固定的监禁期限。惩罚力度应该由特定的目的决定，而不能指定特定期限。只要罪犯给公众造成的危害大于其他公民，他就应该通过接受惩罚来赎罪。为了实现这一点，终止惩罚的标准或许并不是社会的绝对安全，因为每个能一贯忠于法律的"普通"公民，任何时候都可能会犯罪。如今，惩罚基于假释裁判而可以得到减轻，囚犯表现好时会被提前释放。其他罪犯会被允许白天在监狱之外工作。这种弹性措施如今已习以为常，它应当被扩大适用到对所有指定刑期的一般性废止。

2. 必须否定罪刑相称的原则。无疑，在一般情况下，我们可以期待，与犯有多重谋杀罪并对受害者实施折磨的谋杀犯相比，小偷能在更短的时间内获得矫正。因而，有人可能会认为，在罪行的严重性与矫正进程之间存在一种明显的统计上的相关性。但这种联系不应当涉及原则，并且，肯定会存在例外情形。

3. 刑法改革不应牵涉到刑罚在整体上是要变得更严厉还是要更轻缓这个问题。实际上，一些刑罚会变得温和，另一些则会变得严厉，这取决于罪犯个人的行为。

4. 应当［190］定期对罪犯的心理进行评估，并且，评估应尽量详尽。我们可以想象如下过程：服刑开始阶段，释放的标准应特别严格，随时间推移，这个标准会越来越松，并最终走向逆转。如此，举证责任就可能渐渐地转移到共同体这边，要求共同体证明因犯事实上有必要继续在监狱里服刑。

5. 报应主义倾向于认为，对受害者而言只有报复才是公正的，其他惩罚对受害者和罪犯而言都不公正。在当下刑法体系中，这种主张更像是对受害者命运的空洞安慰，因而被证明是可耻的。任何遭受严重身体伤害的人，如果这一伤害发生在他/她不承担责任的车祸中，其处境就会比杀手的行为导致的伤害要好得多，因为犯罪行为受害人获得的赔偿非常少。应当让大众明白，刑事审判意味着什么。尽管对包括疼痛和痛苦在内的伤害进行的补偿应当满足受害者的要求，但刑罚的适用只致力于作为整体上的公共安全的共同体利益。因此，应当实施双重程序，即便这两种利益会在同一审判中得到处理。政治家们还是应该想出一种更好、更尊重人的对受害者的补偿，而非为了赢取公众支持而专门且系统性地要求更严厉的惩罚。

6. 犯罪未遂受到的惩罚一般来说应该与既遂相等。目前并非如此，相反，犯罪未遂只在十分严重的犯罪中才受到惩罚，而且是一种较轻的惩罚。范伯格（Feinberg）令人信服地将这一点归咎于报应主义想要创建罪行严重性与罪犯的恶性之间的关联：

> 我发现，首先将刑事责任建立在道德可非难性的基础之上，随后又反过来将道德可非难性建立在实际损害或没有引起的损害之上，根本没有直观合理性。在传统观点看来，责任根本不应当建立在可非难性之上，而应该直接建立在损害的量上。在我看来，这种传统观点更真诚，尽管不是更合理。看起来，［死刑］保留论者是如此迷恋实际损害，以至于他不停地寻找它作为正确答案所对应的问题。所要寻找的问题既不是"刑事责任的基础应当是什么？"；［191］也不是"道德可非难性的基础是什么？"。对于前一个问题，道

> 德可非难性更适合作为答案，而对于后一问题，传统的可责
> 性条件、动机、减轻情节、加重情节等等的多样性，是它的
> 答案。那么，问题会不会是"构成侵权责任的必要条件是什
> 么"呢？它更像是所要寻找的问题。❶

在此，现代报应主义遇到了如下问题，即如果一个法律体系仅仅
打算处理行动自由而非道德自由，那么，在这个体系中，人的内
在的道德罪责应当如何被判罚呢？

除了上述有关刑法改革的具体建议外，作为我研究的结果，
我还必须提出更具普遍关切的四个观点。

第一，刑法不能关涉（纯道德上的）人类的邪恶，而只应
关涉对法律的遵守或对权利的侵犯。即便我们都是像康德在《论
永久和平》中所言的"恶棍"，❷也不意味着我们还没有实施罪
行就应当受到心理威慑的惩罚。只有基于道德上的或外在的理由
而无法被阻止实施犯罪的人，才应当受到惩罚。

第二，与实现康德想要达至的"永久和平"目标所需要走
的道路一致的，不是报应主义，而是作为矫正的惩罚根据，康德
的永久和平乃是使法治国家在全世界盛行的条件。康德批判性吸
收的现代自然法传统认可三种发动战争的意图：正当防卫、追回
敌人窃取的属于自己的物品、惩罚不正义的敌人。❸ 正义战争的
理论家们如格劳秀斯、普芬道夫和瓦泰勒（Emer de Vattel）等，
打算用这种对战败之敌的"惩罚"进行威慑，目标是对双方都
公正的和平。在这方面，惩罚仅限于为胜利者带来安全。这种理
论致力于确保不会产生进一步的不公正，该理论的贯彻将会为进

---

❶ Joel Feinberg，《法律根基问题：法律政治理论文集》（*Problems at the roots of law: essays in legal and political theory*），Oxford：Oxford University Press，2003，页100。

❷ 参见：ZeF Ak VIII：366。《实践哲学》，页355。［中译者按］参见中译本，页129。

❸ 参见：Hugo Grotius，《战争与和平法》，页395 – 396。

一步的战争提供理由。如果这种威慑意图最终发生了效力，战争的数量就会逐渐下降［192］。既然胜利者已经获得了至高权力，惩罚就总是温和的。在此，存在正义战争理论为了维护和平而采取的策略。

不妨想象一下，报应主义惩罚观会对这种理论产生何种影响。如果战败之敌不明白胜利者获胜的正义性，获胜者实施的报应主义惩罚就会被战败者视为不正义。不同于国内法，国际法中没有更高等级的法官，每一位统治者自身就是法官，并且，尽管双方的诉讼请求不可能最终都正当，但有可能双方都基于看似完全合法的和表面上看公正的理由而善意地发动战争。有的惩罚被用于威慑和预防那些容易导致战争的条件，与之不同，报应主义不仅要求战败者对战争造成的一切损害负责（赔偿、修复等），也要求对战败者进行严厉的惩罚。而如果被击败的敌人善意地发动战争，这种报应主义惩罚就会被其视为非正义，有可能成为引发未来战争的正当理由。基于此，报应主义便不知不觉地与康德的主要目标即永久和平相矛盾。通过要求不考虑与过去有关的可能的调查发现，康德的第一个临时性条款便使所有报复丧失了前提：

> 现有的一切导致未来战争的原因，尽管目前也许尚未为缔约者所认识，都须全部被和平条约加以消灭，它们甚至可能是被极其敏锐的侦察技巧从档案文献中搜索出来的。❶

即便在这段引文中康德考虑到了战争双方提出的物质要求，这一评论无疑也适用于刑法。甚至在《法权学说》中，康德对国家层面的（国内）和平提出了相同的策略建议，正如以下被人们

---

❶　*ZeF* Ak VIII：344－345。《实践哲学》，页317。［中译者按］参见中译本，页101。

反复引用的文字表明的：

> 所有的谋杀犯，包括实施了谋杀行为、下达了谋杀的命令以及作为同伙而参与谋杀的人，都必须被处死。这是根据建立在理性的普遍法律之上的司法权力的观念，公正决意如此处理。但是，参与一件谋杀案的同伙的数量是如此之多，[193] 以至于国家考虑处死这些犯人时，感到丧失这么多的臣民会使国家很快解体；国家不愿意因此而解体，更不愿意回到情况坏得多的自然状态之下，在那里连外在的正义也没有……在这种情况下，往往必须允许统治者运用他的权力，在必要时参与他有责任过问的审判，并作出决定；对那些罪犯不判处死刑而判处其他刑罚，从而保存人民中的一大批人的生命。放逐的惩罚就与这种处理有关。这样的判决方式，不能依据一项公法来办理，而只能通过一种最高权力的尊严的带有特权性的权威行动来处理，作为在个别案件中运用赦免权的一次行动。❶

在此，正是基于维护国内和平的理由，将对法律的遵守放在一边，因为国内和平是法治国家中颁布法律并使之获得实施的唯一前提。

第三，报应主义在康德权利哲学的范畴之内暴露出的这一问题，实际上涉及一个根本性的问题：报应主义无法与康德权利哲学中的一项重要原则相容，即无法与许可法相容（见第 2 章 2.2 部分和第 4 章 4.4 部分）。许可法允许在法的实施中出现例外，只要这种例外只关涉当时已发生的，而不关涉当下正在发生的和未来将发生的事件。此种例外应当有助于建立法治国家的和平——在该国家中，法律若适用于现存情形，便会导致国家退回到

---

❶ *RL* Ak VI：334。《实践哲学》，页 475。［中译者按］参见中译本，页 166。

自然状态或导致国内战争。但法律的实施，在当下和未来是不允许推迟的，永远也不允许，❶而是应当以尽可能直接的方式发生。❷ 现在，康德将权利理解为"全部条件，在这些条件下，任何人的选择都可以按照一条普遍自由的法则，与其他人的选择相协调"，❸ 它指的是所有人包括罪犯的选择。因而，如果真的有方法能使人们以最直接的方式使罪犯重新融入社会，[194] 那么就得这么做。如果实际上存在这样的方法，则依据定义，这种方法就是矫正性惩罚。

权利绝对命令并不只是存在于理想的法律体系中，而且存在于构建与重构这种法律体系所必需的环节中。诸如《永久和平论》、《世界公民观点之下的普遍历史观念》等论著，都属于后一维度的权利绝对命令。尽管《法权学说》讨论刑法的§49E部分是其社论部分（editorial section），主要涉及理想性的法律体系，并因而主要关涉第一维度，然而，刑法是可以被纳入到第二维度中的。

在这方面，拉德布鲁赫（Gustav Radbruch）有关权利——作为补偿正义（交换正义）的范畴和分配正义的超法律范畴——与社会功利的二分法遭到了断然拒绝。❹ 刑法当然是权利的重要组成部分，既不属于交换正义，也不属于矫正正义。前者假定各方就交换条件和细目达成一致。但如果仅仅基于这种理由，惩罚就无法建立在交换正义的基础上。更别提报应主义能被描述为一

---

❶ *ZeF* Ak VIII：344 – 345。《实践哲学》，页321。[中译者按] 参见中译本，页101 – 102。

❷ 参见：*RL* Ak VI：247。《实践哲学》，页401 – 402。亦参见：Reinhard Brandt，"许可法，或：康德法权论中的理性与历史"（Das Erlaubnisgesetz, oder：Vernunft und Geschichte in Kants Rechtslehre），载 Brandt 编，《启蒙的法哲学》（*Rechtsphilosophie der Aufklärung*），Berlin：De Gruyter，1982，页233 – 285。

❸ *RL* Ak VI：230。《实践哲学》，页387。[中译者按] 参见中译本，页40。

❹ 参见：Gustav Radbruch，《法哲学》（*Rechtsphilosophie*），Erik Wolf 编，第7版，Stuttgart：K. F. Koehler，1970，页265。

种交换。"以眼还眼，以牙还牙"❶ 或 "对人所该当的进行报复"并不意味着要用眼睛、牙齿或用人所该当的来交换另一个人施加的祸害。原状的恢复属于矫正正义。但谋杀案的受害者的原状如何得到恢复，哪怕是最低限度的恢复？在这方面，贝卡利亚的反问是无可辩驳的："难道一个不幸者的惨叫可以赎回已经完成的行为和使时间退回到过去吗？"❷ 惩罚关涉分配正义，因为它基于如下理由确保每个人融入或重新融入共同体，不论他/她之前有何作为：作为有理性能力的存在者，人对此有一种与生俱来的、不可剥夺的权利。

[195] 第四，融入或重新融入共同体，这种绝对的法律命令同样在康德的道德基本原理中有其更深刻的根基，即存在于有理性的有限存在者——他也可以不理性地实施违反其义务的行为——行使自律的经验性条件之中。一方面，人们应当为自身行为承担责任，因为他/她有行为自由。另一方面，过去实施的行为所产生的结果，不应使一个人在以后都无法自由行为。这两个维度不相互限制。已完成的行为产生的结果，受如下命令所限制，即要求将每个人当做有理性能力的、有不可剥夺的行为自由权的存在者对待。现在，这种不可剥夺的行为自由并没有受过去行为产生的结果的限制。但它受到了其他人同样拥有的不可剥夺的行为自由的限制。这只是基于如下理由，即康德的权利概念是绝对命令的一个对象，借用赫费的话来说，❸ 我们可称为"权利的绝对命令"。

因而，我们发现了道德上的善的两方面的分层（twofold hier-

---

❶ 《利未记》（Lev.）24：20（KJV）。

❷ Cesare Beccaria，《论犯罪与刑罚》，第 12 章 "刑罚的目的"，页 31。[中译者按] 中译本参见：贝卡利亚，《论犯罪与刑罚》，黄风译，北京：中国大百科全书出版社，1993 年，第 15 章 "刑罚的宽和"。

❸ 参见：Otfried Höffe，《法的绝对原理：对比现代性》（*Categorical principles of law: a counterpoint to modernity*），University Park: Pennsylvania State University Press，2002，第 5 章。

archization）。首先，在冲突情形下，共同体会获得相对于个人自由的优先权，这也是共同体为何被允许临时性地限制或暂停罪犯的自由的原因。其次，在冲突情形下，个人获得了相对于冲突结果的优先性，这是个人行为在其他层面所隐含的［要求］；这也是罪犯应该被社会宽恕的原因。考虑到第一种优先权，即考虑到共同体的安全，这种宽恕是以尽可能最直接的方式实现的。❶

　　处于康德自律观的核心领域、指导我们行为并因而将法律体系纳入其中的，是一项高瞻远瞩的计划，这就是，人类作为一种有理性能力的存在者，需要得到全面发展，［196］而不是在被康德称为"婴儿学步"时代痛苦地严格算计人类的恶行。❷ 如同加缪在有关死刑的争辩中注意到的，人们也可以这样谈论报应主义："众所周知，当今的死刑执行官都是人道主义者"。❸但恰恰我们没有像他们那般持有相同的人道观念。

---

　　❶　附带提及，这种优先权的排列对康德法权学说的其他领域，如所有权领域也适用。参见：Jean-Christophe Merle（ed.），"所有权"（Eigentumsrecht），见 Merle 编，《费希特：自然法权基础》，页 159 – 172；Jean-Christophe Merle，*Justice et progrèss*：*contribution à une doctrine du droit économique et social*，Paris：Presses Universitaires de France，1997，第 2.3 部分。

　　❷　学步车（Gängelwagen）时代，学步车是小孩子用于学习走路的设备。在《何谓启蒙？》（*Was ist Aufklärung?* Ak VIII：35.《实践哲学》，页 17）中被称为"步行车"；在《纯粹理性批判》（*KrV* B 174.《纯粹理性批判》，页 269）中则被称为"学步带"。

　　❸　Albert Camus，《反思断头台：1957 年诺贝尔获奖者的一篇关于死刑的论文》（*Reflections on the guillotine*：*an essay on capital punishment by the 1957 Nobel Prize winner*），Richard Howard 译，Michigan City，Ind.：Fridtjof-Karla Publications，1959，页 50。

参 考 文 献

原始文献

Beccaria, Cesare. *On crimes and punishments*, in Beccaria *On crimes and punishments and other writings*, ed. Richard Bellamy, trans. Richard Davies (Cambridge: Cambridge University Press, 1995), pp. 1 – 113.

Bentham, Jeremy. *An introduction to the principles of morals and legislation*, reprint of 1823 edition (Oxford: Oxford University Press, 1907).

Camus, Albert. *Reflections on the guillotine: an essay on capital punishment by the 1957 Nobel Prize winner*, trans. Richard Howard (Michigan City, Ind.: Fridtjof-Karla Publications, 1959).

Cicero, Marcus Tullius. *On duties*, ed. M. T. Griffin and E. M. Atkins (Cambridge: Cambridge University Press, 1991).

Dühring, Eugen. *Cursus der Philosophie als streng wissenschaftlicher Weltanschauung und Lebensgestaltung* (Leipzig: O. R. Reisland, 1894 – 5).

Fichte, Johann Gottlieb. *Foundations of natural right*, ed. Frederick Neuhouser, trans. Michael Baur (Cambridge: Cambridge University Press, 2000).

Grotius, Hugo. *The rights of war and peace*, ed. Richard Tuck (3 vols., Indianapolis: Liberty Fund, Inc., 2005).

Hegel, G. W. F. *Elements of the philosophy of right*, trans. H. B. Nisbet (Cambridge: Cambridge University Press, 1991).

Nalurrecht und Staatswissenschaft (1818/19), in Hegel, and *Vorlesungen über Rechtsphilosophie*, ed. Reinhard Lauth (4 vols. , Stuttgart and Bad-Cannstatt: Frommann-Holzboog, 1973 – 4), vol. 1, pp. 217 – 351.

Philosophie des Rechts (1824/25), in Hegel, *Vorlesungen über Rechtsphilosophie*, ed. Reinhard Lauth (4 vols. , Stuttgart and Bad-Cannstatt: Frommann-Holzboog, 1973 – 4). vol. 4, pp. 67 – 752.

Principes de la philosophie du droit, trans. Jean-François Kervégan (Paris: Presses Universitaires de France, 1998).

Hobbes, Thomas. *Leviathan*, ed. A. R. Walter (Cambridge: Cambridge University Press, 1904).

Jhering, Rudolf von. *Law as a means to an end*, ed. Joseph H. Drake, trans. Isaac Husik (Union, NJ: Lawbrook Exchange, 1999).

Kant, Immanuel. *Kants gesummelt Schriflen* (Berlin: Königlich Preußische Akademie der Wissenschaften, 1902).

Lectures on ethics, ed. Peter Heath and J. B. Schneewind, trans. Peter Heath (Cambridge: Cambridge University Press, 1997).

Klein, Ernst Ferdinand. *Grundlinien des gemeinen deutschen und preußischen peinlichen Rechts* (Halle: Hemmerde und Schwetschke, 1796).

Krause, Karl Christian Friedrich. *Abhandlung über die Idee und die Eintheilung der Philosophie und der Mathematik und den innigen Zusammenhang beider*, in Paul Holllfield and August Wünsrhe (eds.), *Philosophische Abhandlungen: aus dem handschriftlichen Nachlasse* (Leipzig: Schulze, 1889). pp. 5 – 40.

Grundlage des Naturrechts oder philosophischer Grundriß des Ideals des Rechts, (Jena: Gabler, 1803).

Mably, Cabriel de. "De la législation," in *œuvres complètes* (12 vols. , London, 1789).

Mill, John Stuart. "April 1868 speech on capital punishment," in Mill, *Utilitarianism*, ed. Georgc Sher (Indianapolis: Hackctt, 2001), pp. 65 – 70.

Nietzsche, Friedrich. *On the genealogy of morality*, ed. Keith Ansell-Pearson, trans. Carol Diethe (Cambridge: Cambridge University Press, 2007).

Plato. *Laws*, trans. Trevor J. Saunders, in John M. Cooper and D. S. Hutchinson (*eds.*), *Plato: Complete works* (Indianapolis: Hackett, 1997). pp. 1318 – 1616.

Pufendorf, Samuel von. *De jure naturae et gentium*, ed. James Brown Scott, trans. C. H. and W. A. Oldfather, *Classics of International law* (2 vols., Oxford: Clarendon Press/London: Humphrey Millord, 1934).

Schopenhauer, Arthur. *The world as will and idea*, trans. R. B. Haldane and J. Kemp, seventh edition (4 vols., London: Kegan Paul, Trench, Trübner and Co., 1909?).

Schroeder, Friedrich-Christian (ed.). *Die Carolina: die Peinliche Gerichtsordnung Kaiser Karls V. von* 1532 (Darmstadt: Wissenschaftliche Buchgesellschaft, 1986).

Seneca. *Deira*, in *Moral essays*, trans. John W. Basore (3 vols., London: Heinemann/Cambridge, Mass.: Harvard University Press, 1928), vol. 1, pp. 106 – 355.

Sidgwirk, Henry. *The elements of politics*, reprint of 1891 edition (New York: Cosimo Classics, 2005).

Voltaire. "Commentary on the book *On crimes and punishments*, by a provincial lawyer," in Voltaire, *Political writings*, ed. and trans. David Williams (Cambridge: Cambridge University Press, 1994), pp. 244 – 79.

其他文献

Altman, Andrew and Wellman, Christopher Heath. "A defense of international criminal law," *Ethics*, 115, no. 1 (2004), 35 – 67.

Ataner, Attila. "Kant on capital punishment and suicide," *Kant-Studien*, 97, no. 4 (2006), 452 – 82.

Badinter, Robert. *L'Abolition* (Paris: Fayard, 2000).

Bedau, Hugo. "Retribution and the theory of punishment," *Journal of Philosophy*, 75, no. 11 (1978), 601 – 20.

Benn, Stanley. "An approach to the problems of punishment," *Philosophy*, 33 (1958), 321 – 41.

Bianchi, Hermann. "Abolition: assensus and sanctuary," in Alexander R. Duff and David Garland (eds.), *A reader on punishment* (Oxford: Oxford University Press, 1994), pp. 336 – 51.

Bosanquet, Bernard. *The philosophical theory of the state* (London and New York: Macmillan, 1899).

Braithwaite, John. *Crime, shame and reintegration* (Cambridge: Cambridge University Press, 1989).

Braithwaite, John and Pettit, Philip. *Not just deserts: a republican theory of criminal justice* (Oxford: Clarendon Press, 1990).

Brandt, Reinhard. "Das Erlaubnisgesetz, oder: Vernunft und Geschichte in Kants Rechtslehre," In R. Brandt (ed.), *Rechtsphilosophie der Aufklärung: Symposium Wolfenbüttel* 1981 (Berlin: De Gruyter, 1982), pp. 233–85.

Breazeale, Daniel. *Philosophy and truth: selections from Nietzsche's Notebooks of the early* 1870s (Atlantic Highlands, NJ: Humanities Press, 1979).

Brugger, Winfried. "Darf der Staat ausnahmsweise foltern?" *Der Staat*, 35 (1990), 67–97.

"Vom unbedingten Verbot der Folter zum bedingten Recht auf Folterr?" *Juristenzeitung*, 35, no. 4 (18 February 2000), 165–73.

Byrd, Sharon. "Kant's theory of punishment: deterrence in its threat, retribution in its execution," *Law and Philosophy*, 8, no. 2 (1989), 151–200.

Clark, Michael. "A non-retributive approach to punishment," *Ratio*, 17, no. 1 (2004), 12–27.

Cohen, Hermann. *Schriften zur Philosophie und Zeitgeschichte*, ed. Albert Görland and Ernst Cassirer (Berlin: Akademie Verlag, 1928).

Deith, John. "On the right to be punished: some doubts," *Ethics*, 94 (1984), 191–211.

Feinberg, Joel. *Problems at the roots of law: essays in legal and political theory* (Oxford: Oxford University Press, 2003).

Fichtelberg, Aaron. "Crimes beyond justice? Retributivism and war crimes," *Criminal Justice Ethics*, 24, no. 1 (2005), 31–46.

Flechtheim, Ossip Kurt. "Die Funktion der Strafe in der Rechtstheorie Hegels," in Flechtheim, *Von Hegel zu Kelsen: rechtstheoretische Aufsätze* (Berlin: Duncker und Humblot. 1963), pp. 9–20.

"Zur Kritik der Hegelschen Strafrechtstheorie," *Archiv für Rechts-und Sozialphilosophie*, 54 (1968), 539–48.

Hegels Straftheorie (Berlin: Duncker und Humblot, 1975).

Fletcher, George P. *Basic concepts of criminal law* (Oxford: Oxford University Press, 1998).

Forster, Wolfgang. *Karl Christian Friedrich Krauses frühe Rechtsphilosophie und ihr geistesgeschichtlicler Hintergrund* (Ebelsbach: Aktiv Druck und Verlag, 2000).

Foucault, Michel. *Discipline and punish: the birth of the prison*, trans. Alan Sheridan, second edition (New York: Random House, 1995).

Garapon, Antoinc. *Des crimes qu'on ne peut ni punir ni pardonner* (Paris: Editions Odile Jacob, 2002).

Guillarme, Bertrand. *Penser la peine* (Paris: Presses Universitaires de Paris, 2003).

Gutmann, Amy and Thompson, Dennis. *Why deliberative democracy?* (Princeton: Princeton University Press, 2004).

Hampton, Jean and Murphy, Jeffrie. *Forgiveness and mercy* (Cambridge: Cambridge University Press, 1988).

Hart, H. L. A. *Punishment and responsibility* (Oxford: Clarendon Press, 1968).

Hassemer, Winfried. *Einführung in die Grundlagen des Strafrechts*, second edition (Munich: C. H. Beck, 1990).

Hill, Thomas K. "Kant on punishment: a coherent mix of deterrence and retribution," *Annual Review of Law and Ethics*, 5 (1997), 291 – 314.

"Kant on wrongdoing, desert, and punishment," *Law and Philosophy*, 18 (1999), 407 – 41.

Human welfare and moral worth: Kantian perspectives (Oxford: Clarendon Press, 2002).

Höffe, Otfried. *Gibt es ein interkulturelles Strafrecht? Ein philosophischer Versuch* (Frankfurt a. M.: Suhrkamp, 1999).

(ed.), *Immanuel Kant: Metaphysische Anfangsgründe der Rechtsle hre* (Berlin: De Gruyter, 1999).

"Vom Straf-und Begnadigungsrecht," in O. Höffe (ed.), *Immanuel Kant: metaphysische Anfangsgründe der Rechtslehre* (Berlin: De Gruyier, 1999), pp. 213 – 33.

"*Königliche Völker*": *zu Kants kosmopolitischer Rechts-und Friedenstheorie* (Frankfurt a. M.: Suhrkamp, 2001).

Categorical principles of law: *a counterpoint to modernity* (University Park: Pennsylvania State University Press, 2002).

Gerechtigkeit: *eine philosophische Einführung* (Munich: C. H. Beck, 2004).

Holtman, Sarah. "Toward social reform: Kant's penal theory reinterpreted," *Utilitas*, 9 (1997), 3 – 21.

Honderich, Ted. *Punishment*: *the supposed justifications* (New York: Harcourt, Brace and World, 1969).

Honneth, Axel. *The struggle for recognition*: *the moral grammar of social conflicts*, trans. Joel Anderson (Cambridge, Mass.: MIT Press, 1990).

Hösle, Vittorio. "Was darf und was soll der Staat bestrafen?", in Hösle, *Rechtsphilosophie des deutschen Idealismus* (Hamburg: F. Meincr, 1989).

Kaufmann, Matthias. *Rechtsphilosophie* (Freiburg i. Br.: K. Albcr, 1996).

"Zwangsrecht (§ § 13 – 16)," in Jean-Christophe Merle (ed.), *Johann Gottlieb Fichte*: *Grundlage des Naturrechts* (Berlin: Akademie Verlag, 2001), pp. 125 – 37.

Kersting, Wolfgang. "Sittengesetz und Rechtsgesetz: die Begrundung des Rechts bei Kant und den frühen Kantianern," in Reinhard Brandt (ed.), *Rechlsphilosophie der Aufklärung*: *Symposium Wolfenbüttel* 1981 (Berlin: De Gruyter, 1982), pp. 147 – 77.

Wohlgeordnete Freiheit: *Immanuel Kants Recht-und Staatsphilosophie*, second edition (Berlin: De Gruyter, 1993).

Kleinig, John. "Punishment and moral seriousness," *Israel law Review*, 25, no. 3 (1991), 401 – 21.

Klug. Ulrich. "Abschied von Kant und Hegel," in Jürgen Baumann (ed.), *Programm für ein neues Strafgesetzbuch*: *der Allernaliv-Entwurf der Strafrechtslehrer* (Frankfurt a. M.: Fischer, 1968), pp. 36 – 41.

Koller, Peter. "Problcme der utilitaristischen Strafrechifertigung," *Zeitschrifl für die Gesamte Strafrechtswissenschaft*, 91 (1979), 45 – 95.

Köstlin, Christian R. *Neue Revision der Grundbegriffe des Kriminalrechls*, reprint (Aalen: Scientia, 1970).

Kühl, Kristian. *Die Bedeutung der Rechtsphilosophie für das Strafrecht* (Baden-Baden: Nomos, 2001).

Landau, Peter. "Karl Christian Fricdrich Krauses Rechtsphilosophie," in Klaus-

Michael Kodallc (ed.) , *Karl Christian Friedrich Krause* (1781—1832,) :
Sludien zu seiner Philosophie und zum Krausismo (Hamburg: Meiner,
1985) , pp. 80 – 92.

Lazzari, Alessandro. "Einc Fossel, die nicht schmerzt und nicht sehr hindert:
Strafrecht," in Jean-Christophe Merle (ed.) , *Johann Gottlieb Fichle: Grund-
lage des Naturrechts* (Berlin: Akademie Vcrlag, 2001) , pp. 173 – 86.

Lesch, Heiko Hartmut. *Der Verbrechensbegriff: Grundlinien einer funktionalen Re-
vision* (Cologne: Heymanns, 1999).

Liszt, Franz von. *Der Zweckgedanke im Strafrecht* (Berlin, 1883).

Ludwig, Bernd. *Kants Rechtslehre* (Hamburg: F. Meiner, 1988).

May, Larry. *Crimes against humanity: a normative account* (Cambridge: Cam-
bridge University Press, 2006).

McTaggart, John E. *Studies in Hegelian cosmology* (Cambridge: Cambridge Uni-
versity Press, 1918).

Merle, Jean-Christophe. "Il punto di vista educativo e religioso dei Contributi des-
tinati a rettilicare il giudizio del pubblico sulla Rivoluzione francese: la di-
mensione politica del Saggio di una critica di ogni rivelazione," in Aide Ma-
sullo and Marco Ivaldo (eds.) , *Filosofia trascendentale e destinazione etica*
(Milan: Guerini, 1995) , pp. 303 – 25.

Justice et progrès: contribution à une doctrine du droit économique et social (Par-
is: Presses Universitaires de France, 1997).

(ed.) , "Eigeniumsrecht," in Merle (ed.) , *Johann Gottlieb Fickle: Grundl-
age des Naturrechts* (Berlin: Akademie Verlag, 2001) , pp. 159 – 72.

Mohr. Georg. "Unrecht und Strafe," in Ludwig Siep (ed.) , *G. W. F. Hegel:
Grundlinien der Philosophie des Rechts* (Berlin: De Gruyter, 1997) ,
pp. 95 – 124.

Murphy, Jeffrie G. "Does Kant have a theory of punishment?" *Columbia Law Re-
view*, 87 (1987) , 509 – 32.

Neumann, Ulfried and Schroth, Ulrich. *Neuere Theorien von Kriminalilät und
Strafe* (Darmstadt: Wisscnschaftliche Buehgescllschaft, 1980).

Ottmann, Henning. *Philosophie und Politik bei Nietzsche* (Berlin: De Gruyter,
1987).

Pelczynski, Zbigniew A. (ed.) , *Hegel's political philosophy* (Cambridge: Cambridge University Press, 1971).

Piontkowski, Andrei A. H*egels Lehre über Staat und Recht und seine Strafrechtslhe-orie*, trans. Anna Neuland (Berlin: De Gruyter, 1960).

Pogge, Thomas W. "Is Kant's *Rechtslehre* comprehensive?" *Southern Journal of Philosophy*, 36, supplement (1997), 161 – 87.

"Is Kant's *Rechtslehre* a 'comprehensive liberalism'?" in Mark Timmons (ed.), *Kant's Metaphysics of morals* (Oxford: Oxford University Press, 2002), pp. 133 – 58.

Primorac, Igor. "Punishment as the criminal right," *Hegel-Studien*, 15 (1980), 187 – 98.

Primoratz, Igor. "Banquos Geist: Hegels Theorie der Strafe," *Hegel-Studien*, 29, supplement (1986).

Pugsley, Robert A. "A retributivist argument against capital punishment," *Hofstra Law Review*, 9 (1981), 1501 – 23.

Quinton, Anthony M. "On punishment," in Harry Burrows Acton (ed.), *The philosophy of punishment* (London: Macmillan, 1969), pp. 55 – 64.

Radbruch, Custav. *Rechtsphilosophie*, ed. Erik Wolf, seventh edition (Stuttgart: K. F. Koehler, 1970).

Ricœur, Paul. *Le Juste* (Paris: Editions Esprit, 1995).

Ripstein, Arthur. *Equality, responsibility and the law* (Cambridge: Cambridge University Press, 1999).

Rosen, Fred. "Utilitarianism and the punishment of the innocent: the origins of a false doctrine," *Utilitas*, 9, no. 1 (March 1997). 23 – 37.

Roxin, Glaus. *Strafrechtliche Grundlagenprobleme* (Berlin: De Gruyter, 1973).

"Schuld" und 'Verantwortlichkeit' als slrafrechtliche Systemkategorien." in Roxin (ed.), *Grurulfragrn der gesamten Slrafrechtswissenschaft* (Berlin: De Gruyter, 1974), pp. 171 – 97.

Scala, Klaus. "Hegels Begrill der Strafe und die modern Strafvollzugsproblema-tik," *Hegel-Jahrbuch* (1987), 164 – 70.

Scharf, Michael P. "Justice vs. peace," in Sarah B. Sewall and Carl Kaysen (eds.), *The United States and the International Criminal Court: national security and international law* (Lanham, Md.: Rowman and Littlefield, 2000), pp. 213 – 36.

Scheid, Don E. "Kant's retributivism," *Ethics*, 93 (1983), 262 – 82.

Schild, Wolfgang. "Ende und Zukunft des Staatsrechts," *Archiv für Rechts – und Sozialphilosophie*, 70 (1984), 71 – 112.

Schwarzschild, Steven S. "Kantianism and the death penalty," *Archiv für Rerhts-und Sozialphilosophie*, 70 (1985), 343 – 77.

Seelmann, Kurt. "Versuch einer Legitimation von Strafe durch das Argument selbstwidersprüchlichen Verhaltens des Straftäters," *Jahrbuch für Recht und Ethik*, 1 (1993). 315 – 26.

"Wechselseitige Anerkennung und Unrecht: Strafe als Postulat der Gerechtigkeit?" *Archiv für Rcehts-und Sozialphilosophie*, 79, no. 2 (1993), 228 – 36.

Shue, Henry. "Torture," *Philosophy and Public Affairs*, 7, no. 2 (1977 – 88), 124 – 43.

Sorell, Tom. *Moral theory and capital punishment* (Oxford: Blackwell, 1987).

Stillman, Peter G. "Hegel's idea of punishment," *Journal of the History of Philosophy*, 14 (1976), 169 – 82.

Tunick, Mark. *Hegel's political philosophy: interpreting the practice of legal punishment* (Princeton: Princeton University Press, 1992).

van den Haag, Ernest. "Why capital punishment?" *Albany Law Review*, 54, nos. 3 – 4 (1990), 501 – 14.

Willascheck, Marcus. "Why the *Doctrine of Right* does not belong in the *Metaphysics of Morals*," *Annual Review of Law and Ethics*, 5 (1997), 205 – 27.

Wolf, Jean-Claude. *Verhülung oder Vergeltung? Einführung in ethische Straftheorien* (Freiburg i. Br.: Alber, 1992).

"Strafe als Widerherstellung eines Gleichgewichts," *Jahrbuch für Recht und Ethik*, 11 (2003), 199 – 216.

Wood, Allen W. *Hegel's ethical thought* (Cambridge: Cambridge University Press, 1999).

"Kant's Doctrine of right," Introduction to Otfried Höffe (ed.), *Immanuel Kant: Metaphysische Anfangsgründe der Rechlslehre* (Berlin: Akademie Verlag, 1999), pp. 19 – 39.

Zaczyk. Rainer. *Das Strafrecht in der Rechtslchre J. G. Fichtes* (Berlin: Duncker und Humblot, 1981).

索　引

（页码均按英文原版书标出）

233

译　后　记

　　本书能够以中文形式出版，可谓既在情理之中，又实属不易。

　　本书是法哲学尤其是刑罚哲学方面的一部力作，具有很高的学术水准。它向读者尤其是中国读者展现了一种全新的探究惩罚根据的模式，并对不同的惩罚根据理论进行了严谨、深入而独到的解读和比较分析。最终，本书完成了对惩罚根据理论的重构。

　　中译本的出版，首先得益于两年前黄涛博士的极力推荐。师兄不仅向出版社极力推荐了该书的翻译出版，还力荐由我来承译。我可谓是既惊喜又诚惶诚恐地接下了这项任务。翻译历时二载有余，如果不是得到了诸多亲友的大力帮助，恐怕时间会拖得更长，甚至导致出版计划流产。感谢黄涛师兄对我的帮助与支持，翻译过程中，他一直不停地叮嘱我要认真、及时，并提醒我很多注意事项。初稿完成后，他又承担了大部分校稿任务，反复校对，还请人帮我完成了注释中德文部分（主要是文献名）的翻译。感谢我的妻子杨晓静女士，她是我学术道路的无私支持者，还帮我进行了大量的文字录入工作，承担了生活中本应由我承担的事情，使我得以有更多时间从事本书的翻译工作。感谢知识产权出版社的倪江云编辑，为了本书的尽快顺利出版，他付出了艰辛的劳动。

翻译难免存在疏漏，原著也未必不存在值得商榷之处。欢迎诸君提出宝贵的意见和建议！

邱帅萍

2012 年 12 月于湘潭

图书在版编目（CIP）数据

德国观念论与惩罚的概念/（德）梅尔（Merle, J.-C.）著；考明凯维奇（Kominkiewicz, J. J.），梅尔（Merle, J.-C.），布朗（Brown, F.）英译；邱帅萍译.—北京：知识产权出版社，2015.4（2017.8 重印）
（西方传统：经典与解释—德意志古典法学丛编）
书名原文：German Idealism and the Concept of Punishment
ISBN 978 - 7 - 5130 - 1598 - 1

Ⅰ.①德… Ⅱ.①梅…②考…③邱… Ⅲ.①刑罚—法哲学—研究—德国 Ⅳ.①D914.01

中国版本图书馆 CIP 数据核字（2012）第 244456 号

This is a(n) Simplified Chinese Translation of the following title(s) published by Cambridge University Press：
German Idealism and the Concept of Punishment
ISBN - 13：9780521886840
© Jean - Christophe Merle 2009
This publication is in copyright. Subject to statutory exception and to the provisions of relevant collective licensing agreements，no reproduction of any part may take place without the written permission of Cambridge University Press.
This Simplified Chinese Translation for the People's Republic of China（excluding Hong Kong，Macau and Taiwan）is published by arrangement with the Press Syndicate of the University of Cambridge，Cambridge，United Kingdom.
© Cambridge University Press and Intellectual Property Publishing House 2014
This Simplified Chinese Translation is authorized for sale in the People's Republic of China（excluding Hong Kong，Macau and Taiwan）only. Unauthorised export of this Simplified Chinese Translation is a violation of the Copyright Act. No part of this publication may be reproduced or distributed by any means，or stored in a database or retrieval system，without the prior written permission of Cambridge University Press and Intellectual Property Publishing House.

责任编辑：倪江云　　　　　　　**责任校对：**董志英
装帧设计：张　冀　　　　　　　**责任出版：**卢运霞

西方传统：经典与解释—德意志古典法学丛编

德国观念论与惩罚的概念
［德］梅尔（Merle, J.-G.）　著
考明凯维奇（Kominkiewicz, J. J.），梅尔（Merle, J.-C.），
布朗（Brown, F.）　英译
邱帅萍　中译

出版发行：	知识产权出版社有限责任公司	网　址：	http://www.ipph.cn
社　址：	北京市海淀区气象路 50 号院	邮　编：	100081
责编电话：	010 - 82000860 转 8335	责编邮箱：	nijiangyun@cnipr.com
发行电话：	010 - 82000860 转 8101/8102	发行传真：	010 - 82000893/82005070/82000270
印　刷：	北京科信印刷有限公司	经　销：	各大网络书店、新华书店及相关专业书店
开　本：	880mm×1230mm　1/32	印　张：	8.25
版　次：	2015 年 4 月第 1 版	印　次：	2017 年 8 月第 2 次印刷
字　数：	214 千字	定　价：	38.00 元
ISBN 978-7-5130-1598-1			
京权图字：01-2012-1882			

出版权专有　侵权必究
如有印装质量问题，本社负责调换。